Margaret Ruthmann

Burgenwandern
Vogesen

26 Rundwege zu spannenden Ruinen

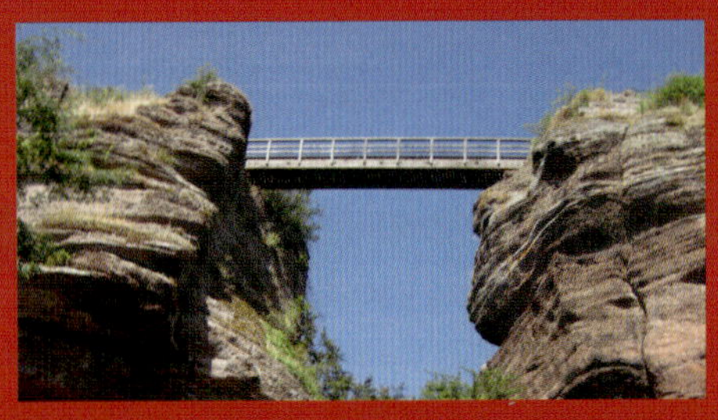
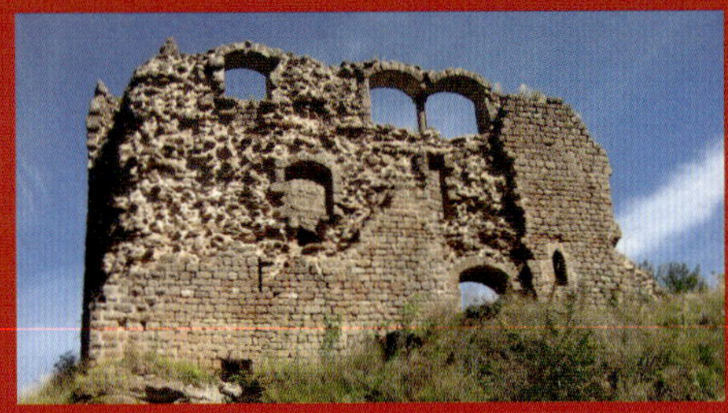
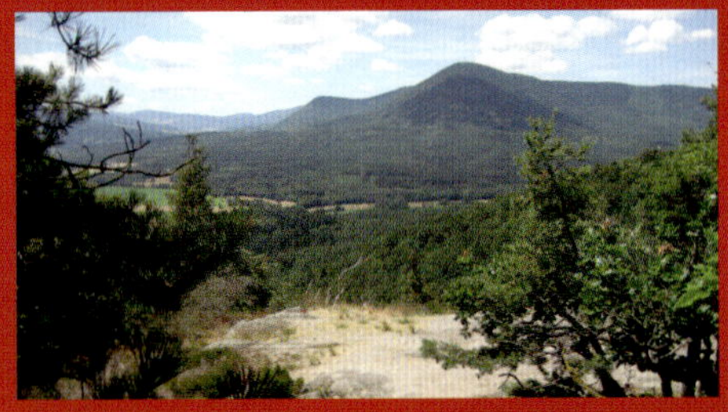
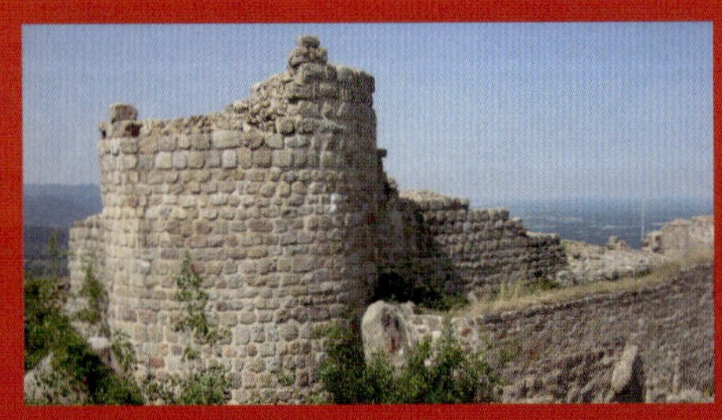
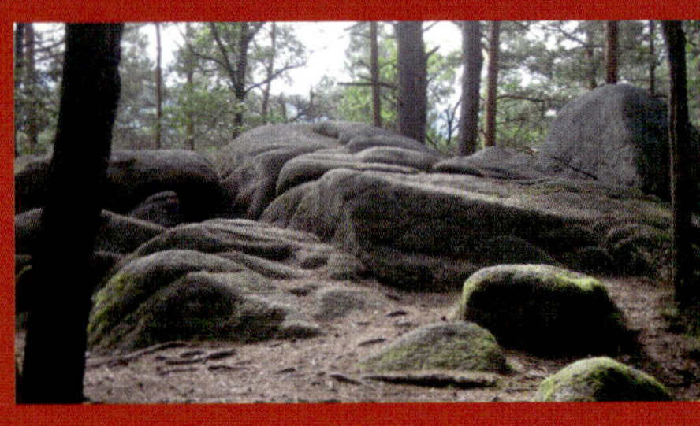
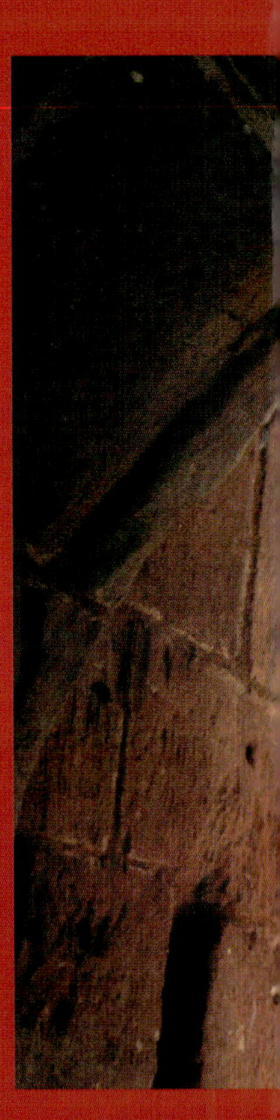

Margaret Ruthmann

Burgenwandern
Vogesen

26 Rundwege zu spannenden Ruinen

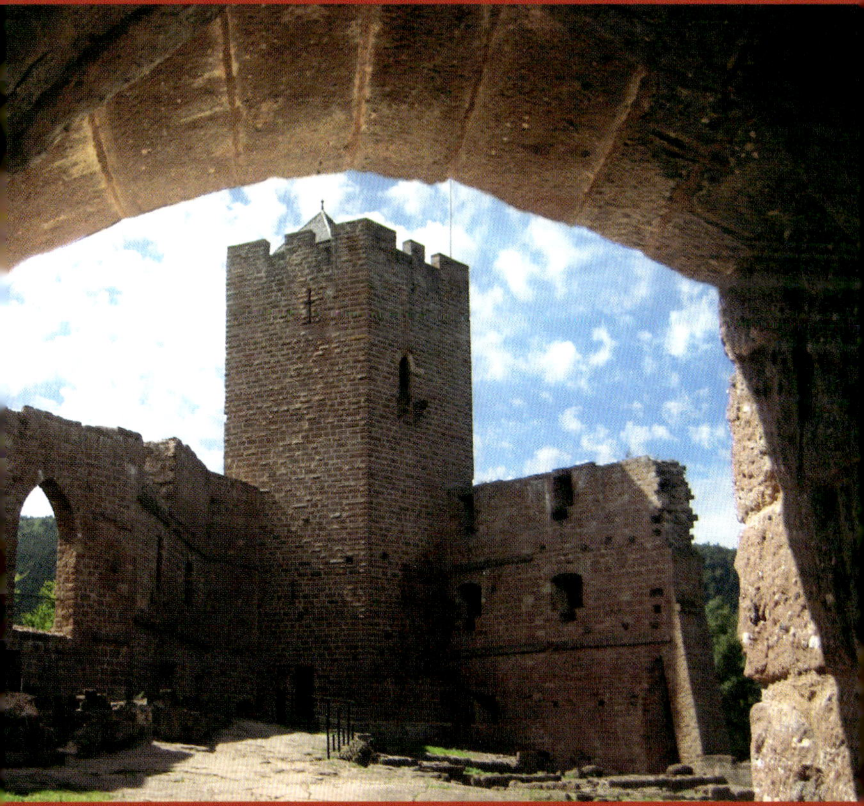

verlag regionalkultur

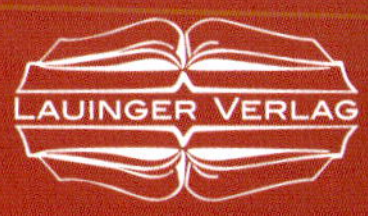

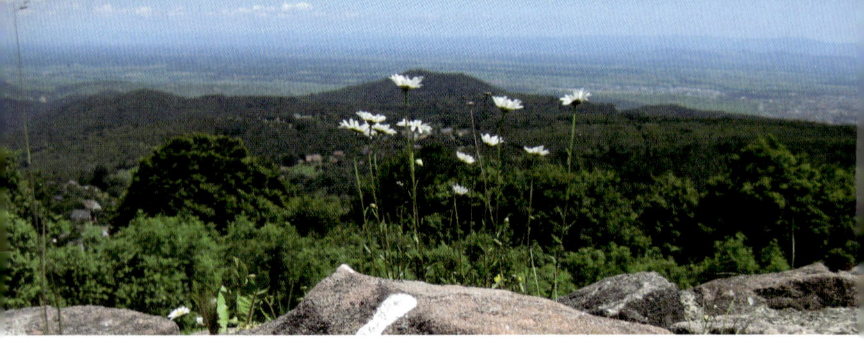

Vorwort

Burgen im Elsass zu erwandern, ist wirklich ein Erlebnis!

Der herrliche Blick von zahlreichen Burgen in die Bergwelt, in die reizvolle Landschaft der Vogesen, auf die Rheinebene und auf die Weinberge ist durchaus beglückend. Kein Wunder, dass dieser Flecken Erde ein beliebtes Urlaubsziel ist. Wandern, Burgen erkunden, gut essen und trinken, sich an den alten Fachwerkhäusern erfreuen – das alles ist es wert, diesen Landstrich zu besuchen. Zudem bewegen Sie sich im Elsass in einer äußerst geschichtsträchtigen Landschaft mit über 400 Ruinen, deren heutiges Aussehen Ergebnis der Kriege des 17. Jahrhunderts ist. Nirgends sonst in Europa wird Ihnen eine derartige Häufung von ehemaligen Burgen auf engstem Raum begegnen, war doch das Elsass als staufisches Reichsland ein Kernland des Mittelalters. Aber bereits im 8. Jahrhundert v. Chr. siedelten die Kelten im Elsass und errichteten dort ihre Siedlungen, die Oppida. Bauwerke aus dieser Zeit finden sich häufig am Rand der Vogesen. Am berühmtesten ist die mächtige Heidenmauer auf dem heiligen Berg des Elsass, dem Odilienberg.

Später kamen die Römer ins Land. Gaius Julius Cäsar besiegte die germanischen Sueben 58 v. Chr. nordwestlich von Toulouse, und das Elsass wurde in die Provinz Germania Superior eingegliedert. Das heutige Strasbourg war damals ein wichtiger Verkehrsknotenpunkt. Zu den keltischen Göttern gesellten sich nun die römischen. Ein bedeutendes Heiligtum wurde auf dem Berg Donon errichtet. Überreste sind heute in verschiedenen Museen rund um Colmar zu sehen.

Bis etwa 450 n. Chr., also bis zum Untergang des weströmischen Reichs 476 n. Chr., herrschten die Römer über das linksrheinische Gebiet. Nach ihnen kamen die Alemannen und die Franken ins Land. Das Elsass wurde Teil des merowingischen Frankenreiches. Die merowingischen Könige herrschten von 482 bis 714 n. Chr.. Die bekanntesten unter ihnen waren sowohl im Elsass als auch in der Pfalz die „Dagoberts". Zum Reich Dagoberts I. (um 608 - 639 n. Chr.) gehörten Austrasien und Neustrasien. Diese Gebiete umfassten das gesamte nördliche Frankreich, das Rheinland und Schwaben. Nach der Teilung des Landes – das Elsass war Teil Austrasiens, auch Austrien genannt, mit der Hauptstadt Metz – kam nach vielem Hin und Her der Merowinger Dagobert II. (652 - 679) für kurze Zeit an die Macht.

Unter den Merowingern wurde das Elsass zum Herzogtum ernannt. Der erste Herzog stammte aus dem Geschlecht der Etichonen, hieß Eticho (etwa 645 - 682 n. Chr.) und war der Vater der heiligen Odilie. Die Herrschaft und Macht der Merowinger ging langsam in die Verwaltung der Hausmeier über, die das Land eigentlich nur verwalten sollten. Die Hausmeier sind die späteren Pippinen bzw. Karolinger. Papst Stefan II. (Papst von 752 bis 757 n. Chr.) krönte Pippin III. (714–768 n. Chr.) in Paris zum König und gleichzeitig mit ihm seine Söhne Karlmann und Karl.

Karl (748 - 814 n. Chr.), später der Große genannt, wurde 800 n. Chr. in Rom zum Kaiser gekrönt. Er vereinte das Frankenreich und machte es zu einem mächtigen Staat.

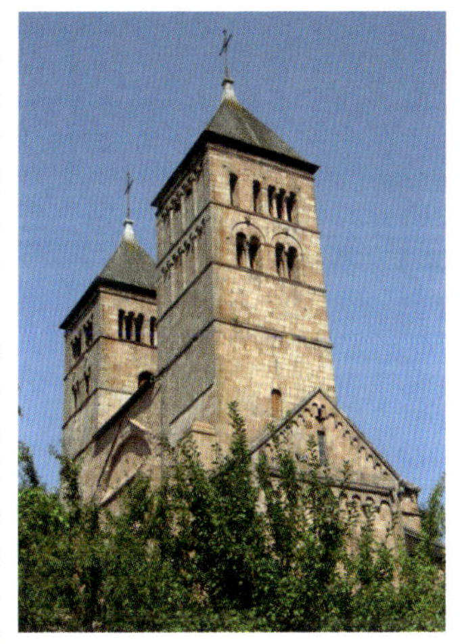

Eines der ältesten Köster im Elsass: Murbach.

Klöster wie Mauersmünster, Weißenburg oder Murbach wurden erbaut. Karls Enkel, Ludwig der Deutsche und Karl der Kahle, teilten das Reich erneut. Der Eid wurde am 14. Februar 842 n. Chr. in Straßburg geschworen, von Ludwig in deutscher Sprache, von Karl auf Französisch.

Ab dem 10. Jahrhundert gehörte das Elsass zum Heiligen Römischen Reich und unterstand damit den jeweiligen Kaisern. Es wurde in einen Nord- und Südgau geteilt. Der Nordgau (das heutige Oberelsass, also Département Haut-Rhin) befand sich bis zum Ende des 11. Jahrhunderts fast durchgängig in der Hand der Etichonen, also den Grafen von Egisheim und Dagsburg.

Der Süd- oder Sundgau grenzte im Norden an Schlettstadt und dehnte sich bis Basel, Belfort und Mülhausen aus. Ihn beherrschten die Luifriden, eine Seitenlinie der Etichonen.

Unter den Staufern (1138 - 1254 n. Chr.) erlebte das Elsass seine Blütezeit. Viele Burgen wurden gebaut, Klöster gegründet. Die Staufer folgten auf das Königsgeschlecht der Salier. Stammvater der Staufer war der Pfalzgraf in Schwaben, Friedrich von Büren (um 1020 - 1053 n. Chr.). Er ist der Ur-Urgroßvater Kaiser Barbarossas und war mit Hildegard von

Egisheim-Dagsberg, der Tochter einer der einflussreichsten elsässischen Adelsfamilien, verheiratet.

Mit dem Staufer Friedrich I. (um 1050 - 1105 n. Chr.) beginnt der Aufstieg dieses Geschlechts. Er war ein Getreuer Heinrichs IV. (1050 - 1106 n. Chr.), der mit dem Gang nach Canossa in die Geschichte einging. Der Kniefall vor dem Papst hob den Bann über den Kaiser wieder auf. Heinrich IV. ernannte den Staufer zum Herzog von Schwaben und vermählte ihn mit seiner Tochter Agnes. Friedrich I. ließ auf dem Berg Hohenstaufen in Schwaben eine Burg errichten, die Stammsitz und Namensgeberin der Familie wurde.

Sein Sohn Friedrich II. (1090 - 1147 n. Chr.) wurde auch Herzog von Schwaben, und sein Bruder Konrad (um 1093 - 1152 n. Chr.) 1138 als Erster aus dem Geschlecht der Staufer zum König gewählt.

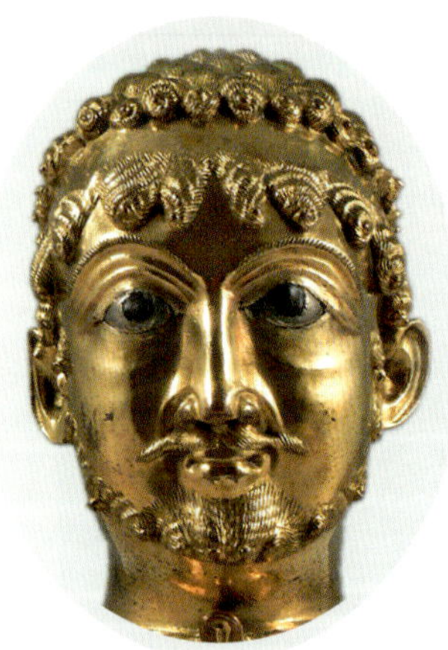

Friedrich I., auch als Barbarossa bekannt.

Dieser Friedrich II., auch der Einäugige genannt (er hatte in einer Schlacht gegen den amtierenden König Lothar ein Auge verloren), ließ im Elsass viele Burgen bauen, weshalb es hieß: „Stets zieht er am Schweif seines Pferdes eine Burg nach sich." Aber das Elsass gehörte nicht zum sicheren staufischen Besitz, dem Haus- oder Königsgut. Der sächsische König Lothar III. (vor 1075–1137 n. Chr.) machte den Staufern ihren Besitz streitig. Es kam zum Krieg. Letztendlich unterwarf sich Friedrich II. dem Sachsenkönig. 1131 n. Chr. verloren die Staufer das Elsass.

Friedrich I. (1122 - 1190 n. Chr.), Sohn aus erster Ehe, hatte mit Judith, der Tochter Heinrichs des Schwarzen, mehr Glück. Er wurde zum Kaiser des Heiligen Römischen Reiches gewählt und ist der berühmte Barbarossa, so genannt wegen seines roten Bartes. Seine Lieblingspfalz wurde Hagenau, und auch er veranlasste, wie schon sein Vater, den Bau vieler Burgen im Elsass und der angrenzenden Pfalz. So entstanden zum Beispiel die Burgen Girbaden, Wangenburg, Pflixburg und Kaysersberg zur Abgrenzung und Sicherung gegen Lothringen. Aber nicht alle Burgen sind staufischen Ursprungs. Auch die reichen und einflussreichen Bischöfe bauten, etwa Hohbarr bei Saverne.

Die Staufer befanden sich in steter Auseinandersetzung mit dem mächtigen Elsässer Hochadel, den Etichonen, den Grafen von Egisheim und Dagsburg. Erst nach dem Tod Gertruds, der letzten Erbin von

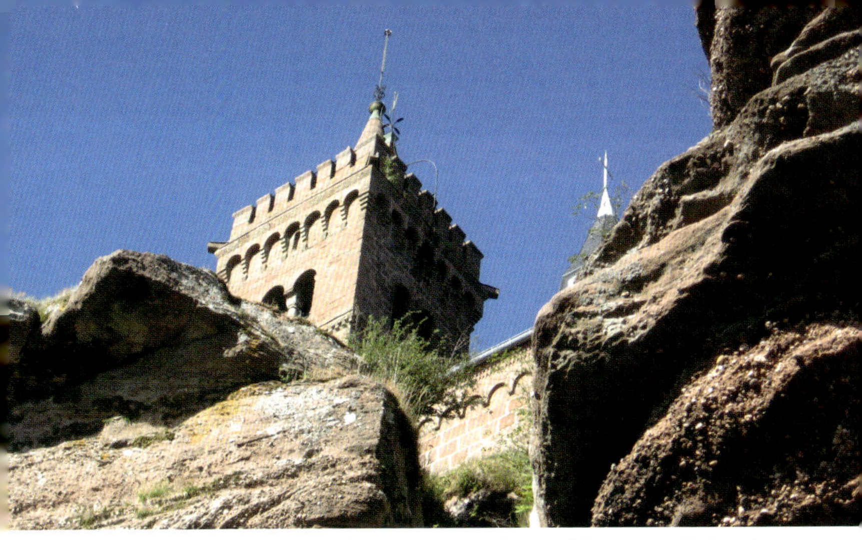

Die Kapelle wurde 1828 auf dem Felsen errichtet, auf dem einst die Dagsburg stand, die Stammburg der Etichonen, der ersten Herzögen im Elsass.

Dagsburg, wurde es friedlicher, denn ihr Erbe wurde aufgeteilt. Es bestand neben der Burg in Egisheim aus zehn weiteren Burgen, darunter Bernstein, Girbaden, Dagsburg und Herrenstein sowie vielen Klöstern.

Mit den Edelfreien gab es wenig Streit. Zu ihnen zählten im 13. Jahrhundert die Hüneburger, Lichtenberger, Reichenberger, Greifensteiner sowie die Herren von Lützelstein und Ochsenstein. Dazu kamen die Ministerialen, die damals zu Herren, zu Rittern aufstiegen. Auch sie demonstrierten ihre Macht und ihren Reichtum mit Burgen. Um 1200 gab es etwa 45 Burgen im Elsass: Zwei vom Reich, drei vom Straßburger Bischof, zwei von Staufer-Herzögen, 18 von Grafen, zwölf von Edelfreien und acht von Ministerialen, die sich nach der Burg nannten.

Nach dem Tod des Stauferkaisers Friedrich II. 1250 folgte die Zeit des Interregnums, die sogenannte kaiserlose Zeit, die ein ziemliches Durcheinander erzeugte. Der Adel gewann jetzt immer mehr an Einfluss und Macht. Unter König Rudolf von Habsburg (1218 - 1291) konsolidierte sich das Land. Er wollte die alte Königsmacht wiederherstellen und seinen Besitz sichern wie zu Barbarossas Zeiten. Er war der erste König aus dem Haus Habsburg, einem aus der Schweiz und dem Elsass stammenden Geschlecht, das ab dem 15. Jahrhundert bis zum Ende des Heiligen Römischen Reiches Deutscher Nation 1806 die Kaiser stellte.

Trotz der Bemühungen Rudolfs von Habsburg gewannen die Adeligen im Elsass immer mehr Einfluss und Macht. Es bildeten sich die sogenannten Zwergherrschaften der Ritter.

Von Kaiser Karl IV. (1316 - 1378) unterstützt, schlossen sich 1354 elsässische Städte zum Zehnstädtebund zusammen, um gemeinsam gegen die Feudalherren vorzugehen. Zu den wichtigsten Adeligen im Elsass zählten damals die Habsburger, die Fürsten von Hanau-Lichtenberg sowie die Bischöfe von Straßburg und Basel.

Ab 1439 regierten die Habsburger das Heilige Römische Reich. Der erste war Albrecht III. (1349/50 - 1395). Zu dieser Zeit wüteten die Armagnaken im Elsass, Söldnertruppen, die zuvor in Frankreich gekämpft hatten, dann entlassen worden waren und ins Elsass einfielen. Erst 1444 konnten sie vertrieben werden. Danach zeigte der französische Herzog von Burgund, Karl der Kühne (1433 - 1477), großes Interesse an dem linksrheinischen Gebiet. 1469 wurden ihm schließlich die habsburgischen Lande im Elsass und im Breisgau verpfändet. Das Elsass gehörte zum ersten Mal zu Frankreich.

Die Tochter Karls des Kühnen, Maria, heiratete den Sohn des regierenden Habsburgers Friedrich III. Nach dem Tod Karls des Kühnen kam das Elsass durch Erbschaft wieder ins Reichsgebiet der Habsburger.

Ende des 15. Jahrhunderts begehrten die Bauern gegen die Ausbeutung durch die Feudalherren auf. Ihre Aufstände gingen als Buntschuhbewegung in die Geschichte ein, so genannt wegen der bunten Schnürschuhe, die sie trugen. Dieser Aufstand im Elsass war ein Vorläufer der anschließenden Bauernkriege (1524 - 1526). Zuvor hatte Luther 1517 seine Thesen an die Wittenberger Schlosskirche genagelt. Es folgte der Dreißigjährige Krieg (1618 - 1648), der besonders schlimm im Elsass wütete. Die Hälfte der Bevölkerung kam ums Leben. Nach dem Westfälischen Frieden 1648 fielen weite Teile des Elsass wieder an Frankreich, protestantische Gebiete wurden katholisch. Der französische König Ludwig XIV. (1638 - 1715) wollte aber noch mehr Land. In den sogenannten Reunionskriegen wurden 1677 Hagenau und Weißenburg zerstört, 1681 kapitulierte Straßburg. Der Rhein bildete nun die Grenze zwischen Frankreich und Deutschland. Eine Sicherung des Landes stand an. Vauban und Specklin waren die berühmtesten Baumeister jener Zeit, machten aus Burgen Festungen, bauten Zitadellen und Militärlager.

Es folgten weitere Kriege, die auch im Elsass ausgetragen wurden, so der Pfälzische Erbfolgekrieg (1688 - 1697), in dem der französische König Ludwig XIV. das Gebiet der benachbarten Pfalz beanspruchte. Im Spanischen Erbfolgekrieg (1701 - 1714) wollte sich Habsburg das Elsass einverleiben, was misslang. In den Friedensverhandlungen von Rijswijk und Rastatt blieb das Elsass weiter unter französischer Herrschaft.

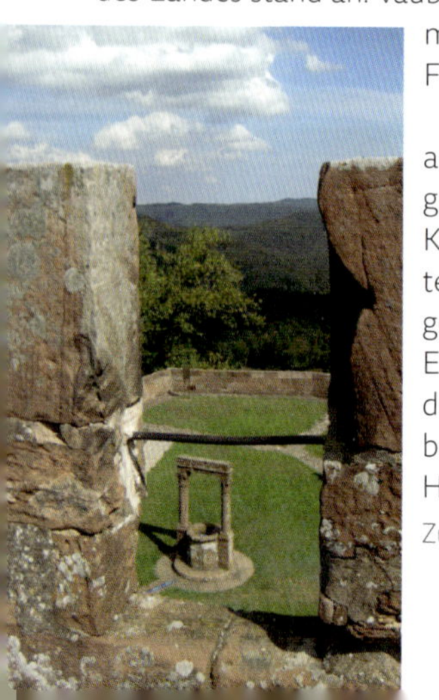

Zur Festung umgebaut: Burg Lichtenberg.

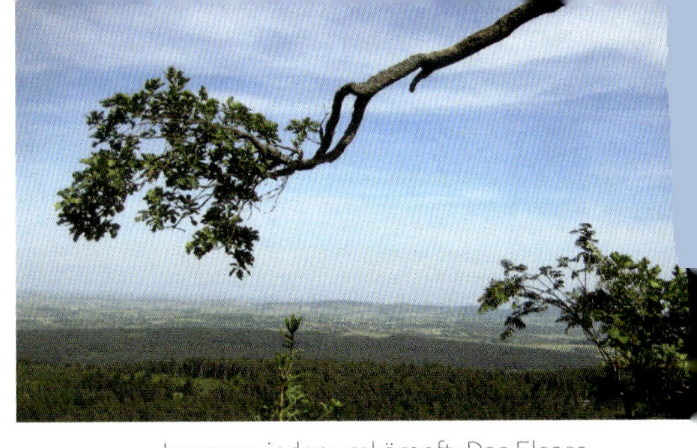

Immer wieder umkämpft: Das Elsass.

Den Ideen der Französischen Revolution (1789 - 1799) schlossen sich viele Elsässer an. Nach der Niederlage Napoleons wurde die Welt neu geordnet. Das Elsass blieb auf Betreiben des französischen Diplomaten Talleyrand bei Frankreich. Dann erklärte Frankreich den Deutschen den Krieg und verlor nach seiner Niederlage 1871 das Elsass, was das Hin und Her zwischen französischer und deutscher Zugehörigkeit weiterführte. Nach dem Ersten Weltkrieg fiel das Elsass an Frankreich und wurde während des Frankreichfeldzuges 1940 von der deutschen Wehrmacht besetzt. Seit dem Ende des Zweiten Weltkriegs ist das Elsass wieder französisch. Die Elsässer meinen über sich: ihre Sprache ist elsässisch-deutsch, ihre Seele französisch.

Zur Auswahl der Burgenwanderungen: Burgen erwandern, Geschichte entdecken, zünftig einkehren – das ist das Prinzip der Wanderungen. Allerdings ist das im Elsass nicht so einfach. Wanderhütten gibt es selten in den Vogesen, die Burgen liegen nicht immer in unmittelbarer Nähe eines Ortes und nicht in jeder kleinen Gemeinde gibt es ein Gasthaus. Dazu kommt, dass die Öffnungszeiten in Frankreich sehr rigide gehandhabt werden, es also nur von 12 - 14 Uhr Essen gibt – bis auf einige wenige Ausnahmen.

Bei 19 von 26 Wanderungen war es aber möglich, eine Einkehrmöglichkeit auf dem Weg oder in der Nähe zu finden. Bei sieben Wanderungen zu sicher sehr sehenswerten Burgen fand sich kein Restaurant oder eine Hütte am Weg, so bei den Burgen Greifenstein (5), Ochsenstein (7), Landsberg (13), Frankenburg (16), Haneck, Schrankenfels und Hattstatt (23) sowie Engelburg (26).

Zu den Wandermarkierungen: Die Weg- oder Wanderzeichen sind **fett** gedruckt, Hinweise unterstrichen.

Zu den Wanderkarten: Das Institut für Geographique National (IGN) hat diese im Maßstab 1:25.000 herausgegeben. Die entsprechende Kartennummer und Titel sind in den jeweiligen Kapiteln angegeben.

Burgen erwandern, Geschichten entdecken, zünftig einkehren, das ist das Motto der Burgenwanderbücher.

Viel Spaß dabei!
Margaret Ruthmann

Die Wanderungen

Die Nordvogesen

Seite

Die Südvogesen

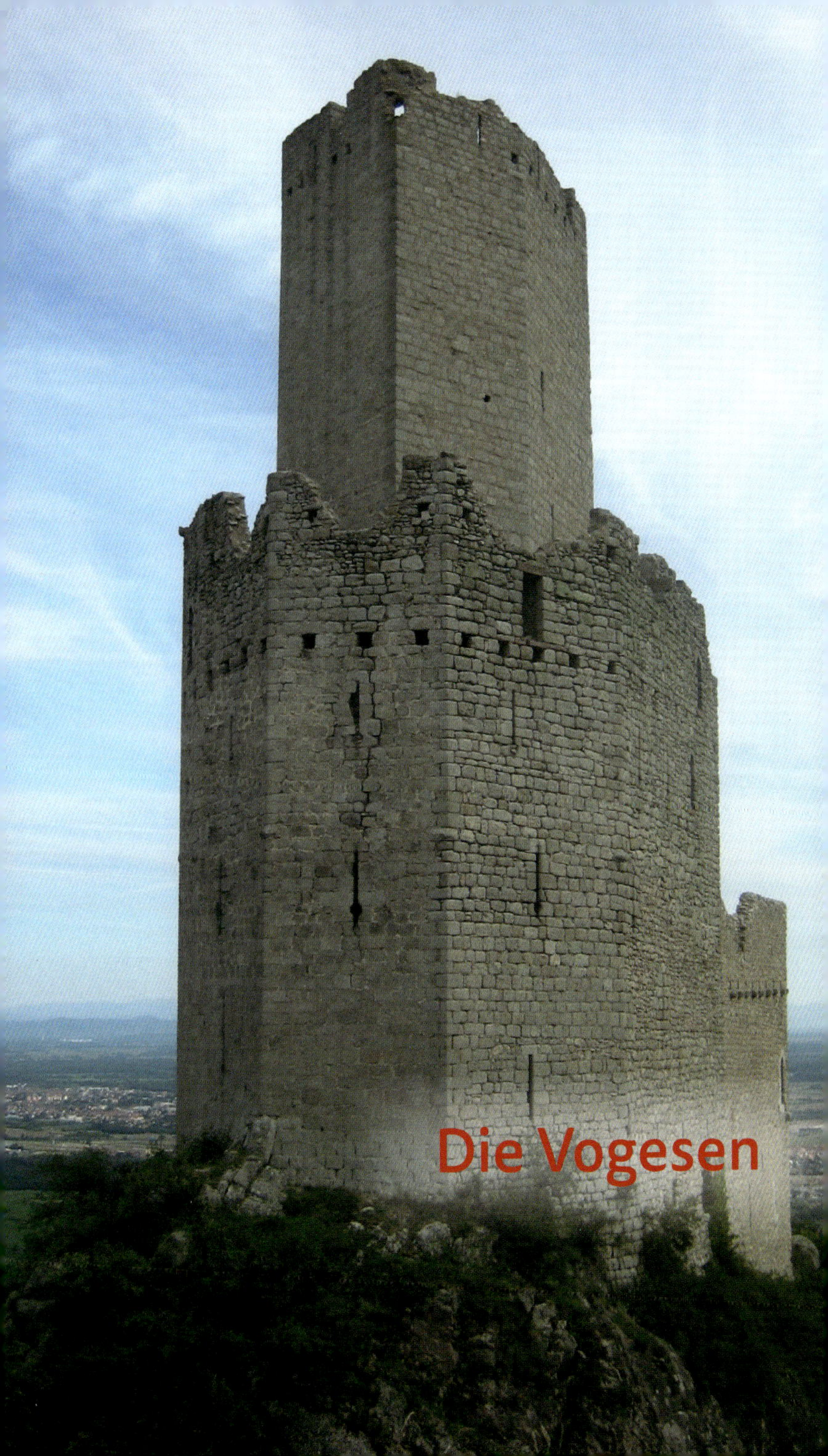

Die Vogesen

1. Lichtenberg

Start am Parkplatz in der Nähe von Rothbach, hinter dem Friedhof. Einkehren auf der Burg Lichtenberg und Gaststätten im Ort Lichtenberg.

Die Burg Lichtenberg zählt zu den größten und bedeutendsten Baudenkmälern im Elsass. 1993 wurde mit dem Bau eines Kongresszentrums und Museums innerhalb der Burgmauern begonnen. Die mutige Architektur begeistert die Besucher oder macht sie ratlos. Auf jeden Fall regen alle Um- und Neubauten dieser so gar nicht mehr romantisch verträumten Burg zur Diskussion an.

Aber nicht nur Neues gibt es hier zu sehen. Viele Mauern, Türme, Terrassen, Wohngebäude und eine Kapelle wurden restauriert und vermitteln einen Eindruck der großartigen Anlage innerhalb des Festungsgrabens. In einigen Räumen der Neubauten finden Kunstausstellungen statt, im Museum werden Fossilien aus der Region gezeigt. Für den Besuch der Burg wird Eintritt erhoben (4,30 Euro). Öffnungszeiten: März bis Juni und September bis 15. November von 10-17 Uhr. Ruhetag Mittwoch. Juli und August ist jeden Tag von 10-18 Uhr geöffnet. Was innerhalb der Mauern fehlt, ist ein gemütlicher Ort zum Einkehren. Wer essen und trinken möchte, geht am besten in den Ort Lichtenberg am Fuß der Burg.

Der Weg zur Burg führt durch dichten Wald und über Wiesen auf den Höhen der Berge, von wo aus der Wanderer einen weiten Blick ins Rheintal hat.

Dauer der Wanderung	3 ½ Stunden / 12 km
Höhe der Burg	480 m
Einkehrmöglichkeiten	**Kiosk** auf der Burg Lichtenberg, Tel.: +33 3 88 89 98 72 **Hôtel-Restaurant Au château**, 4 place de l'Eglise, 67340 Lichtenberg. Tel. +33 3 88 89 96 11 **Restaurant au Soleil**, 2 place de l'Eglise , 67340 Lichtenberg, Tel. +33 3 88 89 96 13 Warme Küche 12 – 14 Uhr, zwischendurch Snacks, bisweilen auch Kuchen.
Burginfos	www.stuttgart-tourist.de/a-burg-lichtenberg
Etappen der Wanderung	Vom Parkplatz bei Rothbach bis zur Burg Lichtenberg über die Ruine des Tierkirchleins: 2 Stunden Von der Burg zurück zum Parkplatz: 1 ½ Stunden
Wanderkarte	IGN Wanderkarte 3714 ET: **La Petite Pierre**

Anfahrt und Parkplatz

Rothbach liegt zwischen Zinswiller und Ingwiller an der D 28, der Verbindungsstraße von N 62 (Bitche–Haguenau und D 191 (Saargemünd/Sarreguemines–Haguenau). Sie fahren durch den Ort hindurch Richtung Ingwiller. Rechterhand sehen Sie einen Friedhof. Von dort führt eine Straße nach rechts, in die Sie einbiegen. Am Waldrand befindet sich auf der linken Seite ein Parkplatz, von wo aus der Wanderweg startet.

Wegbeschreibung

Vom Parkplatz aus folgen Sie dem **blauen Ring** zum Tierkirchlein; ein Schild weist auf die einstige Kapelle hin. Sie kommen zunächst an einer gefassten Quelle vorbei. Dann laufen Sie nach rechts den Berg hoch, wo Sie einen Wirtschaftsweg erreichen, an dem zunächst keine Markierung zu sehen ist. Sie gehen nochmals rechts zu einer Kreuzung. Dort finden Sie dann wieder den **blauen Ring**. Nun schwenken Sie nach links und erreichen in etwa einer Stunde die Ruine des Tierkirchleins, die, wie dort geschrieben steht, wohl im 13. Jahrhundert erbaut wurde und eine mittelalterliche Wallfahrtskirche war. Die Menschen hofften hier ihre Haustiere mit Gebeten vor Seuchen und Krankheiten beschützen zu können.

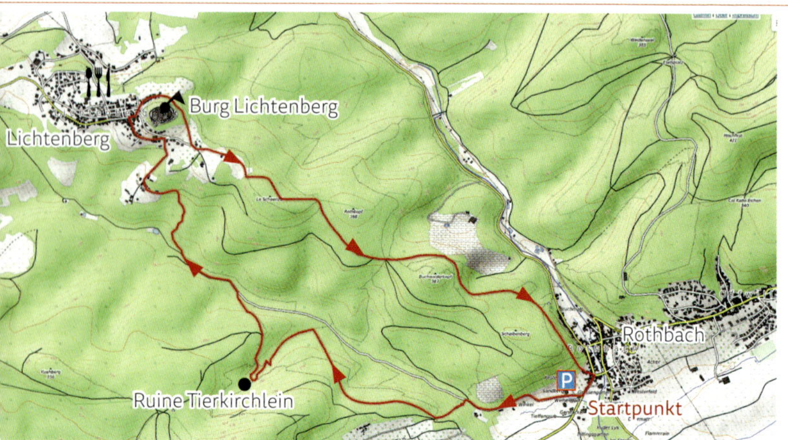

Von der Ruine des Tierkirchleins folgen Sie nun dem **blauen Balken** bis zur Burg Lichtenberg. Es kommen noch andere Wanderzeichen hinzu, Sie aber orientieren sich primär am **blauen Balken**. Sie erreichen im Ort Lichtenberg die Rue du Jardin, dort gehen Sie nach rechts und folgen dem Fußweg zur Burg, ohne Markierung. Vom Burgturm aus, dem höchsten Punkt der Anlage, haben Sie einen wunderschönen Blick in die Landschaft des nördlichen Elsass. Folgende Zeilen sind dort angebracht:

Vom Blick zu den Landschaften

„Eine Landschaft ist nicht nur das Gebilde aus
Formen und Farben, die wir betrachten,
sie ist auch das Ergebnis unserer Gefühle, unserer Geschichte,
unserer Stimmung.
All diese Filter beeinflussen unsere Sichtweise eines Panoramas,
das wir als großartig, friedlich, trist, melancholisch, idyllisch,
überwältigend usw. bezeichnen.
Unser Blick erschafft die Landschaft,
denn es gibt ebenso viele Landschaften wie Beobachter."

Nach dem Besuch der Burg können Sie im Ort die beiden zuvor angegebenen Restaurants besuchen. Danach gehen Sie wieder Richtung Burg und folgen – wie auf einer großen Karte des Vogesen-Clubs an einer Mauer angegeben – nach rechts dem **blauen Balken** Richtung Rothbach. Nach etwa einer halben Stunde erreichen Sie auf 304 Metern Höhe den Col de Buchwalderkopf mit einer großen Kreuzung, wo sich viele Wanderwege treffen.

Um nach Rothbach zu kommen, gibt es verschiedene Möglichkeiten. Sie folgen dem **blauen Balken**. Im Ort gehen Sie nach rechts die Straße entlang, überqueren den Rothbach auf der Rue Frédéric Lienhard und gelangen zum Friedhof. Von dort brauchen Sie etwa 15 Minuten zum Parkplatz.

Die Geschichte der Burg Lichtenberg

Ein Blick auf den Stich der gigantischen Burg erzählt mehr über Lichtenberg als alle Beschreibungen. Das Bild stammt wohl von 1663 und ist kaum später entstanden als die Burg mit ihren Häusern, Mauern, Gräben, Kasematten, Batterietürmen und Arsenalen. Denn vieles wurde erst im 16. und 17. Jahrhundert ausgebaut, verbessert und vergrößert. Die Festung sollte uneinnehmbar sein. Vom alten Kern der mittelalterlichen Burg war damals nicht mehr viel übriggeblieben. Lichtenberg wurde auf dem über 400 Meter hohen Felsen in strategisch günstiger Lage zu einer sicheren Wehranlage umgebaut. Straßburgs großer Festungsbauer, Daniel Specklin, erweiterte sie 1580. 1682 erneuert nochmals der Marquis von Vauban die Burg.

Was heute aber als Erstes ins Auge sticht, ist der gewagte Neubau des Auditoriums, des Veranstaltungsraumes, den die Architekten Andrea

So soll die Burg Lichtenberg einmal ausgesehen haben.

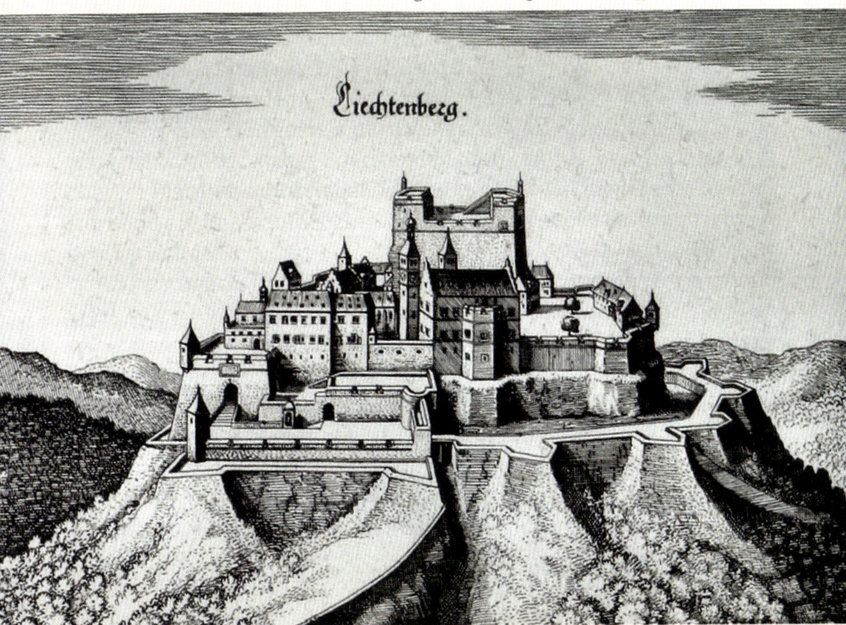

Bruno (Italien) und Jean-Pierre Laubal (Paris) entworfen und gebaut haben. Dort ist ein Museum untergebracht und es finden dort ebenfalls Veranstaltungen statt. Was den Charme der elsässischen Burgruinen sonst ausmacht – die Unberührtheit der versteckten Mauern und Türme – darf der Burgenfreund hier nicht erwarten. Trotzdem ist Lichtenberg sicher eine der beeindruckendsten Burgen im Land. Sie war der Stammsitz der Herren von Lichtenberg, einem bekannten Adelsgeschlecht der Region. Erstmals urkundlich erwähnt wurde die Burg im Jahr 1206. Als Besitzer bekannt sind aus dem Jahr 1197 ein Albert von Lichtenberg und 1202 der Domherr von Straßburg, Rudolf von Lichtenberg. Im 13. und 14. Jahrhundert gab es weitere vier Straßburger Bischöfe, die sich nach der Burg von Lichtenberg nannten.

Lichtenberg lag im Kernland des Stauferreichs (1138–1254). Nach dessen Ende kam die unruhige Zeit der Interregnums mit zeitgleichen Kaisern und Gegenkaisern. Es war damals ein ständiges Hin und Her, der niedere Adel, die Ritter, waren mal auf der Seite des einen, mal auf der Seite des anderen Königs. Dieses Machtvakuum nutzen auch die Bischöfe, um ihren Einfluss zu stärken. Fehden waren an der Tagesordnung. 1260 wurde die Lichtenberg von den Soldaten des Metzer Bischofs, Jakob von Lothringen, zerstört. Der Schaden war wahrscheinlich nicht so gravierend. Denn 1286 ließ der Straßbourger Bischof Konrad III. aus dem Geschlecht der Lichtenberger die Burg wieder aufbauen. Sie war bischöfliches Lehen und über Jahrhunderte die Residenz der Herren von Lichtenberg.

Ein Blick auf die Burg Lichtenberg heute.

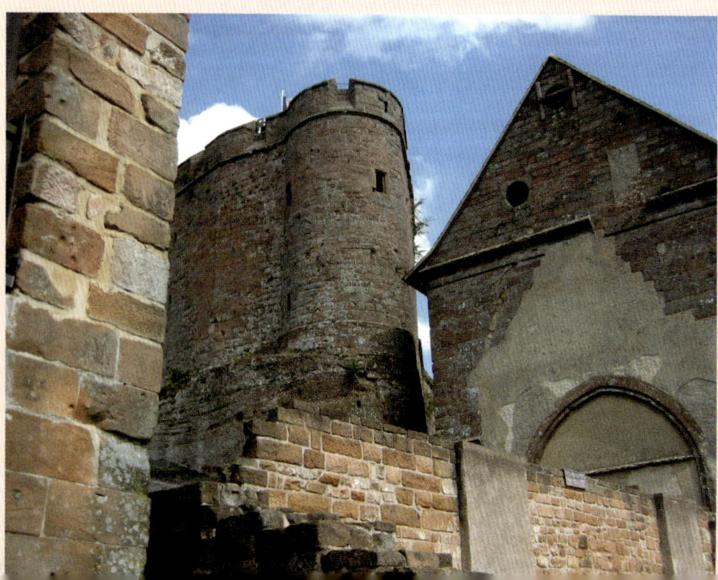

Der letzte Herr von Lichtenberg hieß Jakob. 1458 erhob ihn der Habsburger Kaiser Friedrich III. in den Grafenstand. Über seine Familie wird eine so gar nicht rühmliche Geschichte erzählt: Nach Jakobs Tod verjagten die Erben 1480 das Bärbele, die nicht standesgemäße Geliebte des Grafen aus dem Schloss. Unter dem Vorwurf der Hexerei wurde sie in Hagenau eingekerkert. Bärbel von Ottenheim sollte hingerichtet werden, starb aber 1484 im Gefängnis. Ob dabei nachgeholfen wurde, ist nicht bewiesen.

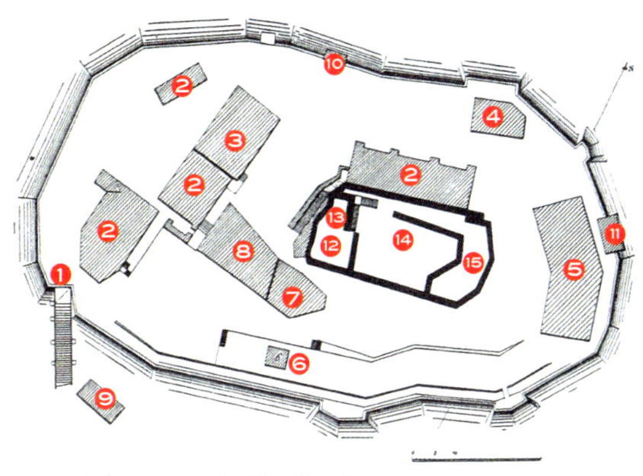

LICHTENBERG
1. Eingang
2. Kasermenents
3. Wohnung des Kommandanten
4. Spital
5. Magazin
6. Uhrturm
7. Kapelle
8. Offiziers-Pavillon
9. Torwache
10. Brunnen
11. Abort
12. Berchfrit
13. Schildmauer
14. Burghof
15. Palas

Nach dem Tod Jakob Lichtenbergers stand es aber nicht nur um Bärbel von Ottenheim schlecht. Die männliche Linie der Lichtenberger starb aus. So erbten Anna und Elisabeth, die Töchter von Jakobs Bruder, Ludwig V. von Lichtenberg, die Burg. Anna war mit Graf Philipp I. von Hanau-Babenhausen verheiratet, ihre Schwester mit Graf Simon VI. Wecker von Zweibrücken-Bitsch. Nun teilten sich die Grafen von Hanau-Lichtenberg und die Grafen von Zweibrücken-Bitsch die Burg. Das Geschlecht der Zweibrücken-Bitscher Grafen starb 1570 aus, die Lichtenberg fiel komplett an die Grafen von Hanau-Lichtenberg. Zehn Jahre später baute Graf Philipp IV. von Hanau-Lichtenberg die Burg zu einer Festung aus. Der Baumeister Daniel von Specklin ließ Arsenal, Türme, eine Burgkapelle und das Zeughaus im Renaissancestil errichten.

Im Holländischen Krieg (1672–1679) belagerten die Franzosen die Burg. In diesem Krieg zwischen den Franzosen und Holländern mischten sich sowohl die Spanier ein, die um ihre holländischen Besitztümer fürchteten, als auch der österreichisch-habsburgische Kaiser des Heiligen Römischen Reiches Deutscher Nation, Leopold I. (der mit der mächtigen Unterlippe). Der Kaiser kämpfte gleichzeitig im Osten gegen die Osmanen und nun auch im Westen, dort allerdings mit weniger Truppen, gegen den französischen König. Ludwig XIV. versuchte, die kaiserlichen Truppen Leopolds I. im Elsass aufzuhalten. Unter dem Befehl des Marschall de Créquy wurde die Lichtenberg 1678 eingenommen und – wie fast das gesamte übrige Elsass – französisch.

1680 baute dann der berühmte Baumeister Vauban die Lichtenberg zur Garnison um. Im Deutsch-Französischen Krieg 1870/71 zerstörten Truppen aus Württemberg die Burg, die bis dahin noch bewohnt wurde. Das Elsass war in der Folgezeit mal deutsch, mal französisch. Die Burg stellten erst die Deutschen, dann die Franzosen unter Denkmalschutz. Seit 1970 gehört sie der Gemeinde Lichtenberg, 1993 wurde erneut mit den Ausbauarbeiten begonnen.

Von der ursprünglichen Burg aus dem 13. Jahrhundert ist, wie gesagt, fast nichts mehr zu sehen. Die ältesten Fundamente befinden sich ganz oben auf dem Felsplateau rund um den oberen Burghof mit Brunnen und Zisterne. Das Fundament des Bergfrieds und Reste der Schildmauer sind noch zu erkennen. Alle anderen Bauten stammen aus dem 16. Jahrhundert.

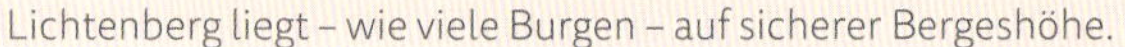

Lichtenberg liegt – wie viele Burgen – auf sicherer Bergeshöhe.

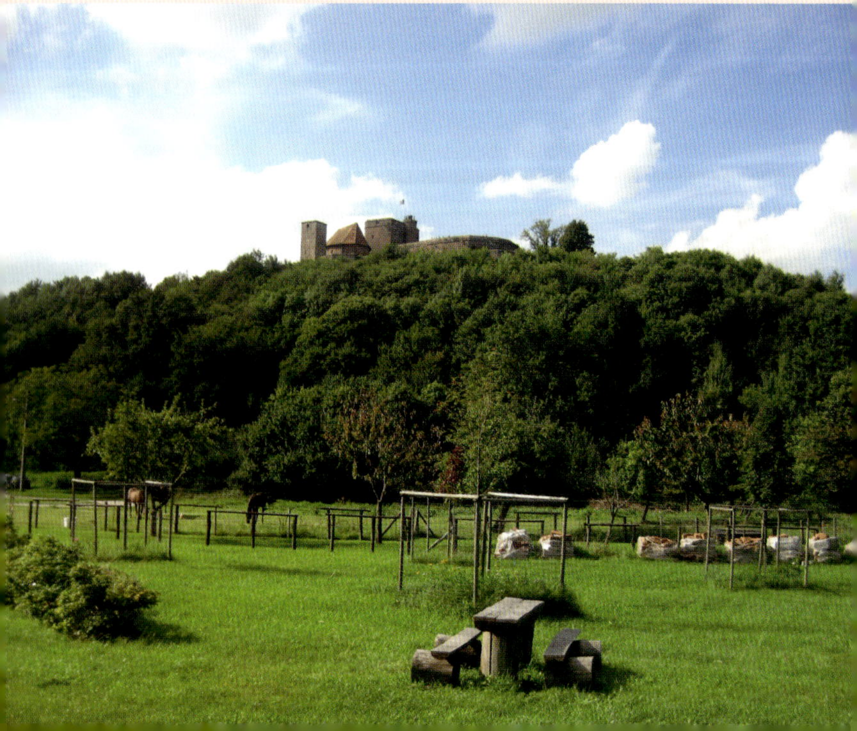

2. *Lützelstein*

Start für die **1. Wanderung** ist im Osten von La Petite Pierre, nahe des Forsthauses Loosthal und im Süden für die **2. Wanderung**, nahe des Kohltaler Hofes.
Einkehren in La Petite Pierre und in der Auberge d'Imsthal.

Die beiden beschriebenen Wanderrouten führen durch lichten Wald, vorbei an alten Fischweihern – die wohl für das Kloster in Neuwiller-lès-Saverne angelegt wurden – und imposanten Felsen. Sie kommen zu dem idyllisch gelegenen Gasthof Auberge d'Imsthal und lernen den zauberhaften Ort La Petite Pierre mit seiner wieder aufgebauten Burg im Staedle kennen. Dort gibt es vieles zu entdecken: Neben dem Schloss, die alten Häuser, sowie die Kirche mit spätromanischem Chor und freigelegten Fresken aus dem 15. Jahrhundert. Auch die alten Gartenmauern in der von Vauban errichteten Verteidungsmauer sind noch erhalten. Es ist eine schöne Wanderung, diesmal sogar mit mehreren Einkehrmöglichkeiten.
Die Burg Lützelstein ist montags und dienstags geschlossen.

1. Wanderung:

Dauer der Wanderung	2 ½ Stunden / 10 km
Höhe der Burgen	341 m
Einkehrmöglichkeiten	**Auberge d'Imsthal**, 3 Route Forestière, 67290 La Petite Pierre, Tel. +33 3 88 01 49 00, www.petite-pierre.com. **Restaurant du Château**, 15 rue du Château, 67290 la Petite Pierre, Tel. +33 3 88 70 45 18. Weitere Einkehrmöglichkeiten bestehen in den Restaurants in La Petite Pierre, auch gibt es dort einen Salon de Thé et boutique, Rue principal 14, 67290 la Petite Pierre, Telefon: 03 88 8 54 86. Das Café hat mittwochs bis sonntags ab 13 Uhr geöffnet. Aber auch in manchen Hotels werden am Nachmittag kleine Speisen und Kaffee und Kuchen angeboten.
Burginfos	Burg Lützelstein Tel: 0033-388014959
Etappen der Wanderung	Vom Parkplatz bis zur Auberge d'Imsthal: 45 Minuten Vom Restaurant in die Altstadt von La Petite Pierre: 30 Minuten.

	Von La Petite Pierre zurück zum Parkplatz: 1 Stunde.
Wanderkarte	IGN Wanderkarte 3714 ET
Anfahrt und Parkplatz	La Petite Pierre liegt im Schnittpunkt von D 9, D 7 und D 178, zwischen Eschbourg und Wingen-sur-Moder. Sie fahren durch den Ort und erreichen den Parkplatz über die D 7 Richtung Weiterswiller, Niedersoultzbach. Kurz hinter dem Ort führt eine kleine Straße nach Neuwiller-lès-Saverne und Loosthal. Sie fahren diese kleine Straße bis zum Forsthaus Loosthal und können rechts am großen Waldparkplatz das Auto abstellen.

Wegbeschreibung

Vom Parkplatz auf einer Höhe von 357 Metern gehen Sie den Chemin Forestier d'Imsthal mit dem **rot-weiß-roten Balken** geradeaus in den Wald. Folgen Sie diesem Zeichen durch den Wald bis zum Restaurant Auberge d'Imsthal und dem kleinen See, der zum Baden einlädt. Vom Gasthaus aus gehen Sie im Prinzip weiter geradeaus (links liegt das Hotel). Zunächst geht es ein paar Meter über die asphaltierte Straße, dann führen die Markierungen **rot-weiß-roter Balken** und die **gelbe Raute** nach rechts auf eine Wiese. Nach kurzer Zeit sehen Sie auf der rechten Seite einen Fischteich, Sie gehen dort nach links, ein kurzes Stück auf einem breiten Weg entlang und dann geht es etwa nach fünf Minuten auf sehr schmalem Pfad bergan, jetzt nur noch mit dem **rot-weiß-roten Balken** markiert. Sie kommen durch einen angelegten Hohlweg mit alten Mauern.

In La Petite Pierre angekommen, überqueren Sie die Straße und nehmen die Sandsteintreppe hoch in die Altstadt und zur Burg. Zunächst sehen Sie auf der linken Seite die stattliche Befestigungsmauer, die

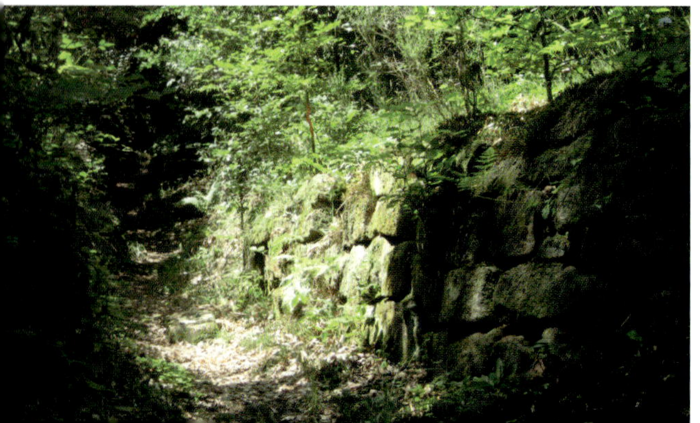

Alte Mauern säumen den Weg.

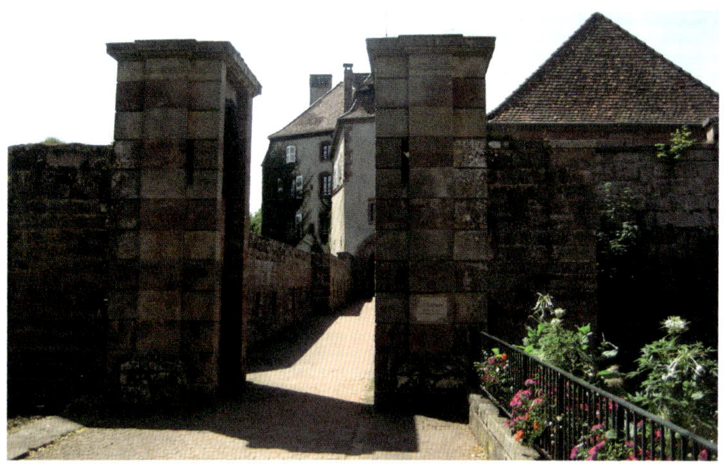

Die Burg Lützelstein wurde nie ganz zerstört und immer wieder umgebaut.

Vauban bauen ließ. Dort führt auch ein Weg zur Altenbourg, vorbei an mit alten Mauern eingefassten Gärten. Über eine Treppe unter einer steinernen Brücke erreichen Sie das Hochplateau. Dort beschreibt eine Tafel, wie die Anlage, von der kaum mehr etwas übriggeblieben ist, ausgesehen hat. Von hier aus können Sie dem Sentier de l'Altenbourg folgen und die alten Gartenmauern bewundern, wo Sie auch den Garten der Dichter finden, einen romantischen Ort, von dem Sie einen schönen Blick auf La Petite Pierre haben.

Wieder zurück am Parkplatz und Touristenbüro gehen Sie nach links in die Altstadt, zur Kirche mit dem romanischen Chor (geöffnet 8 – 18 Uhr) und zum Schloss Lützelstein.

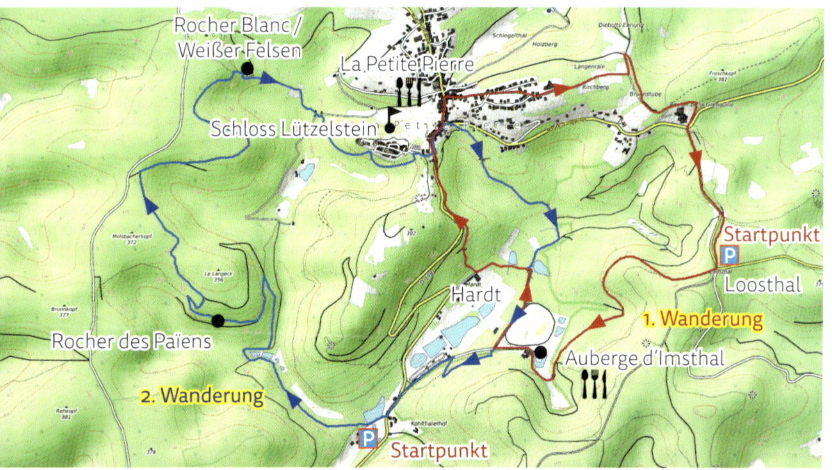

Nach dem Besuch der Altstadt mit ihrer Burg kehren Sie zur Rue principale, der Hauptstraße, zurück und gehen dort nach links. Sie spazieren durch den Ort mit seinen vielen Hotels und Restaurants, dann geht es hinter dem Hotel Aux Trois Roses nach rechts, markiert sind Anfahrt und Parkplatz Faubourg, in die Rue de Kirchberg, Richtung Lichtenberg. Sie orientieren sich an diesem Abzweig am **roten Balken** und gehen immer die Straße entlang, vorbei am ehemaligen Forsthaus Kirchberg, das heute in einem Neubaugebiet liegt, und am Altersheim, dem Maison de retraite, immer der Straße nach. Von der Höhe aus haben Sie einen sehr schönen Blick auf die Berge.

Sie laufen der Straße nach, bis sie sich gabelt, und folgen ab hier dem **roten Punkt** nach rechts. Sie bleiben auf dieser Straße, gehen nach rechts einer Haarnadelkurve nach, bis Sie auf die Straße nach Niedersoultzbach kommen. Dort gehen Sie nach links, etwa 100 Meter die D 7 entlang. Dann geht es nach rechts, so wie Sie zuvor zum Parkplatz gefahren sind, der D 134 nach bis zum ersten Parkplatz. Ab hier folgen Sie dem **roten Dreieck**, dem **blauen Andreaskreuz X** und dem **blauen Balken** zum nächsten Parkplatz. Das ist ein schöner Wanderweg, vorbei an Felsen, über eine Lichtung, zu einem großen Kastanienbaum im Wald, neben dem ein hölzerner Aussichtsturm steht. Vorsicht: Das Holz ist morsch!

Am nächsten großen Platz – versteckt stehen Bänke und Tische – folgen Sie nur noch dem **blauen Balken**, die Richtung, MF (Maison forestière) Loosthal, ist angeschrieben. Auf diesem Pfad erreichen Sie direkt das Forsthaus; schräg gegenüber ist der Waldparkplatz.

2. Wanderung

Dauer der Wanderung	3 Stunden / 12 km
Etappen der Wanderung	Vom Parkplatz bis zum Weißen Felsen: 1 ½ Stunden Vom Weißen Felsen nach La Petite Pierre: 40 Minuten Von La Petite Pierre zur Auberge d'Imsthal: 45 Minuten Vom Restaurant zurück zum Parkplatz: 20 Minuten
Anfahrt und Parkplatz	La Petite Pierre liegt im Schnittpunkt von D 9, D 7 und D 178, zwischen Eschbourg und Wingen-sur-Moder. Sie fahren durch den Ort La Petite Pierre, Richtung Eschbourg, Saverne, dann den Berg hinunter zum

Kohltalerhof. Rechts sehen Sie einen kleinen Weiher, auf der linken Seite, direkt an der Straße, befindet sich ein großer Parkplatz, an dem allerdings kein P-Schild steht.

Wegbeschreibung

Sie gehen vom Parkplatz aus über die Straße, an dem kleinen Weiher auf der rechten Seite und dem noch kleineren Weiher auf der linken Seite vorbei. Der Weg gabelt sich, Sie gehen nach rechts, ein ganz kurzes Stück dem roten Balken nach, dann sehen Sie das rote Andreaskreuz X, dem Sie nun den Berg hinauf folgen. Sie kommen an mit Seerosen bestückten Fischweihern vorbei und nach etwa 30 Minuten macht der Weg eine Spitzkehre nach links. Ab hier folgen Sie der roten Raute und dem Hinweisschild „Le sentier des 3 rochers" bis zum imposanten Felsenmassiv des Rocher des Païens, des Heidenfelsens.

Nach diesem Felsen geht es mit dem **gelben Kreuz** nach rechts ein Stück bergan. Sie stoßen auf einen Weg, ein Hinweisschild weist auf „Le Grand Chêne", eine große Eiche, hin. Dort gehen Sie nach rechts dem **gelb-weiß-gelben Balken** nach. Vom Weg aus können Sie die mächtige Eiche sehen.

Nächster Halt ist der Rocher Blanc, der Weiße Felsen, ausgestattet mit einer Bank. Hier haben Sie einen schönen Blick auf das gegenüberliegende Schloss und die Terrassen von La Petite Pierre.

Sie gehen vom Rocher Blanc mit dem **gelben Balken** den Berg hinunter. Nach wenigen Minuten führt ein Pfad mit dem **gelb-weiß-gelben Balken** nach rechts am Felsen vorbei; Hinweisschild: „La Petite Pierre". Oder Sie wandern durch das schöne Tal. Dazu gehen Sie mit dem **gelben Balken** geradeaus den Berg weiter hinunter und erreichen

An schönen Weihern führt der Wanderweg vorbei.

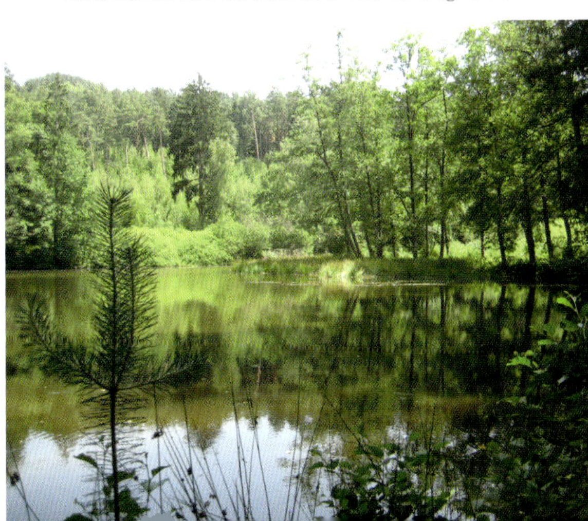

bald eine Lichtung, auch dort ist wieder eine Bank aufgestellt. Der **gelbe Balken** bringt Sie ins Tal, wo Sie auf einen asphaltierten Wirtschaftsweg stoßen, dem Sie nach links folgen. Sie kommen an einer Pferdekoppel vorbei und bleiben auf dieser Straße, bis Sie La Petite Pierre erreichen. Sie kommen in die Hauptstraße des Ortes und gehen nach rechts an den Restaurants und Hotels vorbei, dann nochmals nach rechts die Straße leicht bergan in den alten Ortskern, dem Staedle, und zur Burg.

Um zur Auberge d'Imsthal zu gelangen, gehen Sie zunächst wieder zurück zur Durchgangsstraße, dort nach links, an der D 9 Richtung Bouxwiller, Ingwiller nach rechts und gleich wieder nach rechts über eine Wiese den Berg hinunter. Sie laufen durch den Wald, immer der **gelben Raute** nach, bis Sie erneut auf eine Straße stoßen. Dort gehen Sie nach links, die Auberge ist schon zu sehen.

Zurück zum Parkplatz wandern Sie zunächst die Anfahrtsstraße zur Auberge entlang, dann führt ein Waldweg nach links und gleich wieder rechts auf weichem Waldboden mit dem **gelben Dreieck** parallel zur Straße. Sie erreichen die Hauptstraße, den Kohltalerhof und gehen dort um die Kurve nach links zum Parkplatz.

Die Geschichte der Burg Lützelstein

Die Burg Lützelstein ist etwas Besonderes im Elsass. Sie wurde zwar oft belagert und angegriffen, aber nie ganz zerstört. Dafür ist sie häufig aus- und umgebaut worden, 1566 sogar zu einem Residenzschloss, weshalb von der ursprünglichen, mittelalterlichen Burg nur noch wenig erhalten ist.

Die Burg wurde wohl Ende des 12. Jahrhunderts gebaut, vermutlich von einem Walter de Parva Petra, der das Gebiet vom Grafen Hugo von Dagsburg zu Lehen erhalten hatte. Die Dagsburger waren ein einflussreiches elsässisches Grafengeschlecht. Dann kam die Burg – durch Heirat – an das Haus Blieskastel-Lunéville. Diese Adeligen hatten Streit mit dem Straßburger Bischof Berthold von Teck, der sein Territorium gegen die Staufer und den mit ihnen verbündeten Dagsburger Grafen erweitern wollte. So wurde Lützelstein Lehen des Straßburger Bischofs.

Ab 1243 wurde die Burg Hauptsitz der Grafen von Lützelstein. Die Burg war zu einem Viertel Lehen des Reiches, also der Staufer, und zu drei Vierteln Lehen des Bischofs von Straßburg.

Lützelstein lag genau an der Nahtstelle zwischen Lothringen, dem Elsass und dem Westrich. Die Lützelsteiner unterhielten Beziehungen zu

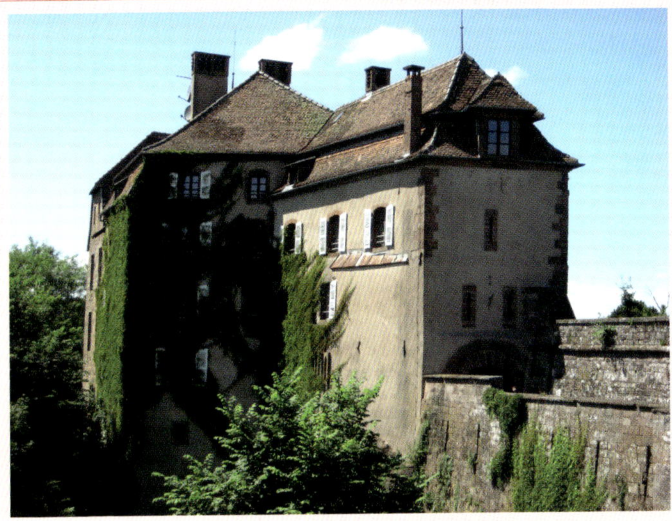

Im Schloss ist heute der Sitz des Naturparks der Nordvogesen.

beiden Ländern, lagen aber auch immer wieder mit dem einen oder anderen im Streit. So stellte sich 1314 Nikolaus von Lützelstein mit seinem Vetter Hugo von Fleckenstein im Streit mit den Städten Hagenau und Straßburg auf die Seite Eberhards von Berwartstein. Der Berwartstein wurde bei dieser Fehde eingenommen und zerstört, Lützelstein hingegen nicht beschädigt.

Als Heinrich von Lützelstein 1403 kinderlos starb, trat sein Bruder Burkhard, Straßburger Dompropst, das Erbe an. König Ruprecht, Pfalzgraf und Kurfürst der Pfalz, war damit nicht einverstanden. Aber statt dem Dompropst das komplette Erbe zu entziehen, beanspruchte er lediglich ein Viertel von Lützelstein für sich, sprich – für die Kurpfalz.

Damit nicht weitere Teile der Burg Burkhard von Lützelstein abspenstig gemacht werden konnten, heiratete er, zeugte Kinder und bewahrte ihnen so das Erbe. Im Mittelalter war es nicht zwingend, dass ein Dompropst gleichzeitig auch ein dem Zölibat unterworfener Geistlicher war. So hatte Burkhard zwei Söhne, Jakob und Wilhelm, die das Erbe allerdings nicht für sich bewahren konnten. Sie lagen im Streit mit dem Pfalzgrafen bei Rhein, dem Kurfürsten Friedrich I., der nicht nur in der Pfalz Land besaß, sondern auch Burgen und Ländereien im Elsass beanspruchte, darunter Lützelstein. Neun Wochen des Jahres 1452 belagerte Friedrich I. die Burg und zwang die ausgehungerten Menschen innerhalb der Festung zur Übergabe. Die beiden Brüder, Jakob und Wilhelm von Lützelstein, sollen durch einen unterirdischen Gang entkommen sein.

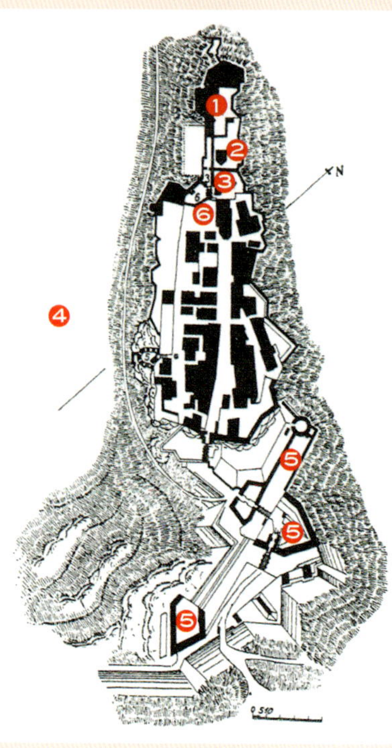

LÜTZELSTEIN
1. Schloß
2. Turm
3. Eingang zum Schloß
4. Eingang zur Festung
5. Spätere Befestigungsanlage
6. Wohnung des Festigungs-Kommandanten

Trotz dieser Flucht, so eine andere Quelle, soll einer der Brüder auf Befehl Friedrichs I. hingerichtet worden sein. Das war das Ende der Herrschaft der Herren von Lützelstein.

1553 wurden die Erb- und Besitzverhältnisse zwischen den Linien des Hauses Wittelsbach neu geregelt. Die Grafschaft Lützelstein fiel von der Kurpfalz an Pfalz-Zweibrücken. Herzog Wolfgang von Zweibrücken überließ die Burg dann seinem Onkel Ruprecht von Pfalz-Veldenz. Auch Franz von Sickingen mischte hier mit. In der Nacht zum 1. Oktober 1522 überfiel er die Burg, musste sich allerdings nach kurzem Gemetzel wieder zurückziehen. Dieser Überfall war einer der Gründe, weshalb die Fürsten gegen diesen „letzten Ritter" zu Felde zogen, der ihn das Leben kostete.

Der größte Teil des heutigen Schlosses stammt aus der Zeit des Grafen Georg Hans von Pfalz-Veldenz, der die Burg 1566 umbauen ließ. Jerri (Järri) Hans, wie die Leute ihn nannten, war ein Humanist und Wirtschaftsförderer, allerdings nicht sehr erfolgreich. Das Geschlecht der Grafen von Veldenz-Lützelstein ist 1692 ausgestorben.

1705 wurde die Anlage auf dem Burgfelsen – dort wo heute der große Parkplatz ist – nach Plänen Vaubans, des großen elsässischen Festungsbauers, umgestaltet. Ab 1703 war in Lützelstein eine französische Garnison untergebracht. Die neben dem Parkplatz stehenden Mauern wurden zunächst von Vauban gebaut und 1852 noch einmal verstärkt und erneuert. Trotz all dieser baulichen Sicherungen wurde Lützelstein 1870 kampflos den Deutschen übergeben und die Festungsanlagen dann von den deutschen Militärs geschleift.

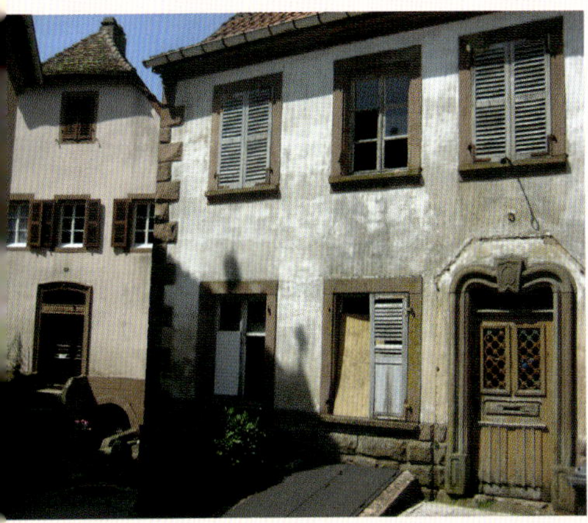

Häuser aus derm 18. und 19. Jahrhundert: Im Staedel.

Neue Umbauten finden seit 1977 statt. Heute ist das Schloss Sitz des Naturparks der Nordvogesen und gleichzeitig ein Museum. Von der alten Burg auf dem Felsplateau des Altenbergs sind noch Reste eines fünfeckigen Turmes und einige Mauern erhalten.

Bemerkenswert an La Petite Pierre ist das Staedel. Hier sollen im Mittelalter die Burgmannen gelebt haben. Sicher ist, dass diese kleine Siedlung mit drei parallelen Gassen im Laufe des 14. Jahrhunderts gebaut wurde. Aus dieser Zeit ist so gut wie nichts mehr erhalten außer einer Mauer des Hauses in der Rue du Château 23. Die sonstigen Häuser stammen aus dem 18. und 19. Jahrhundert, wobei hin und wieder auch Teile aus dem 17. Jahrhundert integriert wurden. 1685 wurde die Garnisonskapelle gebaut, heute ist darin ein Ausstellungs- und Verkaufsraum von Siegeln untergebracht.

Von der 1418 errichteten und 1884 erneuerten Kirche vor dem Burgeingang ist lediglich der Chor mit Fresken aus dem 15. Jahrhundert erhalten geblieben. Die Reliefgrabsteine der Kirchenstifter, Graf Burkhard von Lützelstein und seiner Gemahlin Gilga, sind an der Wand angebracht.

Fresken aus dem 15. Jahrhundert in der Simultaneum Kirche.

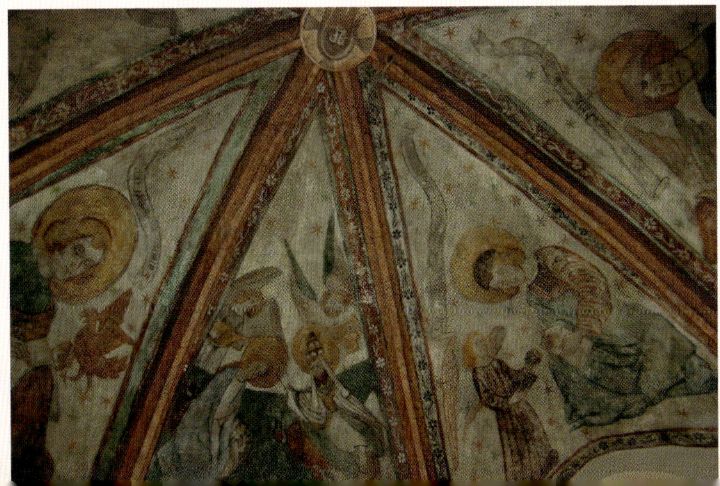

3. Herrenstein und Hüneburg

Der Start zu dieser Wanderung liegt mitten im Wald zwischen La Petite Pierre und Neuwiller-les-Saverne.
Einkehren: Hotel Club Vacanciel in der Burg Huneburg.

Herrenstein und Hüneburg – eine Wanderung zu zwei Burgen, die unterschiedlicher kaum sein können. In der Burg Herrenstein, tief im Wald versteckt, sind noch die eingestürzten Balken im Wohnturm, einer später gebauten Herberge, zu sehen. Von den baulichen Ursprüngen der Hüneburg dagegen ist so gut wie nichts mehr übrig. Selbst der Bergfried wurde neu errichtet. Trotzdem ist die Hüneburg den Aufstieg wert, der Garten des dort gebauten Hotels lädt zum Ausruhen ein, der Blick in die Landschaft ist einfach fantastisch.

Bergauf und -ab geht es auf dieser Wanderung, mal durch hellen, lichten Pinien- und Esskastanienwald, mal durch dichte Buchenwälder, über weichen Sandboden, aber auch kurze Strecken über asphaltierte Forststraßen.

Dauer der Wanderung	3–4 Stunden / 14 km
Höhe der Burgen	Herrenstein 401 m, Hüneburg 425 m
Einkehrmöglichkeiten	**Hôtel Club Vacanciel de Dossenheim-sur-Zinsel,** Route Forestière, 67330 Dossenheim-sur-Zinsel, Tel. +33 3 88 70 00 59. Hier können Sie etwas zu trinken oder ein Eis aus der Kühltruhe kaufen. Bei Voranmeldung ist es auch möglich, während der Mittagszeit zu essen.
Etappen der Wanderung	Vom Parkplatz zur Burg Herrenstein: 1 ¼ Stunden Von der Herrenstein zur Hüneburg: 1 ½ Stunden Von der Hüneburg zurück zum Parkplatz: 40 Minuten
Wanderkarte	IGN Wanderkarte 3714 ET
Anfahrt und Parkplatz	Der Parkplatz liegt an der D 134 zwischen La Petite Pierre und Neuwiller-lès-Saverne in einer Kurve. Dort führt eine Straße nach Johannistal, Fuellengarten und Hunebourg. An dieser Abfahrt sehen Sie Wandermarkierungen wie ein blaues Kreuz oder einen blauen Punkt, die rote Raute und einen blauen Balken. Parken Sie direkt neben der Straße, wo Sie Platz finden.

Wegbeschreibung

Vom Parkplatz neben der D 134 Richtung Neuwiller-lès-Saverne folgen Sie dem **blauen Längsbalken** zunächst nach rechts, wo eine weitere Parkmöglichkeit besteht. Der **blaue Längsbalken** bringt Sie nach etwa einer Stunde zu einem großen Platz mit drei alten Eichenbäumen. Dort steht ein Tisch mit Bänken. Von hier aus geht es mit dem **blauen Balken** weiter bis zur Burg Herrenstein. Bevor Sie die Burg erreichen, kommen Sie an einem Felsen vorbei, den Sie erklettern können, um auf dem Felsplateau Bearbeitungsmerkmale zu erkennen: runde Löcher und eine quadratische Vertiefung, vielleicht Reste einer Zisterne.

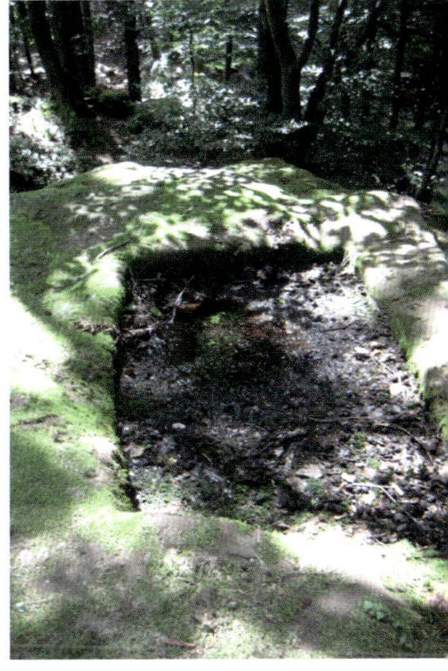

Vielleicht eine Zisterne im Wald, nahe der Burg Herrenstein.

Nach knapp zehn Minuten erreichen Sie auf 401 Höhenmetern die Burg Herrenstein. Das muss eine recht große Anlage gewesen sein. Sie sehen den Wohnturm mit eingestürzten Balken, einen Keller, beides vermutlich aus dem 19. Jahrhundert, und viele Mauerreste von ehemaligen Gebäuden. Alles ist wirr, zerstört und verwunschen.

Von der Burg Herrenstein gehen Sie wieder zurück zum Platz mit den Eichen. Von dort folgen Sie nun dem **blauen Kreuz** bis zum Forsthaus Hunebourg. Sie gelangen nach etwa 15 Minuten an einen Brunnen, an dem ein Tisch und Bänke aus Sandstein stehen. Das Quellwasser ist herrlich kühl und erfrischend. Im Tal kommen Sie an einem Weiher und Wochenendhäusern vorbei, danach geht es wieder bergan auf über 400 Höhen-

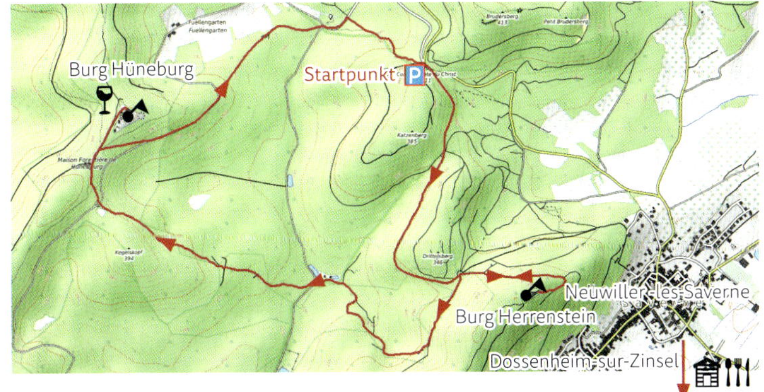

meter zum Forsthaus und von dort in etwa fünf Minuten die Zufahrtsstraße entlang bis zur Hüneburg.

Von der Burg gehen Sie wieder zurück bis kurz vor das Forsthaus, dort sehen Sie auf der linken Seite das **blaue Kreuz**, dem Sie hinunter ins Tal folgen. Sie erreichen eine Forststraße und die „Gros Chêne", eine beeindruckende Eiche. Sie gehen weiter dem **blauen Kreuz** nach, nun kommt auch der **blaue Punkt** dazu, immer den Berg hoch, bis Sie wieder die D 134 und dort den Parkplatz erreichen.

Die Geschichte der Burg Herrenstein

Herrenstein ist die einzige Vogesenburg, die von 1396 bis 1651 der Stadt Straßburg gehörte. Gebaut wurde sie zur Sicherung der Abtei Neuweiler wohl um das 12. Jahrhundert. Sie war allem Anschein nach die Nachfolgeburg der Warthenberg auf dem Daubenschlagfelsen unweit von Herrenstein. Heute wird angenommen, dass diese zugunsten von Herrenstein aufgegeben wurde.

Die Metzer Bischöfe belehnten den Grafen von Dagsburg mit der Burg. Die Letzte des Geschlechts, Graf Albrechts Tochter Gertrud, lebte bis 1225 auf der Burg. Mit dem Tod Gertruds von Dagsburg starb diese Dynastie aus, deren Hauptsitz die Dagsburg, das heutige Dabo, war. Das Lehen Herrenstein fiel an die Bischöfe von Metz zurück.

Bischof Jakob von Lothringen (1239–1260), der Besitzer Herrensteins, und die Herren von Lichtenstein waren die Vögte von Neuweiler am Fuß der Burg und stritten häufig miteinander um Einfluss und Besitz. In der zweiten Hälfte des 14. Jahrhunderts fiel Herrenstein abwechselnd an die Herren von Lichtenstein und die Bischöfe von Metz.

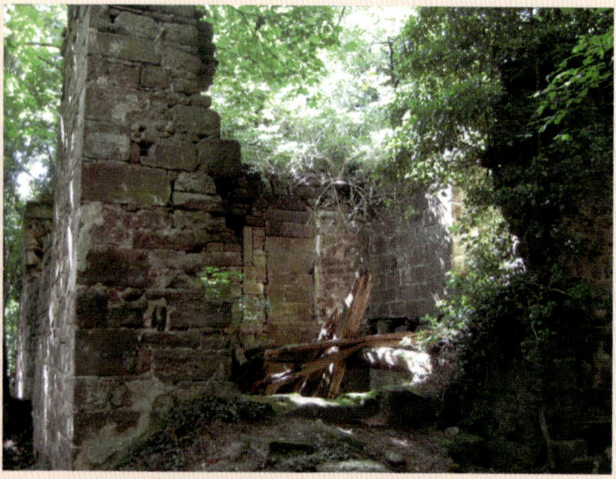

Die Besitzverhältnisse wurden immer verworrener. Vertreten auf der Burg waren die Grafen von Zweibrücken-Bitsch, die Lichtenberger, die Kämmerer von Worms und Münch von Wilsperg. Herrenstein wurde letztlich eine Raubritterburg und 1397 von

Zwischen alten Mauern: eingestürzte Balken eines Forsthauses auf Burg Herrenstein.

HERRENSTEIN im Zustand von 1577, Ansicht von Süden.

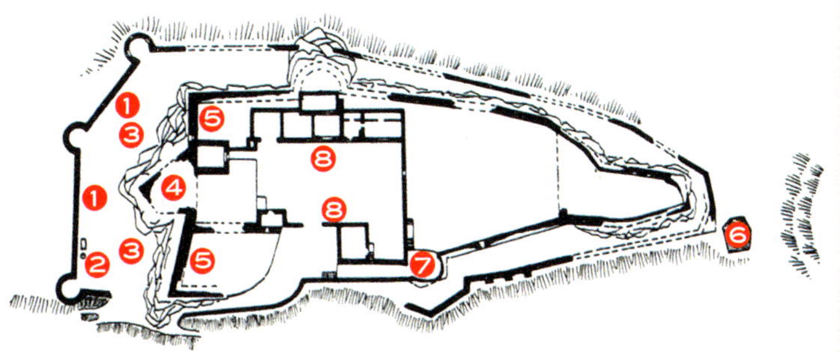

1. Ringmauern mit Bastionen
2. Brunnen
3. Graben
4. Turm
5. Schildmauer
6. Zisterne
7. Spätere Verstärkung durch Speckle
8. Moderne Einbauten

Streitkräften der Stadt Straßburg eingenommen. So wird erzählt, dass Straßburger Reiter nachts ein Loch in die Mauer gebrochen hätten und so unbemerkt in die Burg hineingekommen waren. Zehn Bewohner sollen gefangengenommen worden sein. Mit dieser Eroberung kam Herrenstein in die Hände der Straßburger und gehörte der Stadt von 1480 bis 1651. Dann wurde die Burg aus Geldmangel an General Reinhold von Rosen, ein baltendeutscher Adeliger, der Generalleutnant und Kommandant im Elsass war, verkauft. Reinhold von Rosen ließ die Burg von Straßburgs berühmtem Baumeister Daniel Specklin zu einer respektablen Festung ausbauen.

Nachdem die Herrenstein den Dreißigjährigen Krieg (1618–1648) weitestgehend unbeschadet überstanden hatte, wurde sie entweder 1673 oder im Pfälzischen Erbfolgekrieg (1688–1697) von den Franzosen zerstört und als Baumaterial zum weiteren Ausbau der Festung Lichtenberg verwendet.

1809 erwarb sie General Henri Clarke, ein französischer General und Staatsmann, der auch die Hüneburg besaß. Der General wurde wegen seiner Verdienste in den napoleonischen Kriegen durch Kaiser Napoleon zum Grafen von Hüneburg ernannt.

Innerhalb des Burgareals wurde später ein Forsthaus gebaut, das auch als Übernachtungsmöglichkeit für Wanderer genutzt wurde und bis 1925 existierte. Heute sind noch die eingestürzten Dachbalken zu erkennen. Von der übrigen, einst großen Anlage ist nicht mehr viel zu sehen. Die Mauern sind von Sträuchern und Efeu überwuchert. Ein

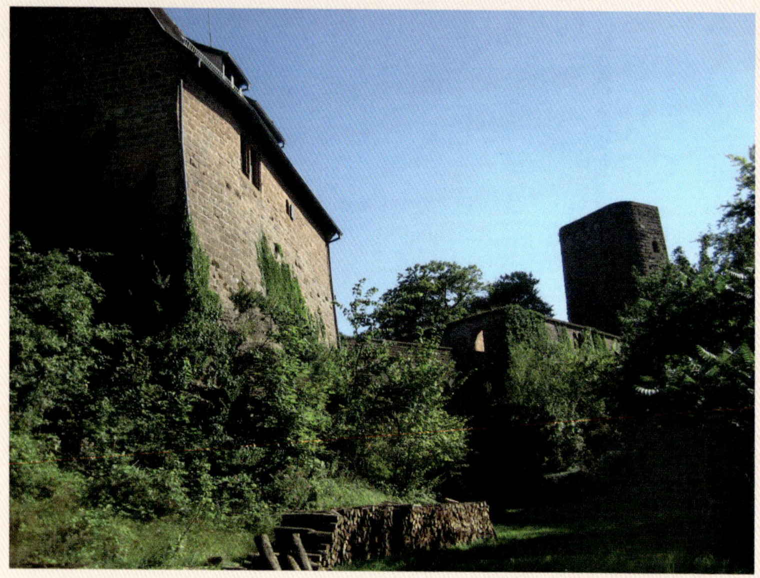

Heute ein Ferienhotel mit neu erbautem Bergfried: Hüneburg.

letzter Versuch, die Ruine zu sichern, scheiterte 1984 an der Forstverwaltung, wohl am mangelnden Verständnis für historische Bauten.

Die Geschichte der Hüneburg

Als die Grafen von Dagsburg (ihr Hauptsitz war die Dagsburg, das heutige Dabo) 1225 ausstarben, hinterließen sie elf Burgen im heutigen Elsass, darunter auch die Hüneburg. Es wird angenommen, dass eine Nebenlinie der Dagsburger Grafen die Hüneburg zu ihrem Hauptsitz machte und sich nach ihr benannte. Bekannt sind die Grafen Theoderic und Folmar von Hüneburg; Konrad von Hüneburg war von 1190 bis 1202 Bischof von Straßburg.

Die Lichtenberger, die unweit von der Hüneburg ihre Stammburg Lichtenberg hatten, erwarben 1288 Teile der Burg. Durch Heirat der Dagsburgischen Erbin Katharina von Hüneburg mit Johann von Wasichenstein fiel 1345 ein Teil der Burg an ihren Ehemann Johann. Die Hüneburg wurde zur Ganerbenburg, hatte in der Folgezeit immer mehrere Besitzer, so auch u. a. Heinrich von Fleckenstein. Er und andere dort lebende Ritter waren weniger edel und besserten ihr Einkommen mit

Überfällen auf, was die Straßburger auf den Plan rief. 1378 wurde die Hüneburg zerstört.

Nach ihrem Wiederaufbau wurden die Lichtenberger Anteile der Burg (sie war Reichslehen) ab 1390 an verschiedene Besitzer vergeben. 50 Jahre später mischten die Lichtenberger wieder mit. Nach und nach übernahmen sie in der zweiten Hälfte des 15. Jahrhunderts die ganze Burg, die ihnen bis zur Französischen Revolution gehörte. Die Grafen von Lichtenberg nannten sich nun von Hanau-Lichtenberg, denn nach dem Tod des kinderlosen Jakob von Lichtenberg 1480, heiratete seine Nichte Anna Graf Philipp von Hanau-Babenhausen.

Wann und ob die Burg überhaupt zerstört wurde, ist nicht bekannt. Während der Französischen Revolution wurde die Hüneburg beschlagnahmt und 1809 an den General Henri Clarke – er war auch Kriegsminister bei Napoleon Bonaparte – verkauft. Der Marschall ließ den mittelalterlichen Bergfried abreißen und unweit der Burg ein Jagdschloss errichten, in dem er von 1887 bis 1892 wohnte. 1897 wurde aus dem Anwesen ein Forsthaus und besteht bis heute.

Nach dem Tod Henri Clarkes 1818 verkauften seine Erben die Burg an eine Familie Feyler. 1932 gehörte sie einem Friedrich Spieser, der ein neues Wohngebäude und einen Turm von einem Stuttgarter Architekten errichten ließ. Nach dem Zweiten Weltkrieg wurde die Hüneburg versteigert. Heute ist hier ein Hotel.

Diese Brücke ist neu gebaut.

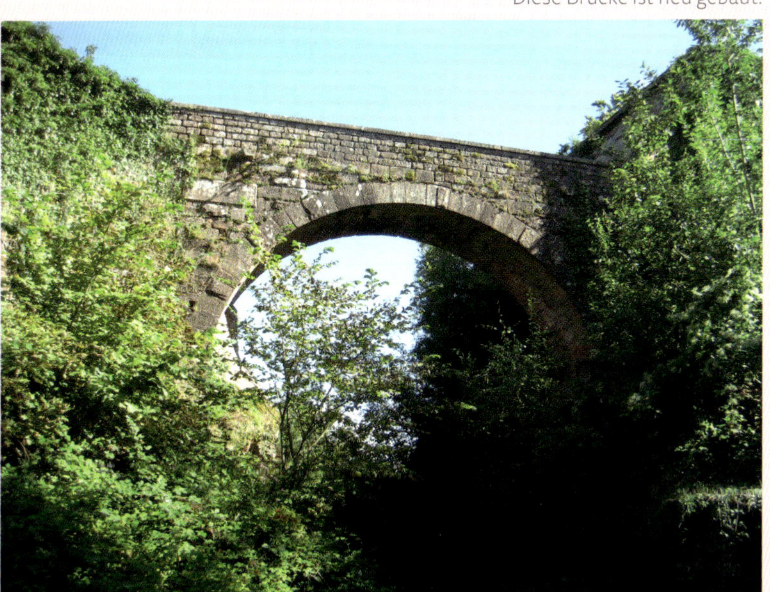

4. *Warthenberg*

Start am Parkplatz Croix de Langenthal nördlich von Saverne. Sonntags können Sie in der Hütte am Mont St. Michel einkehren oder in einem Gasthaus in Eroldsheim.

Rund um den Mont St. Michel, der mit dem gleichnamigen Ort in der Normandie nichts zu tun hat, finden sich mystische, geschichtsträchtige Orte. 1990 wurde hier ein archäologischer Wanderpfad angelegt, dessen Besonderheiten Sie bei dieser Wanderung entdecken können. Zu erkennen sind Reste eines keltischen Walls, der Heidenstadt, Grenzsteine und ein 64 Meter langer Plattenweg mit Spurrillen der Wagen aus römischer Zeit, ein mittelalterlicher Steinbruch auf dem Frohnberg und eigenartige Löcher, in denen wohl einmal Getreide gestampft wurde oder die als Opferstätten dienten. Dazu kommt die erst seit 1979 ausgegrabene Burg Warthenberg auf dem Daubenschlagfelsen. Viele Sagen und Mythen ranken sich um den Berg mit der dortigen Kapelle.
Zwei Wege führen zu diesen historischen Orten: Entweder starten Sie in Ernolsheim-lès-Saverne, vor allem wenn Sie sonntags unterwegs sind, da die Hütte auf dem Mont St. Michel geöffnet ist, oder Sie gehen von Croix de Langenthal über den Mont St. Michel nach Ernolsheim-lès- Saverne, um dort einzukehren.

Dauer der Wanderung	3 ½ Stunden / 14 km
Höhe der Burgen	405 m
Einkehrmöglichkeiten	**Hütte des Vogesen Clubs auf dem Mont St. Michel**. Die Hütte auf dem Berg Mont St. Michel ist sonntags geöffnet. **Hôtel-Restaurant à la Couronne**, 54 rue Principale, 67330 Ernolsheim lès Saverne, Tel. +33 3 88 70 04 46. Außerhalb der üblichen Essenszeiten gibt es kleine Gerichte und Getränke. Mittwoch ist Ruhetag.
Etappen der Wanderung	Vom Parkplatz am Croix de Langenthal zum Mont St. Michel: 15 Minuten Vom Mont St. Michel nach Ernolsheim lès Saverne: 1 Stunde. Von Ernolsheim-lès-Saverne zur Warthenberg: 30 Minuten.

	Von der Burg zurück zum Parkplatz: 1 ¾ Stunden.
Wanderkarte	Wanderkarte IGN 3715 OT
Anfahrt und Parkplatz	Den Waldparkplatz Croix de Langenthal erreichen Sie über Saint-Jean-Saverne. Sie fahren in nordöstlicher Richtung am Friedhof vorbei in den Wald, kommen am Parkplatz Mont St. Michel vorbei und erreichen nach kurzer Zeit den großen Waldparkplatz. Oder Sie folgen auf der D 122 (La Petite Pierre–Phalsbourg) der Ausschilderung „Mont St. Michel" und kommen so zum Waldparkplatz.

Wegbeschreibung

Start ist am Parkplatz Croix de Langenthal. Vom Parkplatz am Croix Langenthal aus folgen Sie dem **roten** und **blauen Ring** zum Mont St. Michel. Von der Kapelle aus gehen Sie zunächst dem **blauen Punkt** nach. Dann geht es mit dem **roten Punkt** hinab zu einem Plattenweg und von da weiter mit dem **roten Punkt** und dem **roten Andreaskreuz X** – später kommt noch der **gelbe Ring** dazu – hinunter nach Ernolsheim. Sie gehen an der Kirche vorbei hinunter zur Hauptstraße, zum Hôtel Ros-

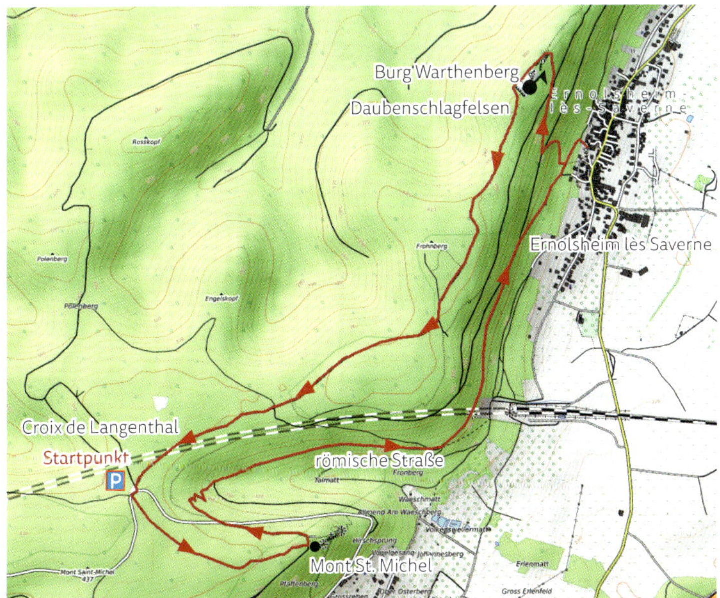

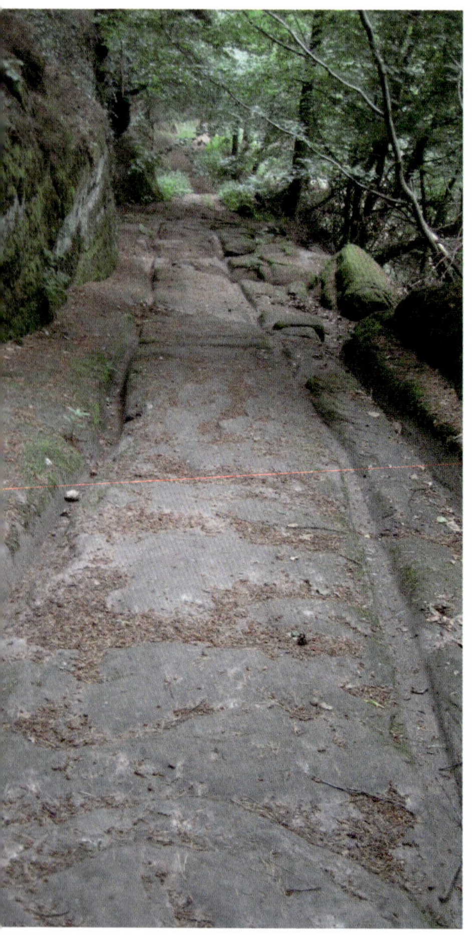
Spurrillen auf einem römischen Plattenweg.

taurant à la Couronne, 54 Rue principale.

Nach einer Stärkung kehren Sie wieder in den Wald zurück, so wie Sie gekommen sind, und erreichen eine Kreuzung. Hier geht es mit dem **gelben Ring** geradeaus auf schmalem Pfad bergan bis zum Daubenschlagfelsen. An der Burg angekommen, gehen Sie am Felsen entlang. An dessen Ende ist links ein Zugang zur Burg. Nach der Besichtigung folgen Sie zunächst dem **roten Punkt** und dem **gelben Ring.** 100 Meter auf der rechten Seite sehen Sie ein Hinweisschild „Zum mittelalterlichen Steinbruch". Nach dessen Besichtigung kommen Sie hierher zurück, gehen noch ein Stück den Weg entlang und folgen dann nur noch dem **blauen Ring** zur Heidenstadt. Von dort aus geht es mit dem **blauen Ring** und **blauen Balken** weiter auf bequemem Weg bis zum Parkplatz am Croix de Langenthal.

Dieser Weg geht in beiden Richtungen.

Die Geschichte der Burg Warthenberg

Erst 1979 wurden die Mauern dieser großen, romanischen Burganlage aus dem 12. Jahrhundert auf dem Daubenschlagfelsen ausgegraben. Ihre Geschichte hat viel mit der nicht weit entfernten Burg Herrenstein zu tun. Denn beide Burgen waren einst zum Schutz der Abtei Neuweiler gebaut worden, wobei die zuerst erbaute Warthenberg später zugunsten der Herrenstein aufgegeben wurde.

1158 wird sie zum ersten Mal in einer Urkunde erwähnt. Graf Hugo VIII. von Dagsburg soll sie zur Sicherung der Abtei Neuweiler errichtet haben. Fertiggestellt wurde sie wohl nicht, sondern ihre Steine dann für den Bau der Burg Herrenstein verwendet.

Zwölf Jahre lang wurde hier gegraben und geforscht, und ein Ende ist noch nicht abzusehen. Überall liegen große, nummerierte Steinquader herum. Zutage getreten ist eine Anlage mit 190 Metern Länge, 50 Metern maximaler Breite, einem 12 Meter breiten Halsgraben, einer 3,80 Meter dicken Schildmauer und dem elf auf elf Meter messenden, großen Bergfried. Mauerstücke und Reliefs der Burg, deren Geschichte auch auf einer Tafel beschrieben ist, befinden sich heute im Rohan-Schloss in Saverne.

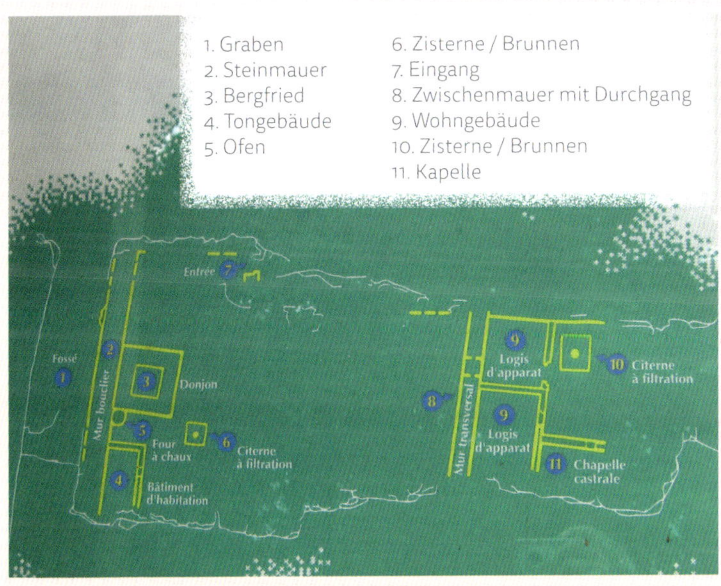

Der Mont St. Michel, der Steinbruch auf dem Frohnberg, die Heidenstadt und römische Spuren

Der Berg St. Michel war schon zu keltischer und römischer Zeit besiedelt, was der Plattenweg und die Heidenstadt, das keltische Oppidum, sowie die Reste des keltischen Ringwalls bezeugen. Die Stelle, an der heute die Kirche steht, soll früher als Bruderstein oder Bruderberg bezeichnet worden sein. Ein Eremit lebte hier.

Die Geschichte des Heiligtums auf dem St. Michel beginnt 1593. Der Abt von St. Johann bei Zabern ließ die Eremitenkapelle zum Wallfahrtsort erweitern und siedelte dort eine St.-Michel-Bruderschaft an. Der Erzengel Michael ist der Bezwinger des Satans und wurde im Jahr 955 nach der siegreichen Schlacht König Ottos I. gegen die Ungarn (Schlacht auf dem Lechfeld) zum Schutzpatron des Heiligen Römischen Reiches erklärt. Die Ungarn waren zuvor immer wieder in das Gebiet des Elsass eingefallen, weshalb viele Schutzwälle, wie eben auch in diesen Wäldern nördlich von Saverne, errichtet worden waren.

Von der Innenausstattung der Kapelle ist nach Zerstörungen im Dreißigjährigen Krieg (1618 – 1648) und den beiden Weltkriegen nichts mehr übriggeblieben.

Unterhalb der Plattform des St. Michel ist ein Naturdenkmal, die Grotte aux fées, jene Höhle unter einem überhängenden Sandsteinfelsen. Hier soll ein Eremit gelebt haben; zuvor galt dieser als Platz der Hexen. Es ist ein sagenumwobener Ort. Im Hexenloch in der Feengrotte soll im 12. Jahrhundert die Frau Peters von der Lützelburg lebendig von ihrem Mann begraben worden sein. Er glaubte, seine Frau besäße

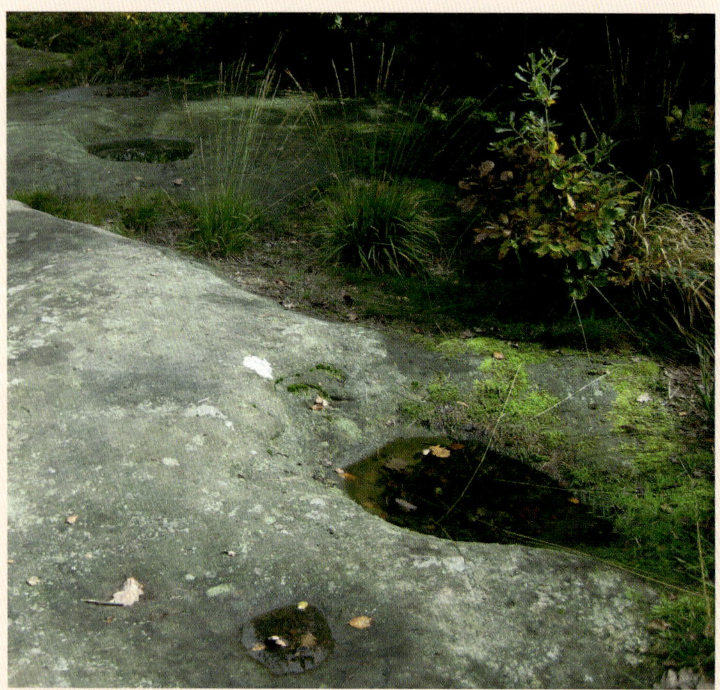

Mystische Vertiefungen in den Felsen am Wegesrand.

magische Kräfte, vor denen er sich fürchtete. Es wird vermutet, dass die dortige Vertiefung ein Grab aus der Zeit der Merowinger ist (5. Jahrhundert – 751 n. Chr.).

Über der Grotte liegt der Michelsberger Hexentanzplatz. Die einen meinen, es sei ein druidischer Kultfelsen aus der Zeit der Kelten, andere sind der Auffassung, es sind die in den Fels gehauenen Reste eines römischen Wachturms.

Von der Heidenstadt (keltisch: Oppidum) sind noch Reste der Ringmauer, zwei 400 Meter lange, parallele Wälle im Abstand von 700 Metern, zu sehen. Sie stammen aus der Latènezeit, also 500 v. Chr.

Spuren der Römer sind auf dem 64 Meter Plattenweg mit einer Schräge von 30 % und Spurrillen der Wagen zu sehen.

Über die runden Löcher in den Felsen streitet sich die Fachwelt. Die einen meinen, hier hätten Bauern in unruhigen (Kriegs-)Zeiten das Getreide gemahlen, andere halten sie für keltische Opferstätten.

Der Mont Staint Michel gehört zum Biosphärenreservat Pfälzerwald-Nordvogesen.

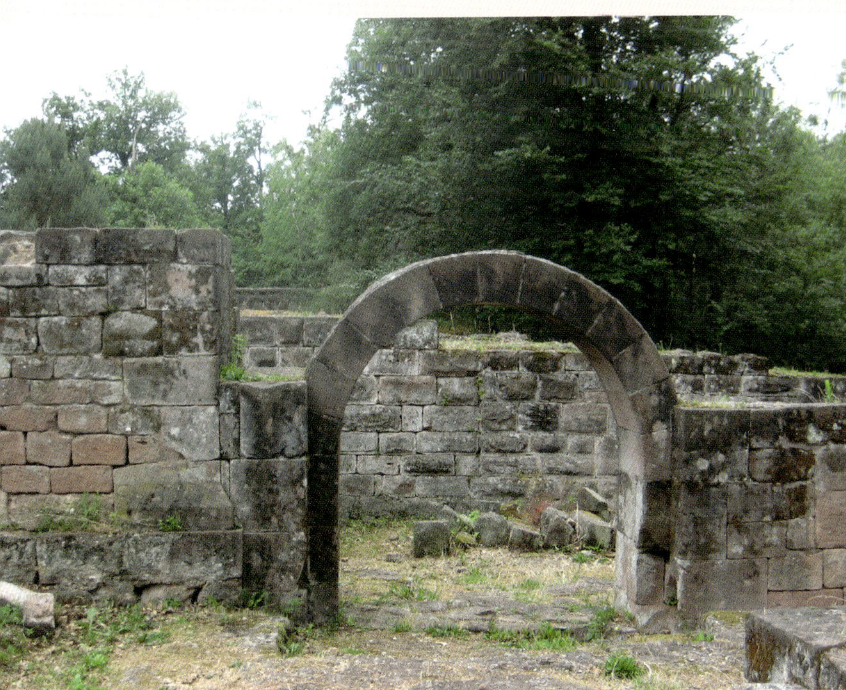

Wieder aufgebaute Mauer und Torbogen auf Burg Warthenberg.

5. Greifenstein

Start ist nahe Saverne, an der D 132 Richtung Lutzelbourg, nahe der Bahngleise. Der Parkplatz ist gekennzeichnet auf der rechten Seite. Eine Einkehrmöglichkeit besteht bei dieser Wanderung leider nicht.

Mitten im dichten Wald liegt verträumt die Burg Greifenstein, die eigentlich aus zwei Burgen, der Groß- oder Hinter-Greifenstein und der Klein- oder Vorder-Greifenstein, besteht. Neben dieser Besonderheit lernen Sie die Grotte Saint-Vit kennen – einen Wallfahrtsort mit dem schön angelegten Garten und einer hübsch eingefassten Quelle. Auf dem Weg können Sie weite Ausblicke ins Rheintal und auf die Burgen Hohbarr und Groß-Geroldseck genießen.

Dauer der Wanderung	Knapp 3 Stunden / 12 km
Höhe der Burgen	300 m, Grotte Saint-Vit 395 m
Einkehrmöglichkeiten	**Keine!**
Etappen der Wanderung	Vom Parkplatz zur Burg Greifenstein: 30 Minuten Von der Burg zur Grotte Saint-Vit: 30 Minuten Von der Grotte Saint-Vit zum Forsthaus Schweizerhof: 15 Minuten. Vom Forsthaus über die Fontaine Mélanie zurück zum Parkplatz: 1 ¼ Stunden.
Wanderkarte	Wanderkarte IGN 3715 oT
Anfahrt und Parkplatz	Den Wanderparkplatz erreichen Sie von Saverne aus. Sie fahren in Saverne auf der D 132 Richtung Lutzelbourg, Phalsbourg. Sie führt am Rhein-Marne Kanal entlang. Ein Schild auf der rechten Seite kurz hinter Saverne weist auf den Parkplatz und die Burg Greifenstein hin. Sie überqueren die Bahngleise und fahren geradeaus, bis es am Wald nicht mehr weitergeht. Linkerhand erreichen Sie nach 50 Metern den großen Waldparkplatz.

Wegbeschreibung

Vom Parkplatz aus gehen Sie Ihren Anfahrtsweg ein Stück zurück, bis zu den Bahngleisen. Dort führt der Weg **GR 531** nach rechts, kurz an den Gleisen entlang, dann gehen Sie über eine Treppe in den Wald hinein. Hier sehen Sie auch die passende Markierung, den **blauen Balken**, dem Sie bis zur Burg Greifenstein folgen. Von der Burg geht es weiter dem **blauen Balken** nach bis zur Grotte Saint-Vit. Von dort folgen Sie noch ein kurzes Stück weiter dem **blauen Balken**, dann gehen Sie dem **blau-weiß-blauen Balken** auf einem bequemen Wirtschaftsweg nach bis zum Forsthaus Schweizerhof.

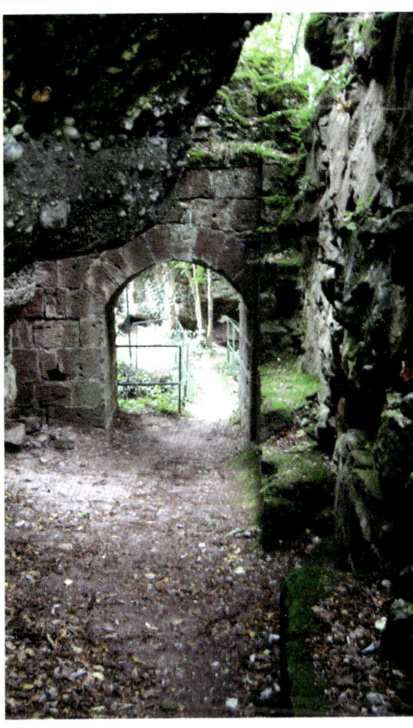

Der Eingang zur Burg Greifenstein.

Hinter dem Forsthaus führt das **gelbe Andreaskreuz X** nach rechts in den Wald hinein zur Source de Bavarois (Quelle) und zur Fontaine Mélanie. Sie überqueren dabei breite Wirtschaftswege, gehen selbst aber auf schmalem Pfad den Berg hinunter. Das gelbe X geht dann nach rechts ab, Sie folgen nun weiter geradeaus dem **blauen Ring**. Von der Fontaine Mélanie aus gehen Sie mit dem **roten Dreieck** zurück zum Parkplatz, immer an dem kleinen Bach entlang.

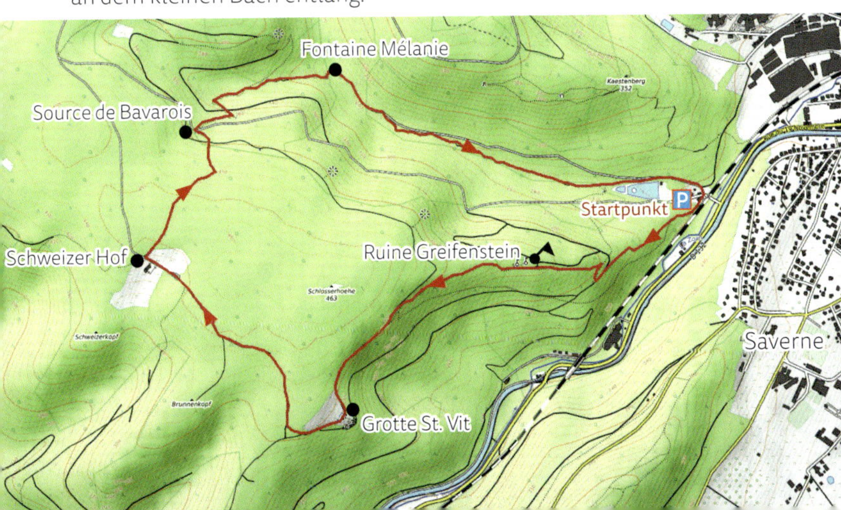

Die Geschichte der Burg Greifenstein

Der Zugang zur Burg Greifenstein befindet sich im Bereich von Klein- oder Vorder-Greifenstein. Erst nach dem Durchqueren dieser Anlage erreichen Sie den älteren Teil der Burg, Groß- oder Hinter-Greifenstein. Denn Greifenstein besteht aus zwei Burgen. Der ältere Teil wurde wohl Anfang des 13. Jahrhunderts errichtet, der jüngere 100 Jahre später.

Besitzer der Burg Groß-Greifenstein waren nach einer Urkunde aus dem Jahr 1217 die Herren von Ochsenstein, deren Stammburg nicht weit von Greifenstein entfernt liegt. Die von Ochsensteins waren eine einflussreiche und begüterte Familie im Elsass. Sie waren mit den Habsburgern verschwägert, Kunigunda, die Schwester König Rudolfs I. (1218–1291) war mit Otto III. von Ochsenstein verheiratet. Aufgrund dieser Verwandtschaft setzte Rudolf I. Otto III. 1272 als Landvogt des Elsass ein.

Adelige, die sich nach der Burg nannten, werden schon 1157 erwähnt. Greifenstein soll ein Lehen des Straßburger Bischofs gewesen sein. 1450 verstarb Eberlein von Greifenstein, das Geschlecht erlosch. In der Folgezeit wurden die Burgen von verschiedenen Eignern, auch Gemeiner genannt, bewohnt; sie wurden zu Ganerbenburgen (gan bedeutet im Mittelhochdeutschen „gemeinsam“).

Auch die Puller von Hohenburg hatten Anteile an der Burg. Diese lebten auf der nördlich gelegenen Hohenburg nahe des Fleckensteins und waren mit den einflussreichen Fleckensteinern verwandt. Berühmt ist Konrad Puller von Hohenstein. Er war ein Vertrauter König Rudolfs von Habsburg und schrieb während Rudolfs Feldzügen Gedichte, von denen fünf in der Manessischen Handschrift (Codex Manesse), der berühmtesten deutschen Liederhandschrift des Mittelalters (in der Heidelberger Universitätsbibliothek aufbewahrt), zu finden sind.

Teile der Burg kaufte das Bistum Straßburg nach und nach wieder zurück, aber bauliche Investitionen gab es anscheinend keine. Im 17. Jahrhundert verfiel die Burg immer mehr. 1670 wurden Teile des Bergfrieds für den Bau des Schlosses Zabern, der heutigen Saverne, abgetragen.

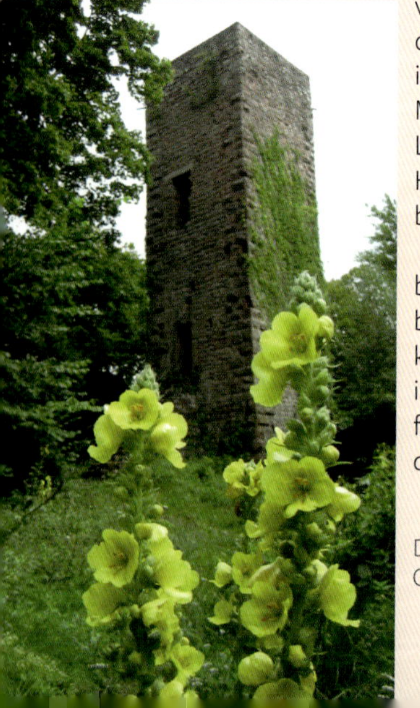

Der Bergfried von der Burg Greifenstein

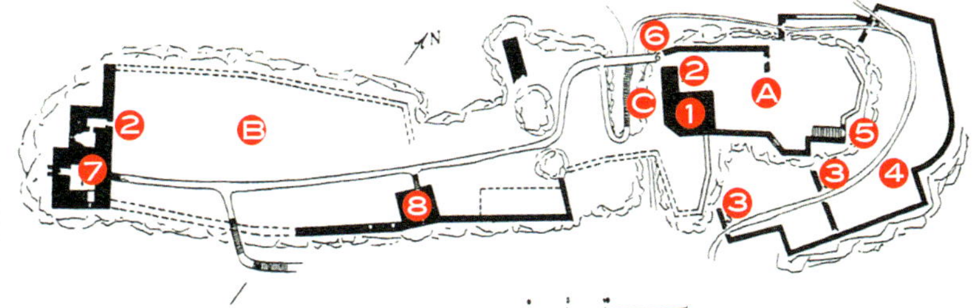

A. Groß- oder Hintergreifenstein B. Klein- oder Vordergreifenstein C. Graben

1. Berchfrit	3. Eingangstore	5. Burgtor	7. Berchfrit
2. Schildmauer	4. Burghof	6. Brücke	8. Turm

Was noch übriggeblieben war, wurde von den Franzosen 1675 im Französisch-Holländischen Krieg zerstört, dessen Kämpfe auch im Elsass ausgetragen wurden. Die Folge: Das Elsass kam zu Frankreich.

Die Geschichte der Grotte Saint-Vit

An diesem Ort, der dem heiligen Vitus geweiht ist, soll einmal ein Irrenhaus gestanden haben. Der Heilige Vitus zählt zu den Nothelfern oder Schutzheiligen, die vor allem bei Krankheiten angerufen wurden, hauptsächlich bei Cholera und dem Veitstanz, einer der Epilepsie ähnlichen Nervenkrankheit. Bei dieser Schädigung des zentralen Nervensystems kann der Erkrankte seine Bewegungen nicht mehr kontrollieren. Gerade bei diesen schweren Leiden erhofften sich die Betroffenen Hilfe von dem Heiligen. Es wird auch vermutet, dass der Name Vit im Zusammenhang mit dem Veitstanz steht. Der Heilige Vitus oder Veit soll aus Sizilien stammen und als Märtyrer 305 n. Chr. in einem Kessel mit heißem Öl umgebracht worden sein.

Heute ist die Grotte Saint-Vit ein Wallfahrtsort mit einem Glockenturm und einem hübsch angelegten Garten. Oberhalb der Grotte steht die Ruine einer Kapelle.

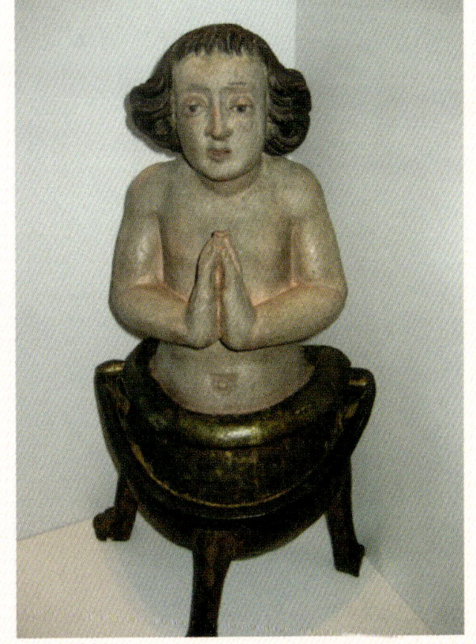

Der Heilige Vitus starb als Märtyrer in heißem Öl.

6. Klein- und Groß-Geroldseck, Hohbarr

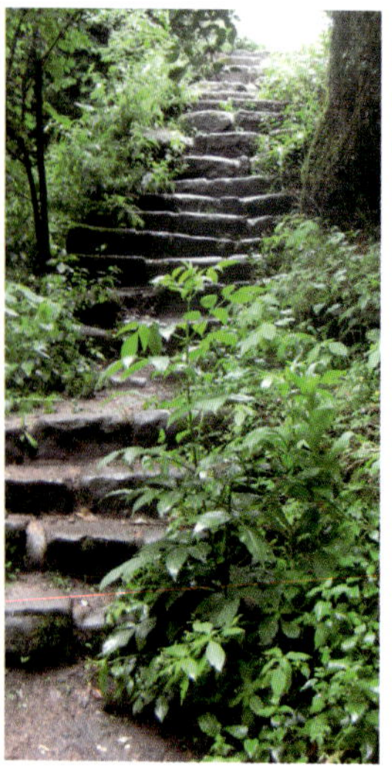

Start ist der Parkplatz am Forsthaus Schäferplatz, nicht weit von Saverne entfernt. Die Wanderung führt zu drei Burgen. Einkehren in dem Gasthaus in der Ruine Hohbarr.

Diese beeindruckende Wanderung zu zwei sehr schönen Burgruinen und der berühmten Burg Hohbarr mit einem gemütlichen Gasthaus, das drinnen und draußen zum Verweilen einlädt, führt an imposanten Felsformationen vorbei. Auf dem Hinweg geht's bergauf und bergab, zurück recht bequem auf gleicher Höhe immer den Berghang entlang. Die Wege sind gut beschildert und markiert, die Namen meist auch auf Deutsch geschrieben.

Auf dem Weg zu den Burgen Geroldseck.

Dauer der Wanderung	3 Stunden / 12 km
Höhe der Burgen	Klein-Geroldseck 464 m, Groß-Geroldseck 470 m, Hohbarr 428 m
Einkehrmöglichkeiten	**Restaurant du Château du Haut-Barr**, 67700 Saverne. Tel. +33 3 88 91 17 61. Außerhalb der üblichen Essenszeit Getränke, kleine Gerichte, Eis, mitunter Kuchen.
Etappen der Wanderung	Vom Parkplatz am Forsthaus Schäferplatz über Klein- und Groß-Geroldseck zur Burg Hohbarr: 2 Stunden. Von der Hohbarr zurück zum Parkplatz: 1 Stunde.
Wanderkarte	Wanderkarte IGN 3715 OT
Anfahrt und Parkplatz	Den Parkplatz am Schäferplatz (dort ist ein ehemaliges Forsthaus) erreichen Sie von Saverne aus. In Saverne fahren Sie durch die Stadt und folgen der Beschilderung „Château du Haut-Barr". Sie steuern auf die Berge zu, folgen immer der Straße und fahren geradeaus, wenn es links zur Burg Haut-Barr geht. Der Parkplatz ist gekennzeichnet; es ist der zweite an der Strecke.

Wegbeschreibung

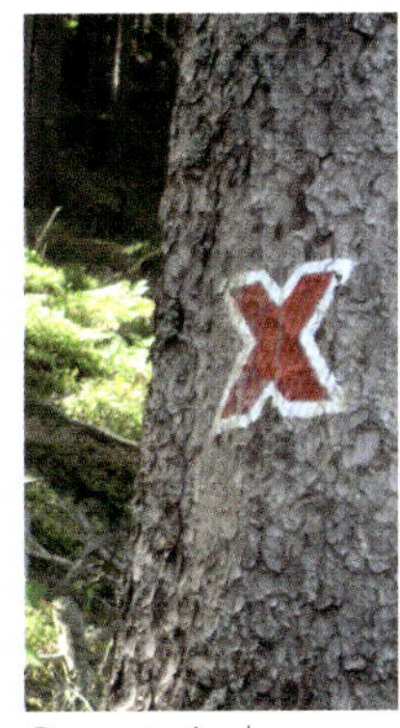

Das rote Andreaskreuz.

Sie starten Richtung Norden mit dem Wanderzeichen **roter Balken**. Der Weg führt an einem großen, aus Sandstein gehauenen Fass, dem Cuve de Pierre, mitten im Wald vorbei, über den Felsen Brotsch mit einer beeindruckenden Grotte, zum Tour de Brotsch, einem Aussichtsturm, den der Vogesenclub 1897 errichten ließ. Sie folgen dem **roten Balken** weiter bis zum Hexenplatz. An dieser großen Kreuzung gehen Sie nun geradeaus, dem **roten Andreaskreuz X** nach. So erreichen Sie die Burgruine Klein-Geroldseck. Das **rote X** bringt Sie auch zur Burgruine Groß-Geroldseck mit dem imposanten, original hohen Bergfried.

Ab hier ist auch der Weg zur Burg Hohbarr ausgeschildert. Sie gehen den Berg hinunter und folgen wieder dem **roten Balken** bis zur Burg. Kurz vor der Burg kommen Sie am alten Telegrafenturm aus dem Jahr 1794 vorbei, von dem aus einst verschlüsselte Nachrichten nach Paris geschickt wurden.

Von der Burg zurück zum Parkplatz geht es mit dem **roten Balken** parallel zu den Burgruinen nach Süden. Sie erreichen den Hexentisch (La Table des Sorcières) und folgen von dort dem **roten X** auf bequemem Weg bis zum Parkplatz am Schäferplatz.

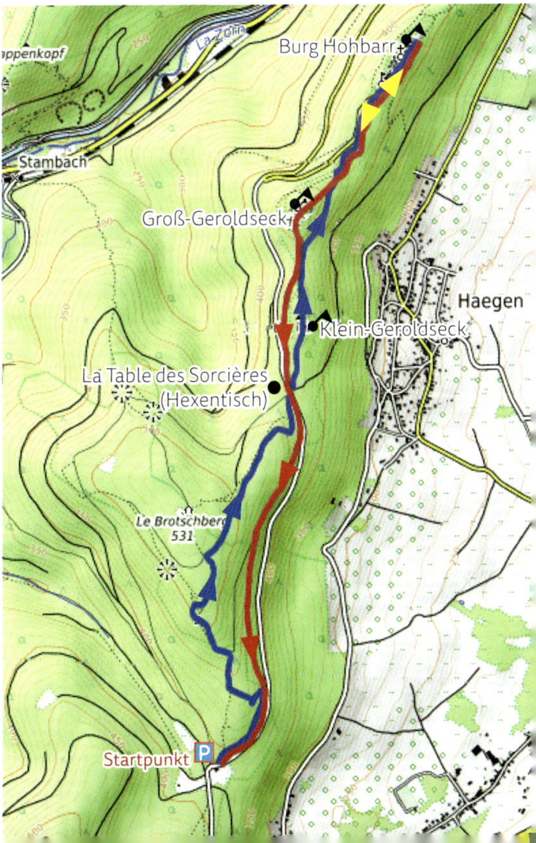

Die Geschichte der Burgen Klein- und Groß-Geroldseck

Die Geschichte der Geroldsecker Burgen ist nicht einfach auseinanderzuhalten. In den Überlieferungen werden die beiden Anlagen namentlich oft nicht unterschieden. Gesichert ist aber, dass Groß-Geroldseck die ältere Burg ist, vermutlich im 12. Jahrhundert errichtet. Der Bergfried ist in seiner originalen Höhe erhalten geblieben. 100 Jahre später soll dann Klein-Geroldseck gebaut worden sein. Beide Burgen dienten zur Sicherung der Abtei Maursmünster (das heutige Marmoutier). Maursmünster gehörte wie Neuweiler zum Bistum Metz, alle anderen Klöster zum Bistum Straßburg. Das Kloster ist wohl 700 n. Chr. erbaut worden und zählt zu den merowingischen Klöstern. Kaiser Ludwig der Fromme machte es 814 zu einer Benediktinerabtei.

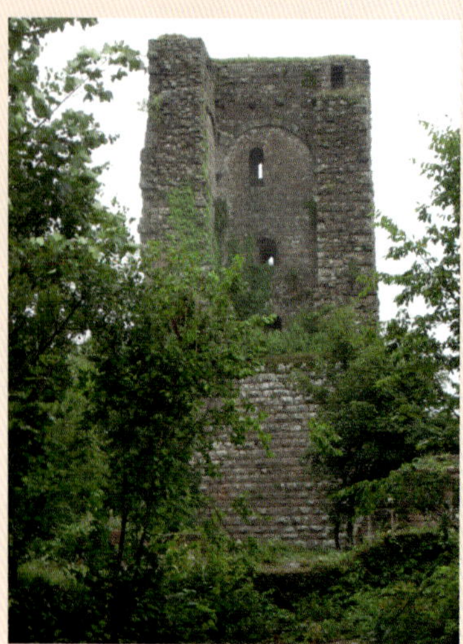

Der mächtige Bergfried von Groß-Geroldseck

Im 12. Jahrhundert wurde die Burg Geroldseck zum Schutz dieses Klosters gebaut, in einer Urkunde werden 1127 die Herren von Geroldseck am Wasichenstein erwähnt. Die Burg war ein Lehen des Bischofs von Metz.

GROSS-GEROLDSECK

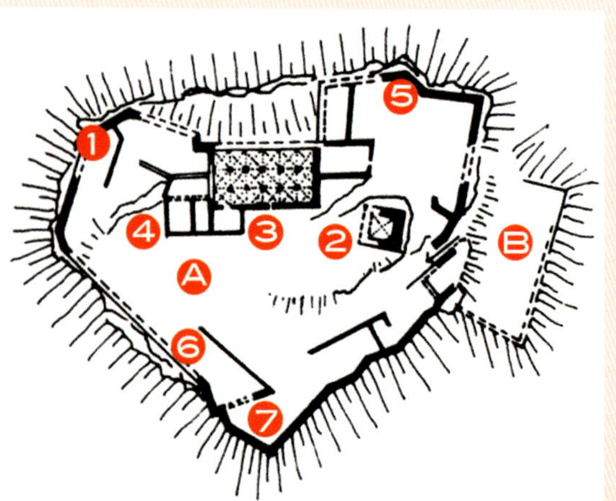

A: Hauptburg

1. Eingang
2. Berchfrit
3. Palas
4. Nebengebäude

B: Vorwerk

5. Ringmauer
6. Ende der Ringmauer
7. Ringmauer-Ecke

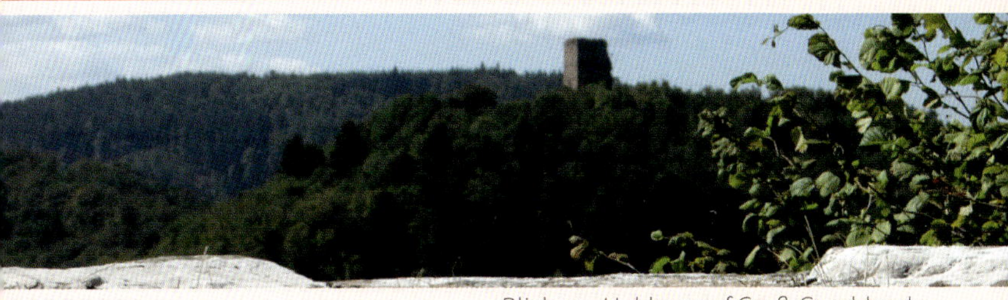

Blick von Hohbarr auf Groß-Geroldseck.

Ein Otto von Geroldseck (1125–1166) war Vogt von Maursmünster. Auch seine Söhne waren Vögte: Otto II. war 1170 Vogt in Mauersmünster, sein Bruder Burkhard 1172 und 1188 Vogt von Haslach. Von Burkhards Sohn, Burkhard II., stammen alle weiteren Ritter aus dem Geschlecht der Geroldsecker ab. Es wird angenommen, dass dieses Geschlecht auch mit der benachbarten Burg Ochsenstein in Zusammenhang steht, die sie errichtet haben sollen. Darum haben sich die edlen Herren mal Geroldsecker, mal Ochsensteiner genannt.

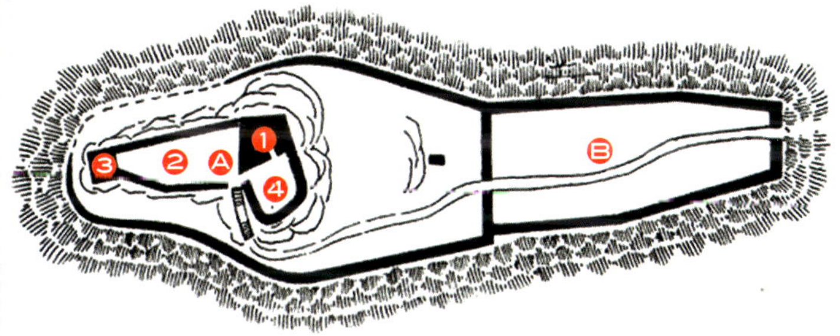

KLEIN-GEROLDSECK

A: Hauptburg
B: Vorburg

1. Bergfried
2. Burghof
3. Wartturm
4. Wohngebäude

Bei der Burg Klein-Geroldseck wird vermutet, dass sie im 13. Jahrhundert gebaut wurde. Zweifelsfrei belegt ist ihre Existenz jedoch nur aus dem Jahr 1349. In dieser Zeit soll der Burgmann Simund von Hüttendorf auf Klein-Geroldseck sesshaft gewesen sein.

Beide Burgen wurden von den Herren von Geroldseck bewohnt, zunächst wohl von Burkhard von Geroldseck (1193–1238) und seinen beiden Söhnen, Burkhard und Simon. 1390 soll das Geschlecht derer von Geroldseck ausgestorben sein.

Über die Nachfolgezeit ist wenig bekannt. Zum Teil haben die Burg nur noch Wachmannschaften bewohnt. Überliefert ist allerdings, dass Groß- und Geroldseck später Raubritterburgen waren. Dem Treiben der unedlen

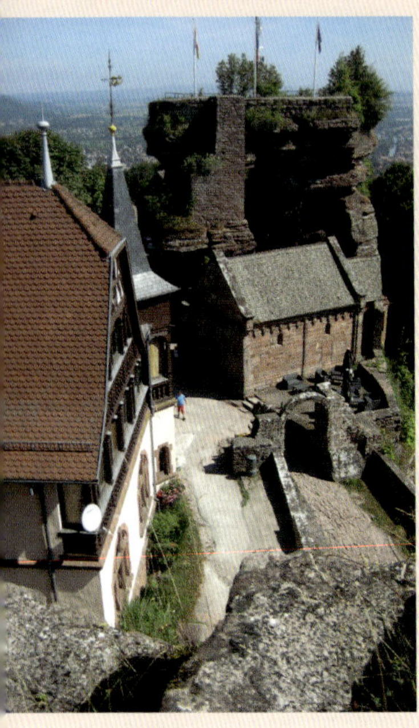

Das neu errichtete Gasthaus auf der linken Seite, hinten rechts die Kapelle.

Adligen setzten der Landvogt des Elsass, Pfalzgraf Friedrich I. (1425–1476), und sein Neffe und Adoptivsohn Philipp ein Ende. Die beiden Burgen wurden zerstört und danach nicht mehr aufgebaut.

1718 soll ein Blitz einen Teil des Klein-Geroldsecker Bergfrieds zerstört haben. Seit 1905 wurden nach und nach Mauerreste der Burgen freigelegt.

Die Geschichte der Burg Hohbarr

Von Weitem ist sie zu sehen, die Hohbarr, auch das „Auge des Elsass" genannt, und weit in die Ebene können Sie von dort aus blicken. Diese Burg zählt zu den größten des Elsass und ist ein beliebtes Ausflugsziel, denn sie ist auch mit dem Auto zu erreichen. Im Gegensatz zu den beiden Burgen Groß- und Klein-Geroldseck wurden die Mauern der Burg Hohbarr weitgehend gesichert, zum Teil restauriert und wieder aufgebaut.

Hohbarr ist eine Burg der Straßburger Bischöfe. Zwischen 1168 und 1171 soll der Straßburger Bischof Rudolf von Rottweil den hochgelegenen Felsen vom Kloster Maursmünster erworben haben, um die Burg auf Anraten des Stauferkönigs Barbarossa (1122–1190), zu dessen Reich das Elsass zählte, oberhalb von Saverne zu erweitern.

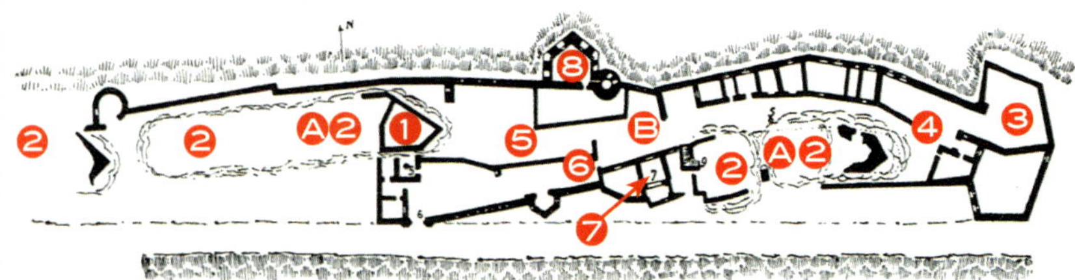

HOHBARR

A: Hauptburg B: Tiefergelegter Berg

1. Bergfried
2. Wohngebäude
3. Bastion
4. Durchgang durch den Felsen
5. Brunnen
6. Haupttor
7. Kapelle
8. Batterieturm

Hohbarr wird bereits 1123 urkundlich erwähnt. Von dem ursprünglichen Bau ist heute noch der Bergfried auf dem höher gelegenen Teil der Burg – die über drei Felsen hinweg gebaut wurde – zu sehen. Auch die romanische Kapelle neben dem Gasthaus stammt aus dem 12. Jahrhundert und wurde 1880 restauriert.

Johann von Lichtenberg, dessen Familie ihren Stammsitz auf der Burg Lichtenberg nördlich von Saverne hatte, war von 1353 bis zu seinem Tod Straßburger Bischof und ließ die Burg um 1360 nochmals erweitern. Wappen und Inschrift sind innerhalb des Tores am Brunnenturm zu sehen.

1394 wurde Hohbarr aus Geldnot an Egenolf von Lützelburg verpfändet. Danach besetzten sie Ulrich von Hohenburg und der Unterlandvogt des Elsass, Graf Bernhard von Eberstein, wohl aus Angst, vom verschwenderischen Straßburger Bischof Wilhelm von Diest verkauft zu werden.

In den folgenden Jahren und bis ins 17. Jahrhundert war die Hohbarr wieder häufig Residenz der Bischöfe. 1583 ließ Bischof Johann von Manderscheid-Blankenheim die Burg erneuern. Eine Inschrift über dem Eingangstor besagt: „Johann von Gottes Gnaden, Bischof von Straßburg, Landgraf vom Elsass, aus dem Geschlecht der Grafen von Manderscheid-Blankenberg, hat diese schon längst vernachlässigte und baufällige Burg seinen Untertanen zum Schutz und niemanden zur Feindschaft wiederhergestellt, ausgerüstet und verstärkt im Jahr 1583." Dass Kirchenmänner auch trinkfreudig waren, ist weitgehend bekannt. Der Straßburger Bischof Johann gründete sogar eine Zechergesellschaft, deren trinkfeste Mitglieder sich „Hornbruderschaft" nannten und die bis 1635 bestand.

Während des Dreißigjährigen Kriegs (1618–1648) wurde die Burg zerstört und erst 1743 von den Franzosen wieder in Stand gesetzt. Ein Jahr später bemächtigten sich Söldnerheere der Habsburger, die aus Kroatien und Serbien kamen (die sogenannten Panduren) und im Elsass plünderten und brandschatzten, der Burg. Ab 1791 war sie Nationalgut und wurde dann verkauft. Auch sie war im Besitz des napoleonischen Generals Henri Clarke, Kriegsminister bei Napoleon Bonaparte, genau wie die Hüneburg. ▶ siehe Wanderung Nr. 3

Von der Burg sind noch Reste des fünfeckigen Bergfrieds, Reste von Mauern, die Ringmauer mit dem Renaissancetor, Batterietürme und Bastionen erhalten. Immer wieder wird von unterirdischen Gängen nach Zabern und darin versteckten Schätzen berichtet, beides wurde aber noch nicht gefunden. Heute gehört die Burg, in dessen ehemaligem Palas (Wohngebäude) ein Gasthaus eingerichtet wurde, dem Elsass.

7. Ochsenstein

Start ist der Parkplatz am Schäferplatz nahe Saverne.
Eine Einkehrmöglichkeit gibt es bei dieser Wanderung leider nicht. Sie müssen sich selbst versorgen.

Überwältigend schön sind die Ausblicke ins Rheintal auf dieser Wanderung zur Burg Ochsenstein, dem Stammschloss der Ochsensteiner, eines berühmten und bekannten Elsässer Geschlechter. Von der Höhe sehen Sie die Kapelle auf dem Felsen von Dabo. Der größte Teil des Weges führt durch lichten Wald; erst nach der Mur païen, der Heidenmauer, geht es durch dunklen Tann ins Tal hinab.

Dauer der Wanderung	4 Stunden / 15 km
Höhe der Burgen	Ochsenstein 584 m, Krappenfels 485 m
Einkehrmöglichkeiten	**Keine!**
Etappen der Wanderung	Vom Parkplatz am Schäferplatz bis zum Forsthaus Haberacker: 1 ½ Stunden Vom Forsthaus zur Burg Ochsenstein: 30 Minuten Von der Burg zum Pierre des Druides und der Heidenmauer: 30 Minuten. Von der Heidenmauer hinunter ins Kaltenthal und zurück zum Parkplatz: 1 ½ Stunden.
Wanderkarte	Wanderkarte IGN 3715 OT
Anfahrt und Parkplatz	Den Parkplatz am Schäferplatz (dort ist ein ehemaliges Forsthaus) erreichen Sie von Saverne aus. In Saverne fahren Sie durch die Stadt und folgen der Beschilderung „Château du Haut-Barr". Sie steuern auf die Berge zu, folgen immer der Straße und fahren geradeaus, wenn es links zur Burg Haut-Barr geht. Der Parkplatz ist gekennzeichnet; es ist der zweite an der Strecke.

Wegbeschreibung

Vom Parkplatz am Schäferplatz mit einem verlassenen Forsthaus wandern Sie wenige Meter die Straße entlang Richtung Süden, dann führt der Weg mit dem **rot-weiß-roten Balken** nach rechts in den Wald hinein, Hinweisschilder „Rocher du Hibou, Hirschberg und Lothringer Bächel". Nach etwa 20 Minuten bergan gabelt sich der Weg, eine Markierung ist zunächst nicht zu sehen, dafür aber oben auf dem Berg ein Felsen. Sie gehen nach rechts, weiter den Berg hinauf, dann sehen Sie wieder den **rot-weiß-roten Balken**, dem Sie nach links zum Rocher du Hibou, dem Eulenfelsen, auf einer Höhe von 530 Metern folgen. Beeindruckend sind die Felsformation und besonders die vielen Kieselsteine im Felsen.

Sie gehen am Felsen vorbei, weiter dem **rot-weiß-roten Balken** nach, und dann nach links leicht bergab zum Lothringer Bächel. Rechterhand passieren Sie eine Schranke Richtung Forsthaus Haberacker. Sie folgen nun dem **roten Balken**, dem **roten Ring** und der Markierung **GR 531** und erreichen den Parkplatz Carrefour du Billebaum. Jetzt gehen Sie wenige Meter die Straße entlang, um dann nach links in den Wald zu schwenken und mit dem **roten Balken** parallel zur Straße zu wandern. Zwischendurch können Sie die Burg Ochsenstein auf dem Berg gegenüber sehen.

Sie erreichen den Parkplatz an der Route des Château (Elsässische Burgenstraße), laufen die Straße hinunter zum Forsthaus Haberacker und gehen mit dem **blauen Balken** und **blauen Ring** am Forsthaus vorbei. Dann sehen Sie auf der rechten Seite, nahe einer Bank, viele Zeichen.

Die Wanderung führt an bizarren Felsen mit Kieselsteinen entlang.

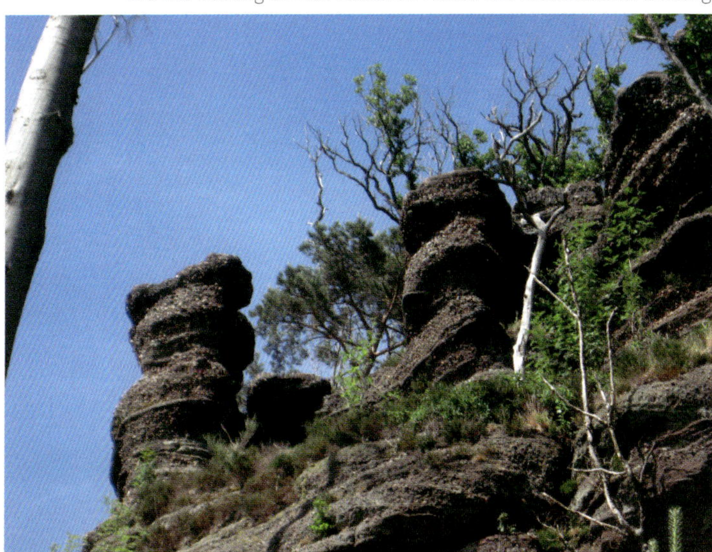

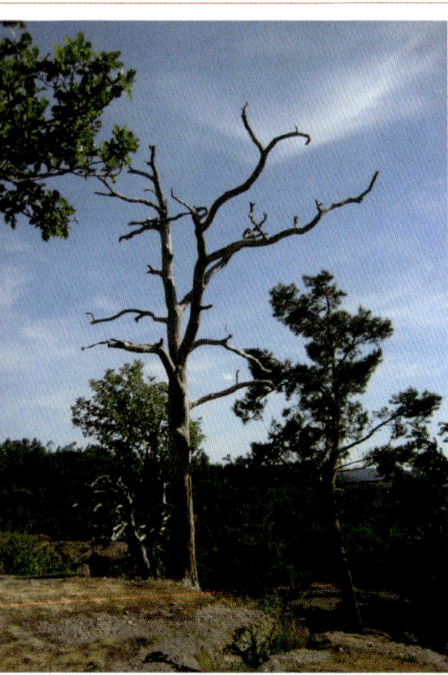

Tote Bäume auf der Höhe, ein weiter Blick in die Landschaft.

Sie folgen weiter dem **blauen Balken** und dem Zeichen **GR 531** Richtung Ochsenstein, Wustenberg, Steinernehiesel und Stammbach. Bald gabelt sich der Weg, Sie folgen dem **blauen Balken** und **GR 531** zur Burg Ochsenstein (Hinweistafeln auf Französisch). Von der Höhe haben Sie einen wunderschönen Blick in die Rheinebene, die umliegenden Wälder und zur Kapelle auf dem Dabo-Felsen.

Weiter auf dem Weg in Richtung Krappenfels kommen Sie an der mittleren Burg Ochsenstein vorbei, die eingezäunt ist und nicht besichtigt werden kann. Stattdessen führt eine Eisenleiter auf die Burg Wachelheim oder Klein-Ochsenstein. Oben auf dem Felsen ist aber

Die Zisterne auf Burg Ochsenstein.

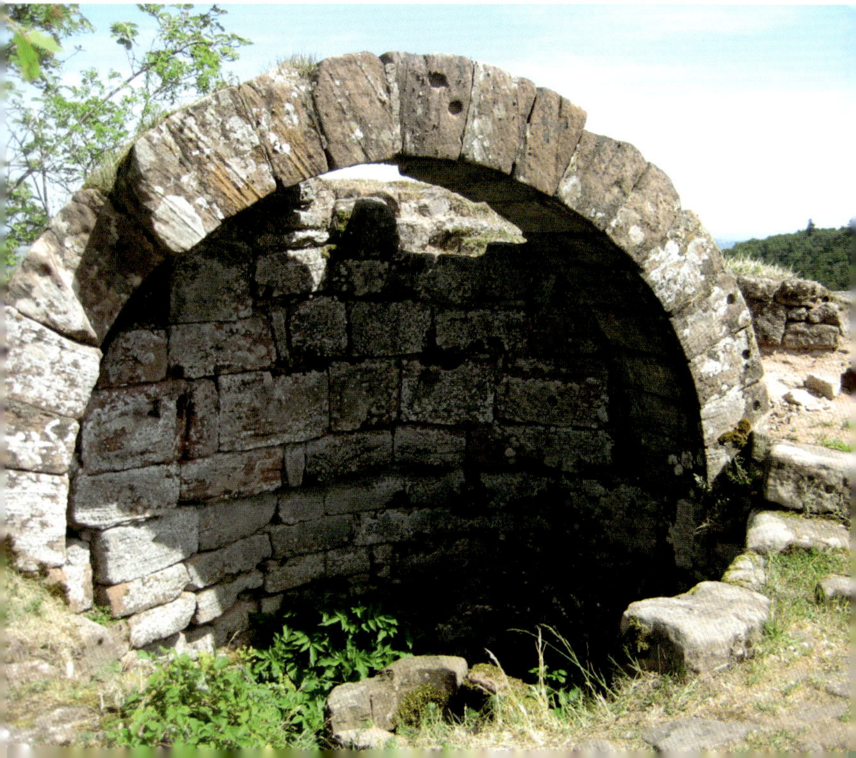

nicht viel mehr zu sehen, lediglich der Durchgang durch den Felsen mit Treppe, über die Sie das Plateau erreichen. Der Besuch ist nicht wirklich lohnenswert.

Sie verlassen den Schlossberg mit dem **blauen Balken**, gehen durch den Wald den Berg hinunter, kommen am Col de Krappenfels vorbei und gehen geradeaus weiter wieder bergan zum Krappenfels. Auf diesem Felsen brüten seltene Vögel, die bis Juli ihre Ruhe haben sollen. Auf den Felsen führt der Wanderpfad **blauer Balken**. Dort geht es an beeindruckenden toten Bäumen und einer Bank vorbei zum Wuestenberg, einem geheimnisvollen Ort mit einer Heidenmauer, ähnlich dem auf dem Mont St. Odile, nur nicht so gut erhalten, und einem Druidenstein, einem runden Felsen mit Wasserloch.

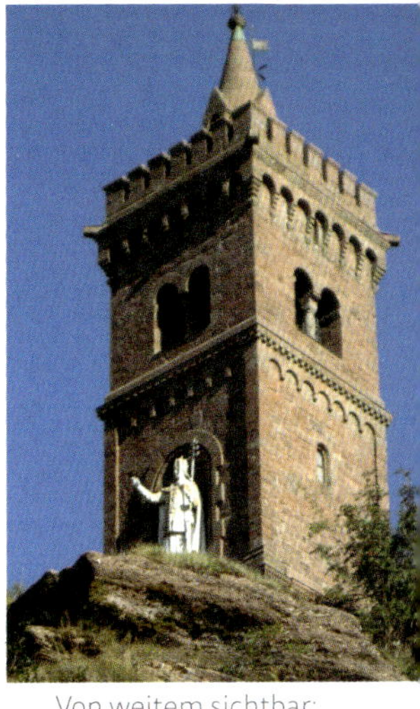

Von weitem sichtbar: Die Kirche von Dabo.

Von nun an geht's vorerst lang bergab. Sie folgen weiter dem **blauen Balken** durch einen ziemlich düsteren Tannenwald, bis Sie einen Wirtschaftsweg erreichen, dort gehen Sie mit dem **blauen Balken** nach rechts weiter bergab. Nach einer Weile führt ein Weg nach rechts zum Forsthaus Haberacker, Sie folgen aber dem **blauen Balken** nach links, wieder durch ziemlich dichten, dunklen Wald, an

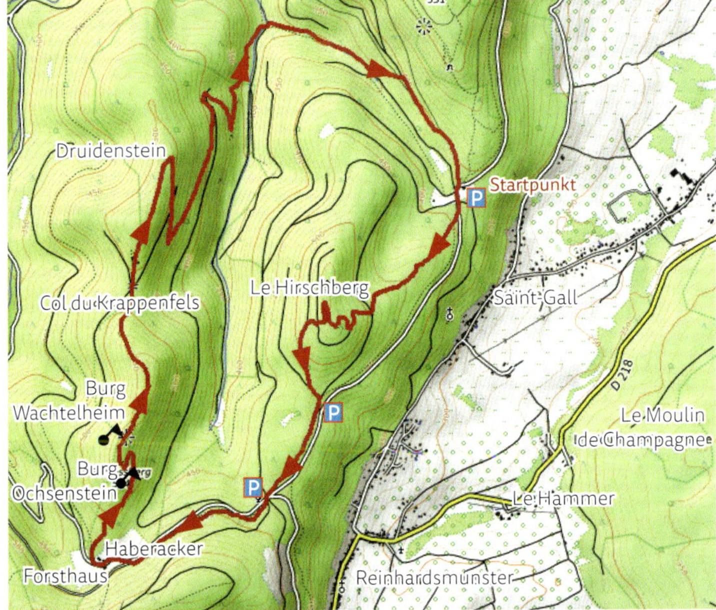

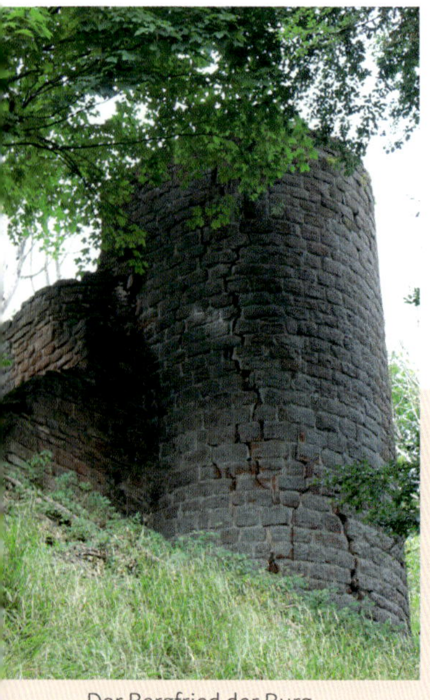
Der Bergfried der Burg Ochsenstein.

der Fontaine Jean-Louis Haemmerlin vorbei. Unten im Tal wandern Sie über eine kleine Holzbrücke, erreichen einen Wirtschaftsweg und folgen nun dem **blau-weiß-blauen Balken** stetig den Berg hinauf bis zum Parkplatz am Schäferplatz. Der Weg von der Heidenmauer bis zum Parkplatz zieht sich, da er streckenweise durch recht dunklen Wald führt.

Die Geschichte der Ochsenstein

Ochsenstein ist die Stammburg eines Rittergeschlechts, das sich nach dieser Burg nannte. Es wird vermutet, dass die Herren von der benachbarten Burg Geroldseck die Burg Ochsenstein bauten und sich dann von Ochsenstein nannten.

Der berühmteste Ochsensteiner ist Otto IV. von Ochsenstein (1298 - 1327). Er ist der Sohn Ottos III. und der Habsburgerin Kunigunde, Schwester König Rudolfs I. Der König sorgte sich um seine Familie und setzte seinen Neffen 1280 als Landvogt im Elsass und Breisgau ein. Das war der höchste Verwaltungsposten. Otto von Ochsenstein repräsentierte und vertrat den König im Land.

Die Anlage besteht aus drei Burgen, jede auf einem Felsen errichtet. Die aufwendigste ist das große Schloss, danach folgt die mittlere, das kleine Schloss, die dritte heißt Wachelheim. Belege gibt es für die Burg Mittelochsenstein und Wachelheim oder Klein-Ochsenstein aus dem 14. Jahrhundert.

Die Burg Ochsenstein wurde 1284 durch Walter von Hohenstein, Unterlandvogt im Elsass, erstmals zerstört – so eine der frühsten Angaben zur Burg. Zehn Jahre später, am 2. Juli 1298, fiel Otto III. von Ochsenstein. Er kämpfte auf Seiten Albrechts von Habsburg (1255–1308), dem Sohn Rudolfs von Habsburg, gegen Adolf von Nassau (vor 1250–1298) auf dem Schlachtfeld in Göllheim, nahe dem pfälzischen Donnersberg. Bei diesem Kampf ging es um die Vorherrschaft im Heiligen Römischen Reich.

Sein Sohn Otto IV. wurde dann vom Habsburger König Rudolf I., dessen

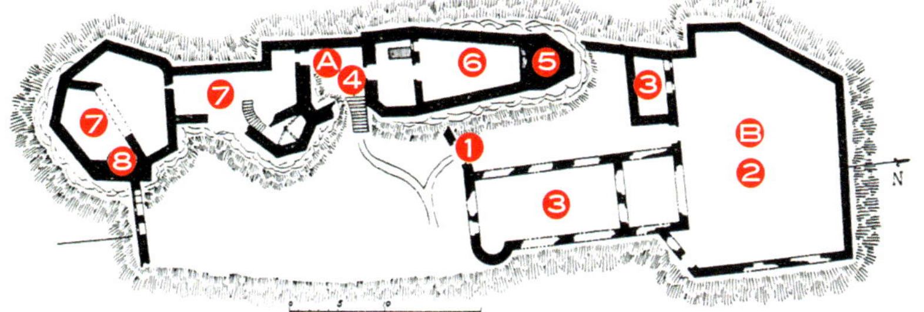

OCHSENSTEIN

A: Hauptburg

1. Eingang zur Vorburg
2. Vorhöfe
3. Wohngebäude
4. Eingang zur Hauptburg

B: Vorburg

5. Bergfried
6. Zwinger
7. Palas
8. Zisterne

Neffe er war, 1280 zum Landvogt des Elsass bestimmt.

Hundert Jahre später, genau 1382, überfielen die Straßburger die Burg und zerstörten sie. Vorausgegangen war ein Streit des Straßburger Bischofs mit Rudolf III. von Ochsenstein. In der Folgezeit veräußerten die Ochsensteiner Teile der Burg. Ihre Glanzzeit war wohl mit dem Niedergang der Habsburger vorerst vorbei. 1485 starben die Ochsensteiner aus, ihr Erbe fiel an die Grafen von Zweibrücken-Bitsch, denn eine Schwester des letzten Ochsensteiners hatte einen der Grafen geheiratet. 1527 verpfändete Graf Georg von Zweibrücken-Bitsch die Burg an Ulrich von Rathsamhausen.

Nach dem Ende der Familie 1570 kam die Burg an die Grafen von Hanau-Lichtenberg. 1554 soll die Burg noch bewohnt gewesen sein. Im Dreißigjährigen Krieg (1618–1648) wurde sie von den Schweden zerstört.

Nur zwei der drei Burgen sind zugänglich, wobei von der ersten Burg, Groß-Ochsenstein, noch am meisten zu sehen ist. Über Treppen erreichen Sie das Plateau mit Mauerresten aus dem 16. Jahrhundert, bestehend aus einer Toranlage des Bergfrieds und dem Gewölbe über einer Zisterne. Die mittlere Burg kann nicht besichtigt werden, die Burg Wachelheim ist über eine Eisentreppe erreichbar – mehr als eine Treppe durch den Felsen und spärliche Mauerreste sind aber nicht zu sehen.

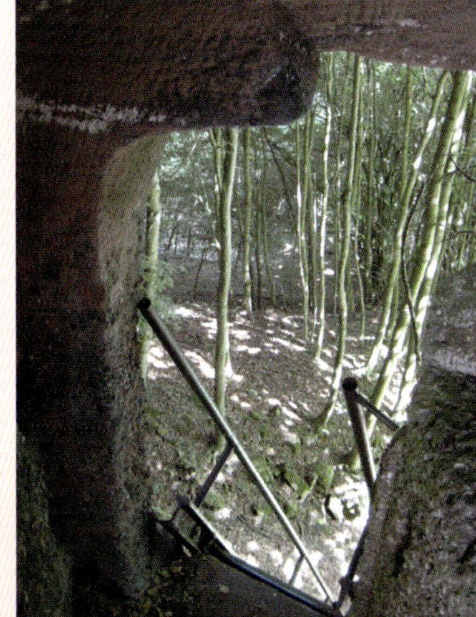

Eine steile Treppe führt zur Burg Wachelheim.

8. Freudeneck und Wangenburg

Start ist der Parkplatz an der D 224, westlich von Wasselonne, vor Wangenbourg-Engenthal.
Einkehrmöglichkeiten bestehen in Freudeneck und Wangenbourg.

Die Burg Freudeneck ist eine relativ kleine, verträumte Burg, über dem gleichnamigen Ort gelegen. Viele Jahre wird hier bereits gegraben, gebaut, die Mauern vor dem weiteren Zerfall geschützt, gesichert und renoviert. Aber noch immer zählt Freudeneck – wie leider recht viele Burgen im Elsass – zu den baufälligen Ruinen, an denen Schilder wie „Gefährliche Burg" oder „Betreten verboten" angebracht sind und deshalb nur von außen betrachtet werden können. Der Besuch lohnt sich trotzdem. Die Wangenburg mit ihrem hohen Bergfried, der eine außergewöhnliche Aussicht bietet, ist dagegen ein Besuchermagnet, da sie direkt neben dem gleichnamigen Ferienort in den Vogesen liegt.
Die Wanderung von Burg zu Burg führt durch schönen, hellen Kiefern- und Kastanienwald, über lichte Höhen und durch wirklich urige Täler.

Wegbeschreibung

Vom erstgenannten Parkplatz mit dem Brunnen an der D 224 aus gehen Sie zunächst zum Parkplatz am Hôtel-Restaurant Freudeneck in Freudeneck. Dazu überqueren Sie die Straße. Direkt gegenüber führt ein schmaler Pfad in den Wald hinein. Sie folgen dem **blauen Kreuz** und der **roten Raute**. Bald hören Sie die Maschinen des Sägewerks. Sie kommen auf die Straße, gehen ein paar Meter nach rechts und sehen auf der linken

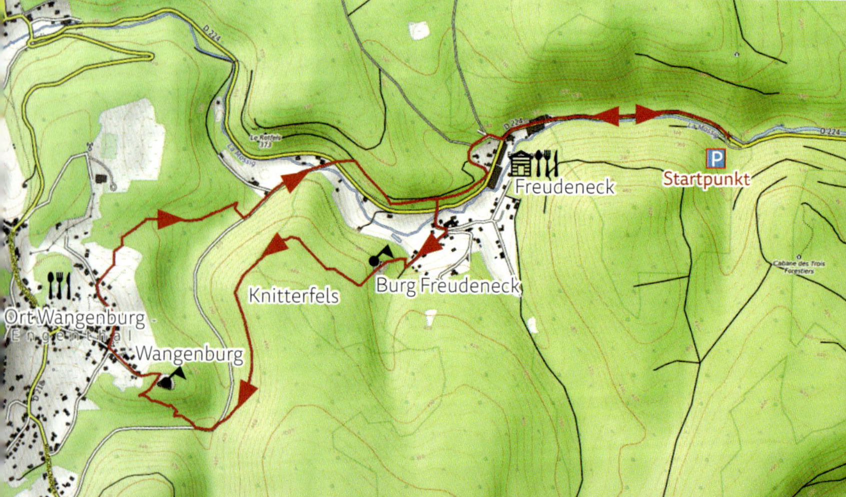

Dauer der Wanderung	4 Stunden / 14 km
Höhe der Burgen	Beide 480 m
Einkehrmöglichkeiten	**Hôtel-Restaurant Freudeneck,** 3 Route de Wangenbourg, Lieu-dit Freudeneck, 67710 Wangenbourg-Engenthal, Tel. +33 3 88 87 32 91. **Auberge du Château de Wangenbourg,** 35 Rue du Géneral de Gaulle, 67710 Wangenbourg-Engenthal, Tel. +33 3 88 87 35 78. Montags geschlossen, Okt–März auch dienstags.Nur abends warme Küche!
Wanderkarte	Wanderkarte JGN 3715 OT
Etappen der Wanderung	Vom Parkplatz zur Burg Freudeneck: 40 Minuten (Abkürzung: Vom Parkplatz am Hôtel-Restaurant Freudeneck: 20 Minuten). Von der Burg Freudeneck zur Wangenburg: 1 Stunde Von der Wangenburg in den Ort Wangenbourg: 10 Minuten (Von Wangenbourg zum Hotel: 1 Stunde). Von Wangenbourg zurück zum Parkplatz: 1 ½ Stunden.
Anfahrt und Parkplatz	Der Parkplatz liegt an der D 224 zwischen Engenthal le Bas und Freudeneck in Richtung Wangenbourg-Engenthal. Sie lassen das Forsthaus Fuchsloch hinter sich und sehen etwas später auf der linken Straßenseite einen Parkplatz mit einem Brunnen. Hier können Sie parken und sich nach der Wanderung mit dem kalten Brunnenwasser erfrischen. Der Hin- und Rückweg vom Parkplatz zum Hôtel-Restaurant Freudeneck ist identisch und dauert etwa 20 Minuten. Wenn Sie abkürzen wollen, parken Sie direkt am Hôtel-Restaurant Freudeneck. Es liegt an der Straße etwa 1 km hinter dem angegebenen Parkplatz auf der rechten Seite.

Seite das Hôtel-Restaurant Freudeneck. Sie gehen daran vorbei und kommen nach einer Linkskurve wieder auf die D 224. Nun folgen Sie dem **blauen Kreuz**; ein Schild weist darauf hin, dass Sie in 20 Minuten die Ruine Freudeneck erreichen. Sie folgen der Straße bis zur Bushaltestelle, gehen dort nach links über den kleinen Bach, wieder links und dann nach rechts den Weg zum Schloss, den Chemin du Château entlang. Von hier aus können Sie auf der rechten Seite bereits die Burg sehen. Sie erreichen eine Kreuzung und gehen nach rechts. Nach etwa 10 bis 20 Metern führen Sandsteintreppen in einer Linkskurve zur Burg. Der Weg ist mit dem **blauen Kreuz** gut sichtbar gekennzeichnet.

Von der Burgruine führt Sie der **rote Ring** den Berg hinauf zum Knittelfelsen auf einer Höhe von 450 Metern. Dort entdecken Sie eine Vertiefung im Felsen, die früher vielleicht einmal ein Wegzeichen war.

Nun geht es auf schmalem Pfad wieder bergab ins Tal, dem **roten Ring** und dem **gelben Punkt** nach, bis Sie eine große Waldkreuzung erreichen. Sie gehen geradeaus, dann mit dem **roten Ring** nach rechts. Jetzt gesellt sich auch das **rote Andreaskreuz X** bis zur Wangenburg dazu.

Von der Wangenburg aus bringen Sie das **blaue Kreuz** sowie weitere Markierungen an einem Kinderspielplatz und Friedhof vorbei in den Ferienort. Im Zentrum gibt es während der Mittagszeit mehrere Einkehrmöglichkeiten, außerdem finden Sie hier eine Touristeninformation, eine Bäckerei, einen Zeitungsladen und ein Kulturzentrum.

Völlig zugewachsen: Die Ruine Freudeneck. An der Restaurierung wird aber gearbeitet.

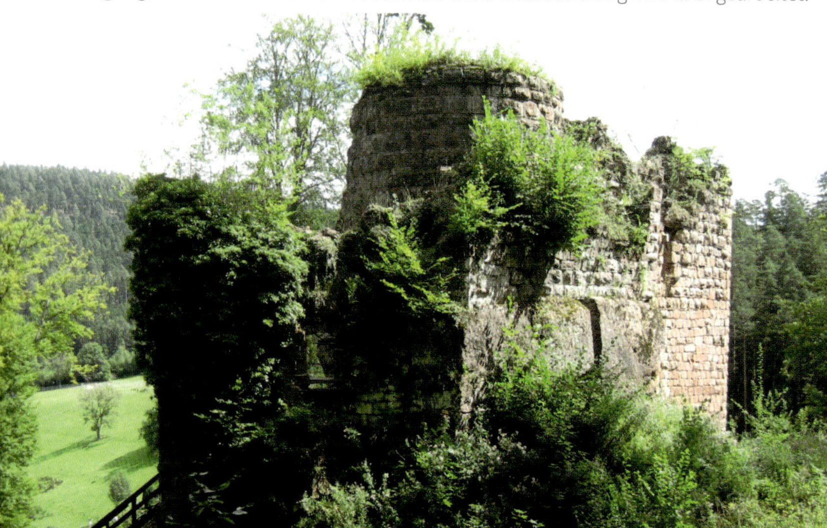

Nun gehen Sie ein Stück Weg zurück bis zum Kreisverkehr, an dem viele Wanderzeichen angebracht sind. Sie folgen den Zeichen **blaues Kreuz**, **roter Rhombus** und **roter Ring**, aber auch dem **roten X** durch den Ort. Nach etwa 100 Metern führt das rote X weiter geradeaus. Links sehen Sie die Kirche. Sie folgen den anderen Zeichen nach rechts, zwischen zwei Zäunen hindurch auf eine Wiese. Dort sehen Sie noch einmal alle Wanderzeichen und gehen geradeaus über die Wiese in den Wald. Nun finden Sie gleich an den Bäumen wieder die Markierungen **blaues Kreuz, roter Rhombus** und **roter Ring**. Durch einen hohen Tannenwald gelangen Sie an einem kleinen Bach entlang hinunter ins Tal zu einer Wasserkläranlage. Dort nehmen Sie die Route forestière d'Ameisenthal nach links und bleiben auf ihr. Sie überqueren den kleinen Bach Mossig und die D 224, die Route de Wangenbourg, und steigen eine Treppe hoch in den Wald hinein. Sie folgen den Markierungen **blaues Kreuz** und **roter Rhombus** bis zum Hôtel-Restaurant Freudeneck und von dort gehen Sie, wie Sie gekommen sind, zum Parkplatz mit dem Brunnen an der D 224.

Die Geschichte der Burg Freudeneck

Freudeneck ist eine relativ kleine Burg, die wegen Einsturzgefahr nicht besichtigt werden kann. Es wird sicher auch noch eine Zeit dauern, bis die Mitarbeiter des Burgenvereins die kleine Anlage so wieder hergestellt haben, dass ein Besuch ohne Probleme möglich ist.

Über die Burg ist wenig bekannt. Sie gehört zu den Burgen, die auf dem Gebiet der Abtei Andlau gebaut wurden, und von den Herren von der Dicke, auch Dicka geschrieben, errichtet und bewohnt wurden. Der Schirmvogt der Abtei Andlau, Heinrich von der Dicke, ließ die Burg wohl im 13. Jahrhundert erbauen. Vögte waren im Mittelalter Vertreter des Königs, die Rudolf von Habsburg (1218–1291), erster Kaiser nach den Staufern und dem Interregnum, der sogenannten kaiserlosen Zeit, als Reichsverwaltungen im Elsass eingerichtet hatte.

Heinrich von der Dicke war der weltliche Schutzherr des Klosters und wohnte mit seiner Familie auf der Burg. 1373 übernahm Berthold Münch von Wilsberg einen Teil von ihr. 1386 wurde der Ritter Walter von der Dicke in der Schlacht von Sempach, der großen Befreiungsschlacht der Schweizer gegen die Habsburger, getötet. Mit seinem Tod war der Letzte der Familie von der Dicke gestorben.

Danach teilten sich die Herren von Wilsberg und ein Georg Haffner von Wasselnheim die Burg. Das scheinen keine friedlichen Herren gewesen zu sein. Es gab oft Streit mit der Stadt Straßburg. Die Herren von Wilsberg verbündeten sich nach dem Tod Georg Haffners mit dem Markgrafen von Baden, um gegen Straßburg zu kämpfen. Erfolglos. Die Straßburger zerstörten 1408 die Burg.

Freudeneck gehörte aber immer noch denen von Wilsberg und den Nachkommen Georg Haffners von Wasselnheim. Beide verkauften ihre Anteile der ruinierten Burg 1539 einer Familie Bock von Erlenburg. 1691 kam die Burg letztendlich wieder an die Abtei Andlau zurück.

Die Burg ist von einer fast zwei Meter dicken und hohen Schildmauer umgeben, von der – ebenso wie vom Bergfried – noch Reste zu sehen sind.

Die Geschichte der Wangenburg

Zumindest die Anfänge der Wangenburg sind der nahe gelegenen Freudeneck ähnlich. Auch die Wangenburg wurde auf Klostergebiet gebaut, war folglich ein Lehen der Abtei Andlau und von Wirich von der Dicke an Hartung von Wangen vergeben. Nach jüngsten Erkenntnissen soll sie allerdings von den Herren von Wangen und nicht von den Herren von der Dicke erbaut worden sein.

Die erste Urkunde stammt aus dem Jahr 1357. Ende des 14. Jahrhunderts mussten die Herren von Wangen Teile der Burg aus Geldnot verpfänden. Mitteilhaber waren nun ein Burkhard von Lützelstein und ein Heinrich von Saarwerden-Rappoltstein.

1504 kam es zum Bayerischen Erbfolgekrieg, in dem sich Pfalzgraf Ruprecht mit den bayerischen Wittelsbachern um das Erbe Herzog Georgs stritt. Der Herzog von Bayern-Landshut war ohne männlichen Erben gestorben und hatte – entgegen der Vereinbarung – sein Erbe seiner Tochter Elisabeth, vermählt mit Ruprecht von der Pfalz, vermacht. Damit waren die bayerischen Verwandten, Albrecht IV., Herzog von Bayern-München nicht einverstanden. In diesen Kampf um Geld und Güter waren viele Grafen aus der Pfalz und dem Elsass involviert. Ruprecht von der Pfalz unterlag schließlich den Bayern und ihren Verbündeten. Die Herren von Wangen kämpften auf der Seite des Pfalzgrafen, was zur Folge hatte, dass der Habsburger Kaiser Maximilian, der auf Seiten der Bayern stand, die Wangen-

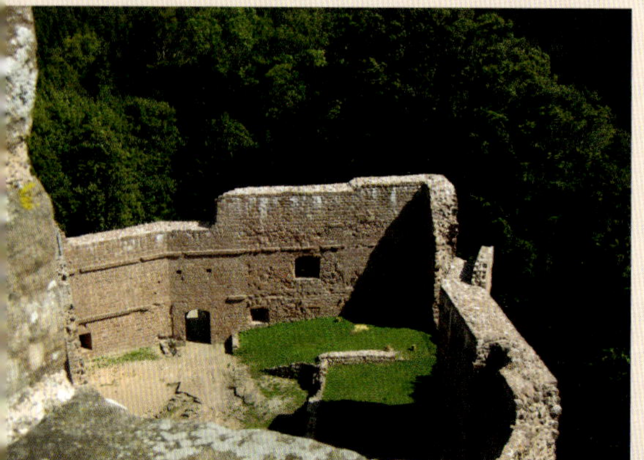

Blick von dem Bergfried ins Burginnere.

burg beschlagnahmte und zwei seiner Getreuen damit belehnte. Die Herren von Wangen, Stefan und Hans, lebten aber trotzdem weiter auf der nun geteilten Burg. Doch ihre finanzielle Situation wurde immer kritischer. Aus einem Protokoll von 1518 geht hervor, dass Stefan von Wangen seinen Teil der Burg dem Bischof von Straßburg versetzen musste. Die Burg war zu dieser Zeit schon in einem schlechten Zustand, wurde trotzdem wieder renoviert. Ab 1595 befand sich die Burg dann wieder im alleinigen Besitz der Herren von Wangen.

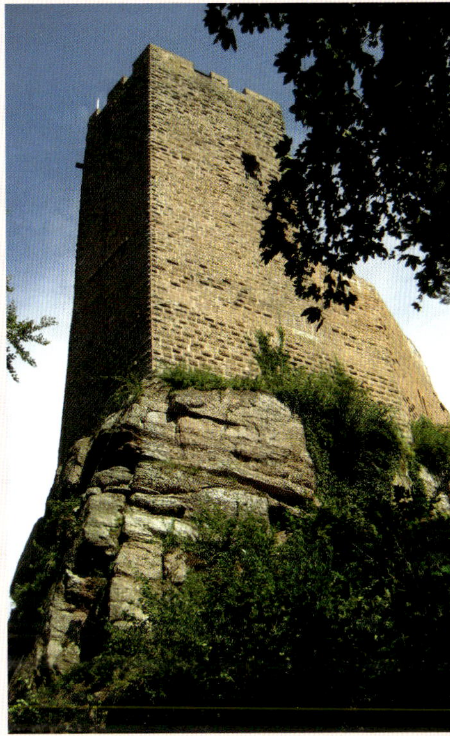

Der hohe Bergfrid der Wangenburg.

Im Dreißigjährigen Krieg (1618 – 1648) soll die Burg stark beschädigt worden sein. Um 1680 wurde die Wangenburg – damals gehörte das Elsass nach den Beschlüssen des Westfälischen Friedens (1648) zu Frankreich – militärisch als Garnison genutzt.

Seit 1984 finden Sanierungsmaßnahmen statt. Zu sehen sind Reste der über zwei Meter dicken Ringmauer, der Bergfried in voller Höhe, der bestiegen werden kann, Palasmauern und ein schöner, großer Renaissance-Kamin.

WANGENBURG

A: Hauptburg
B: Vorburg

1. Eingang
2. Burghof
3. Palas
4. Dienstwohnungen und Stallungen
5. Berchfried
6. Ringmauer
7. Graben

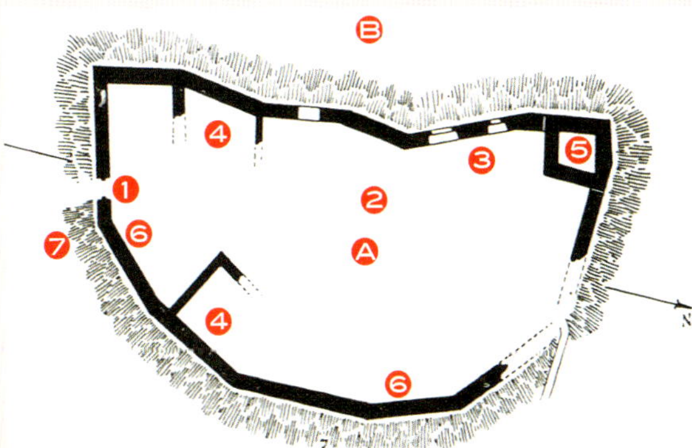

9. Ringelstein, Hohenstein und Nideck

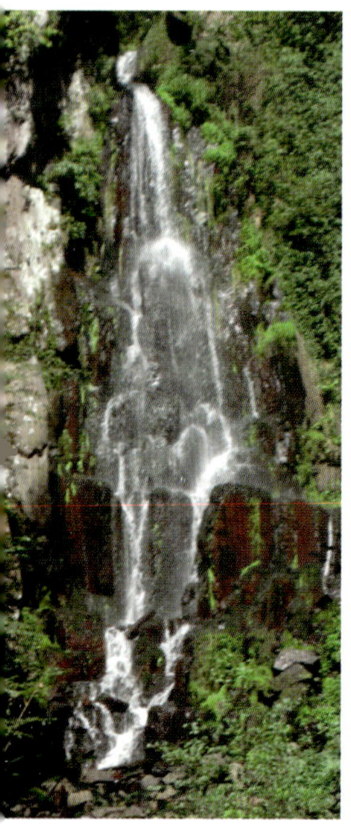

Start nahe des Forsthauses Nideck.
Einkehren in der Auberge La Cascade du Nideck.

Es gibt viel zu entdecken auf dieser anstrengenden und langen Wanderung durch die elsässische Schweiz, wie die Gegend westlich von Straßburg und etwas südlich von Saverne bezeichnet wird. Entsprechend sind auch die Wanderwege: Steil, unbequem, holprig. Es geht gewissermaßen über Stock und Stein, bergauf und bergab. Aber drei Burgen auf einer Tour, zwei davon sehr ablegen, verwunschen und deshalb auch recht selten besucht, bedeuten Entdecken pur. Zudem kommen Sie an einem keltisch-römischen Ringwall, über den wenig bekannt ist, vorbei, sowie an einer großen Skulptur mitten im Wald, die an die Riesen aus Adelbert von Chamissos Ballade „Das Riesenspielzeug" erinnert. Denn immerhin spielt die Geschichte in Versform auf der Burg Nideck, die über einen imposanten Wasserfall erreichbar ist.

Wasserfall auf der Wanderung.

Dauer der Wanderung	5 Stunden / 16 km
Höhe der Burgen	Ringelstein 645 m, Hohenstein 490 m, Nideck 550 m
Einkehrmöglichkeit	**Restaurant Hohenstein**, 59 Route du Nideck, 67280 Oberhaslach, Tel. +33 3 88 50 91 38. Dienstags Ruhetag. **Auberge La Cascade du Nideck**, 98 Rue du Nideck, 67280 Oberhaslach, Tel. +33 9 64 34 42 34. Das Lokal hat den ganzen Tag über geöffnet.
Wanderkarte	Wanderkarte IGN 3716 ET
Etappen der Wanderung	Vom Parkplatz am Forsthaus Nideck bis zur Burg Ringelstein: 2 Stunden. Von der Ringelstein zur Hohenstein: 45 Minuten Von der Hohenstein zum Forsthaus Hohensteinwald: 30 Minuten.

	Vom Forsthaus zur Auberge La Cascade du Nideck: 30 Minuten. Vom Gasthaus zur Burg Nideck: 1 Stunde. Von der Burg zum Parkplatz: 15 Minuten.
Anfahrt und Parkplatz	Der Parkplatz westlich von Molsheim liegt an der Landstraße D 218 zwischen Oberhaslach und Wangenbourg. Er befindet sich unterhalb des Forsthauses von Nideck und ist ausgeschildert.

Wegbeschreibung

Sie starten am großen Waldparkplatz am Maison forestière du Nideck. Von dort folgen Sie Richtung Osten dem **blauen Kreis** und **blauen Balken**. Für etwa zehn Minuten geht es die Straße entlang, dann führt der Weg – links ist ein weiterer Parkplatz – mit dem **blauen Ring** und **blauen Balken** nach rechts in den Wald hinein. Sie gehen jetzt parallel zur Straße, bis Sie zu einer großen Kreuzung kommen, von der aus Wege nach Schaeferthal und Mittelbühl abgehen. Sie folgen weiter dem

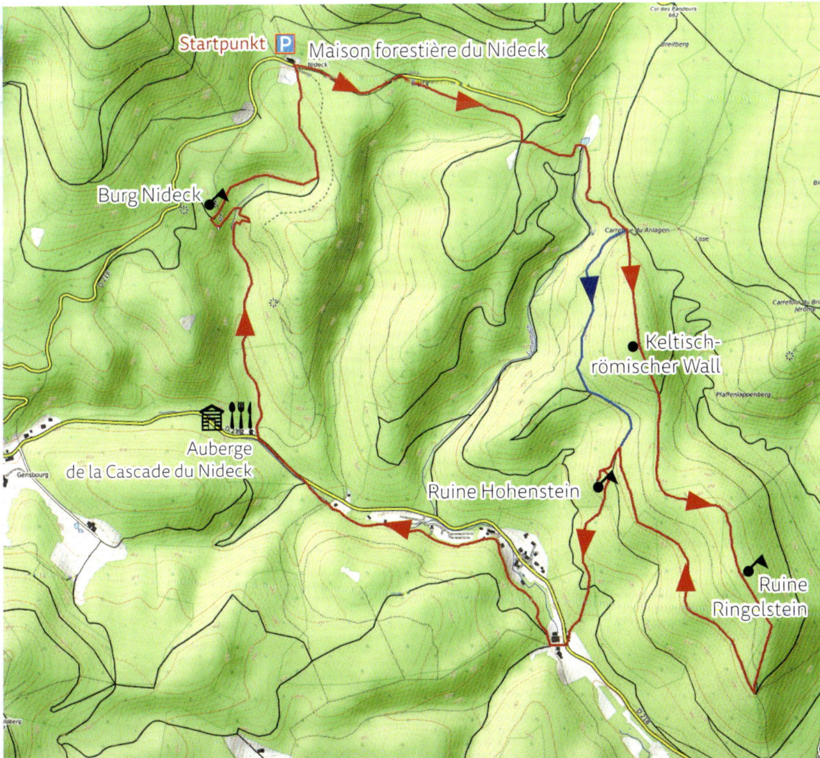

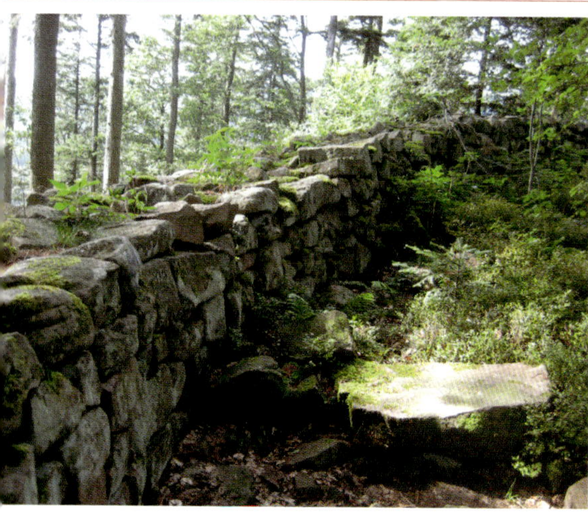

Keltisch-Römischer Wall

blauen Ring ein kurzes Stück ziemlich steil bergab, aber schon bald wird es wieder bequemer. Sie erreichen die nächste große Kreuzung am Étang (Weiher) du Kasperlehip.

Von hier aus geht es mit dem **blauen Ring** und **gelben Dreieck** weiter, bis Sie erneut eine große Kreuzung mit der Route forestière du Sandweg erreichen. Hier können Sie entscheiden, ob Sie den großen Rundweg mit dem Besuch der Ruine Ringelstein oder doch den kürzeren Weg direkt zur ehemaligen Burg Hohenstein laufen wollen. Wenn Sie den kürzeren Weg wählen, folgen Sie jetzt dem **blauen Dreieck** und **gelben Kreuz**. In gut 30 Minuten haben Sie die Burgruine erreicht.

Wer den längeren, weniger komfortablen Weg über den Grand Ringelsberg mit seiner verwunschenen Burg wählt, folgt dem **blauen Ring**. Es geht immer gerade aus. Meist sind die Wege im Elsass gut gekennzeichnet. Das ist leider bei diesem Streckenabschnitt nicht der Fall. Gehen Sie darum immer geradeaus den schmalen Wanderpfad entlang bergan. Sie klettern über viele Steine hinweg, gehen weiter geradeaus, kommen durch einen Graben und erreichen Mauerreste aus römischer Zeit. Sie überqueren den Wall, verlassen auf der anderen Seite durch einen weiteren Graben das Gelände und wandern zunächst bergab. Sie folgen dem **blauen Ring**, auch wenn dieses Zeichen nur sehr spärlich angebracht ist. Unten angekommen, nehmen Sie geradeaus einen Wiesenweg. Jetzt geht es wieder bergan. Oben auf dem Berg erkennen Sie ansatzweise einen Ringwall. Sie halten sich weiter geradeaus und gelangen durch ein Stück dichteren Wald nach etwa 40 Minuten zum Ringelstein auf dem Grand Ringelsberg.

Nun geht es auf nicht gerade bequemen Pfaden wieder steil hinunter. Sie kommen an eine große Kreuzung. Durch die Bäume sind schon die Häuser Oberhaslachs zu sehen. Dort folgen Sie, nun öfter mit dem **blauen Ring** markiert, einem bequemen Wirtschaftsweg bis zur nächsten

Kreuzung. Hier treffen sich mehrere Rundwege mit den Markierungen gelbes Kreuz und blaues Dreieck. Sie gehen nach links, um nach zehn Metern den breiten Waldweg zu verlassen und auf schmalem Pfad dem **blauen Ring** bis zur Burgruine Hohenstein zu folgen. Sie kommen wieder an eine Kreuzung, an der sich viele Wanderwege treffen, und auch die Abkürzung mündet hier. Sie gehen nach links, nach wenigen Metern wieder nach rechts und verlassen den Wirtschaftsweg. Ein ausgetretener Pfad bringt Sie mit dem **blauen Dreieck** und **blauen Ring** bergab zur Hohenstein auf 450 Metern Höhe.

Zur Burg Nideck geht es mit dem **blauen Ring** und **blauen Dreieck** weiter hinunter ins Tal. Auf der rechten Wegseite sehen Sie die Skulptur der Riesen, die der Künstler wohl in Bezug auf Adelbert von Chamissos Ballade vom Riesenspielzeug entworfen hat. Die Sage spielt ja auf der Burg Nideck, ganz in der Nähe. Ein Schild gibt Auskunft über das Kunstwerk. Nach gut 30 Minuten erreichen Sie das Forsthaus Hohensteinwald an der D 218. Sie überqueren die Straße, gehen wenige Meter nach links, dann nach rechts über den kleinen Bach durch Häuser hindurch, danach am Wald wieder nach rechts. Es geht ein kurzes Stück bergan und danach weiter den Bach entlang mit dem **blauen Ring**, **roten Dreieck** und **roten Balken**.

Auf dem Weg zur Nideck kommen Sie zunächst am Gasthaus Hohenstein vorbei. Ein Schild weist darauf hin. Danach erreichen Sie den Campingplatz Les Amis de la Nature in Luttenbach près Munster, auf der anderen Seite des Haselbachs gelegen. Wenn ein markierter Weg zu einem Haus auf der rechten Bachseite führt, bleiben Sie auf der Seite, die Sie bisher gegangen sind, und folgen weiterhin dem **blauen Ring**, **roten Balken** und **gelben Dreieck**. Sie gehen über eine kleine Brücke, dann nach rechts zur Straße und weiter nach links die Straße entlang, bis Sie die Auberge La Cascade du Nideck sehen. Dort können Sie einkehren. Sie kommen an einem Parkplatz vorbei und gehen mit dem **roten Balken** zur Cascade du Nideck, dem Wasserfall vor der Burg. Bald sehen Sie den Turm der Burg oben in den Bergen. Zunächst ist der Anstieg behutsam. Nach etwa 20 Minuten erreichen Sie den Wasserfall. Dort wird es dann etwas unbequemer, Treppen, auch Stahlgitterbrücken führen

Skulptur am Wegesrand.

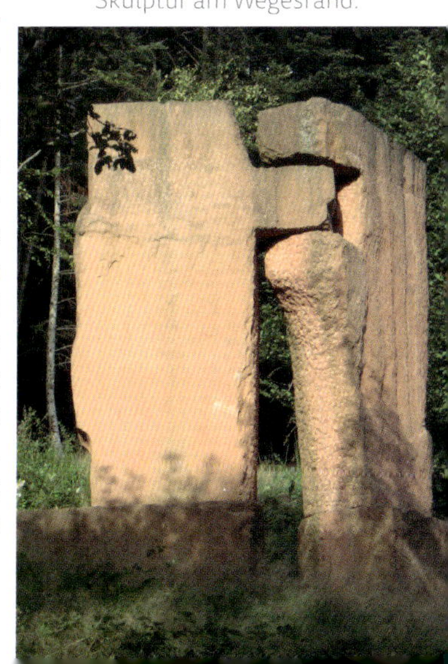

am Wasserfall vorbei bergan. Sie folgen weiter dem **roten Balken**. Ziemlich weit oben befindet sich nach zwei Brücken auf der linken Seite ein eingezäunter Felsvorsprung, von dem Sie einen schönen Blick in die Landschaft haben. Von der Burg selbst können Sie nicht so weit blicken.

Nächstes Ziel ist die Burg, deren Turm (wohl wegen einer baufälligen Treppe) gesperrt ist. Über dem Eingang zum Turm ist eine Tafel angebracht, die an Adalbert von Chamisso erinnert, der in seiner Ballade „Das Riesenspielzeug" die Burg Nideck verewigt hat. Von hier aus folgen Sie dem **blauen Ring** und **gelben Balken** bis zum Parkplatz am Forsthaus Nideck.

Die Geschichte der Burg Ringelstein oder Ringelsburg

Das Besondere an dieser weitgehend überwucherten Burg sind die zwei Ruinen auf dem Plateau des Felsens. In der Mitte ist ein etwa sechs Meter breiter Spalt. Über eine zum Teil steile und zerstörte Treppe ist das ehemalige Haus zu erreichen. Alles ist weitgehend verfallen. Gut erhalten dagegen sind noch Teile der Ringmauer, durch die Sie die Burg betreten und wieder verlassen.

Über Burg Ringelstein – im Elsässischen Burgenlexikon auch als Ringelsburg bezeichnet – sind nur wenige Überlieferungen zu finden. Sie steht mit den drei Burgen dieser Wanderung, die im Mittelalter an der Straße vom Rhein nach Lothringen gelegen waren, und auch mit der Dagsburg im Zusammenhang.

In den Jahren 1137 und 1162, zu Zeiten der Staufer, wurde ein Anselm von Ringelsburg mehrmals urkundlich erwähnt. Es scheint eine Verbindung zwischen den Herren von Ringelsburg und Dagsburg gegeben zu haben. Denn Graf Friedrich von Leiningen, der eine Dagsburgerin geheiratet hatte, verzichtete im Dagsburgischen Erbfolgestreit (1225) auf das Erbe der Burg Ringelstein zugunsten des Straßburger

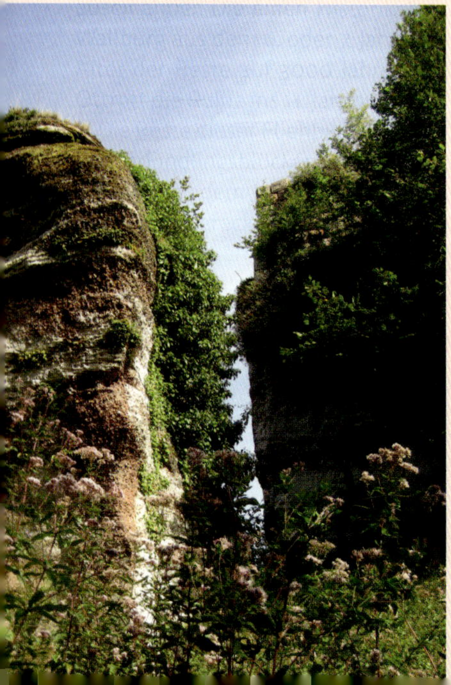

Ein Spalt im Felsen trennt die ehemalige Ringelsburg.

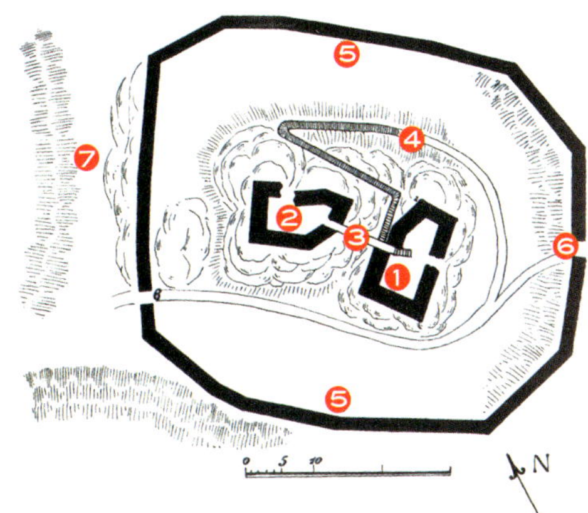

Ringelstein
1. Wohngebäude
2. Wachhaus
3. Steg
4. Zugangstreppe
5. Ringmauer
6. Eingang
7. Graben

Bischofs Berthold von Teck. Dieser Bischof war ein Gegner der Staufer, die in dieser Zeit ihr Reichsgut auch im Elsass vergrößern wollten.

Im 14. Jahrhundert wird die Burg als Lehen des Straßburger Bischofs beschrieben und 1470 von Pfalzgraf Friedrich I., dem Siegreichen, zerstört. Friedrich der Siegreiche lag mit dem Bischof von Metz und dem Markgraf von Baden im Streit um die Besetzung des Mainzer Bischofssitzes. Dadurch kam es zum Badisch-Pfälzischen Krieg (1461 – 1462).

Gänzlich zerstört wurde die Burg schließlich im Dreißigjährigen Krieg (1618 – 1648).

Die Geschichte der Burg Hohenstein

Die Reste der Burg Hohenstein liegen auf einem langgestreckten Felsen des großen Ringelberges. Viel mehr als Fundamente, Reste eines Rundbogens und Schuttwälle gibt es hier nicht mehr zu sehen. Es ist eine versteckte, romantische Burg mitten im Wald.

Erstmals urkundlich erwähnt wurde der Name der Burg und ihrer Herren von Hohenstein 1225, in dem Jahr, indem die Grafen von Dagsburg ausstarben. Die Herren von Hohenstein waren die Brüder Heinrich und Albrecht. Sie sollen Dienstmannen der Grafen

Nur wenige Mauern sind von der Burg Hohenstein übrig geblieben.

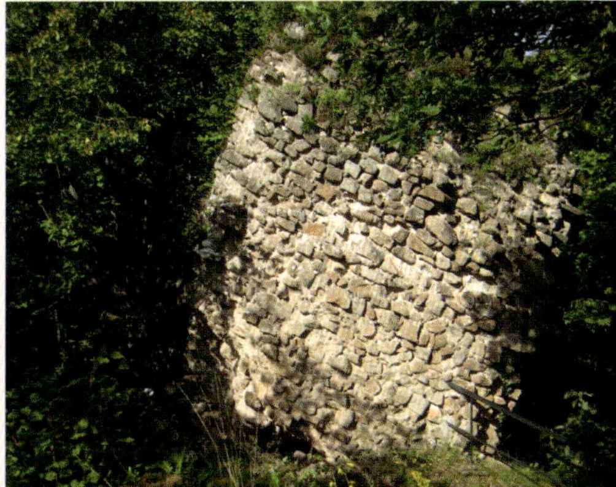

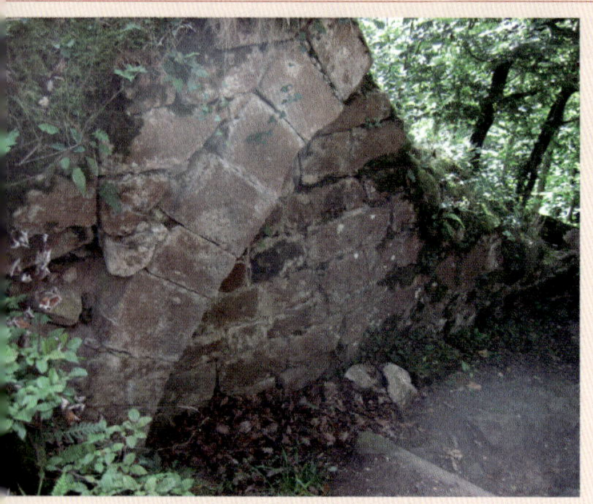

Letzte Reste der Burg Hohenstein.

von Dagsburg gewesen und zum niederen Adel, zu Herren einer Burg zur Zeit der Staufer, aufgestiegen sein. Um das Erbe der Dagsburger stritten sich einerseits der Bischof von Straßburg, Berthold von Teck, andererseits der Graf von Leiningen-Dagsburg, wahrscheinlich Sigmund. Denn die Leininger mit ihrem Stammschloss Altleiningen hatten sich durch Heirat und Erbschaft gespalten. Eine Linie dieser Grafen nannte sich von Leiningen-Dagsburg und beanspruchte deshalb das umfangreiche Erbe Gertruds von Dagsburg, der letzten Gräfin. Sie hinterließ immerhin elf Burgen und viele Klöster.

Der Straßburger Bischof, die Stadt Straßburg und einige Herren des elsässischen Adels stritten um Gebietserweiterungen. Bei den Streitigkeiten 1251 oder 1261 zwischen Bischof Walter von Geroldseck und der Stadt Straßburg, unterstützt von Landadeligen, wurde auch die Burg Hohenstein belagert.

1279 war wohl das Geld bei den Herren der Hohenstein knapp. Jedenfalls versetzte Burkhard von Hohenstein die Burg an Bischof Conrad von Lichtenberg. Zwanzig Jahre später wurde das bischöfliche Gefolge von der Burg allerdings wieder vertrieben.

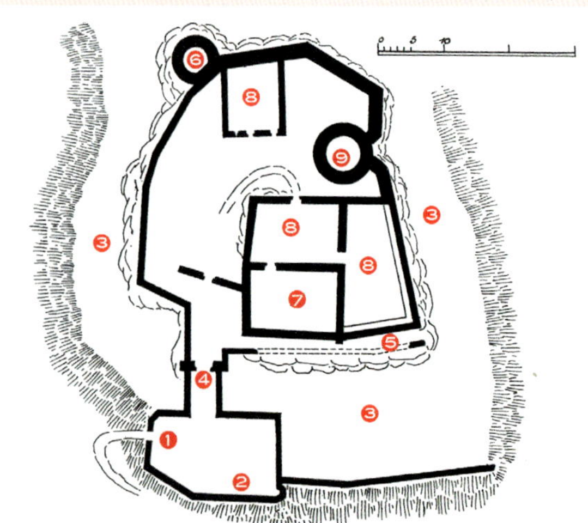

HOHENSTEIN

1. Eingang
2. Brücke
3. Graben
4. Haupttor
5. Zwinger
6. Rundturm
7. Palas
8. Nebengebäude
9. Bergfried

Frieden kehrte zwischen den Straßburger Bischöfen und den Herren von Hohenstein erst 1320 mit Bischof Johann von Straßburg ein. Dieser Frieden währte allerdings nicht lang, denn Bischof und Landadel gerieten aus politischen Gründen aneinander. Bischof Berthold von Buchegg, der Nachfolger Johanns von Straßburg, verweigerte Kaiser Ludwig von Bayern die Anerkennung. Er stand auf der Seite des Habsburgers Friedrich des Schönen. An diesem Streit beteiligten sich viele Adelige in der Pfalz und dem Elsass.

Berthold von Buchegg legte sich zudem mit dem Straßburger Domkapitel, dem wichtigsten geistlichen Gremium, an. Das Domkapitel unterstand dem Domkustos Conrad von Kirkel. Der Domkustos stiftete 1337 Rudolf von Hohenstein dazu an, den Straßburger Bischof von Buchegg zu entführen. Er kam auf die Burg Waldeck nahe Bitsch und später nach Kirkel im heutigen Saarland. Ein Jahr später wurde der Bischof wieder freigelassen. Der Bischof, dem ein Teil der Burg Hohenstein gehörte, rächte sich und ließ die Burg 1338 zerstören. Sie wurde nicht wieder aufgebaut.

Aus den Zeiten der Belagerungen und Zerstörungen wurden immer wieder Steinkugeln, Blidenkugeln genannt, rund um die Burg bis ins Tal hinunter gefunden. 1998 haben Archäologen bei Ausgrabungen Blidenkugeln mit Gewichten von 11 bis 85 Kilogramm in der Mauer der Vorburg gefunden.

Die wenigen Reste der Burg sind weitgehend überwuchert. Trotzdem ist es sehr schön, sie zu besuchen und zu studieren.

Die Geschichte der Burg Nideck

»Burg Nideck ist im Elsass der Sage wohl bekannt,
die Höhe, wo vor Zeiten die Burg der Riesen stand;
sie selbst ist nun verfallen, die Stätte wüst und leer,
du fragst nach den Riesen, du findest sie nicht mehr.«

So beginnt die Ballade „Das Riesenspielzeug", die Adalbert von Chamisso nach dem Märchen der Brüder Grimm verfasst hat.

»Sie selbst ist nun verfallen, die Stätte wüst und leer« – dieser Satz passt zu vielen Burgen im Elsass. Denn sie wurden fast alle zerstört, nur wenige wieder aufgebaut oder restauriert.

Gedenktafel des Adalbert von Chamisso.

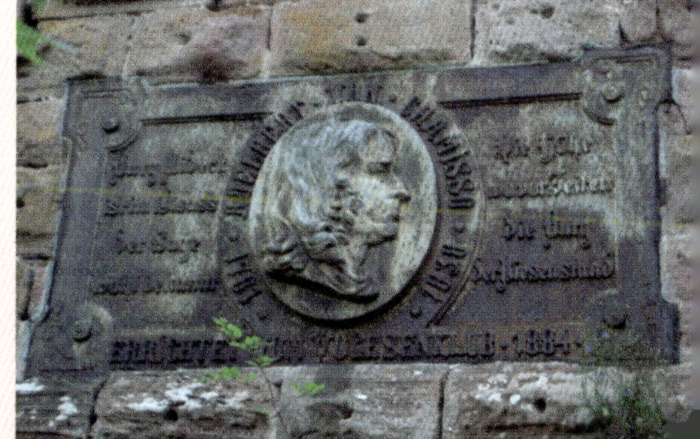

Durch die bekannte Ballade von Adalbert von Chamisso

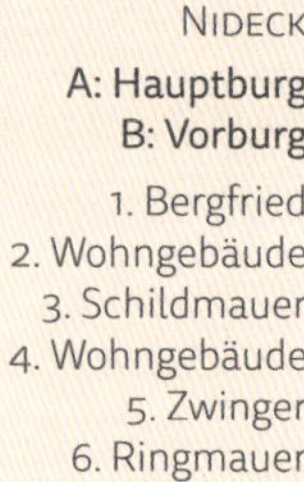
NIDECK
A: Hauptburg
B: Vorburg
1. Bergfried
2. Wohngebäude
3. Schildmauer
4. Wohngebäude
5. Zwinger
6. Ringmauer

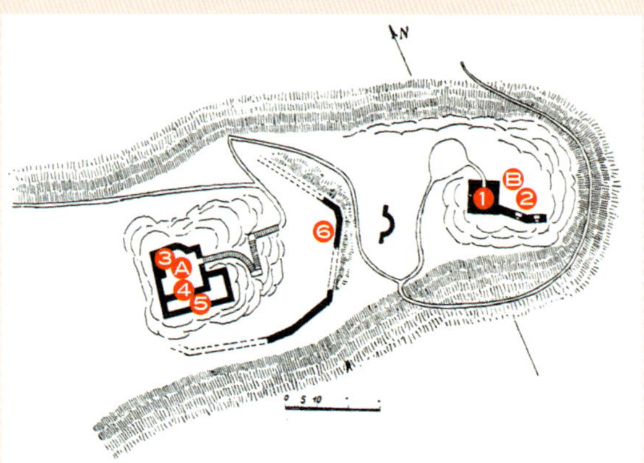

(1781–1838) ist die Burg Nideck, hoch über dem Wasserfall Nideck gelegen, berühmt. Die Geschichte der Burg ist weniger eindrucksvoll; auch sie hat, wie schon die benachbarten Burgen Ringelstein und Hohenstein, lediglich bis ins 14./15. Jahrhundert existiert, danach ist sie, wie die anderen, verfallen, wurde nicht mehr bewohnt.

Ein Siegelring machte die Burg Nideck 1262 bekannt. Darauf stand: Burggraf Günther von Nideck. Und 1279 wurde der Name Burkhard Burggraf von Nideck in einem Schriftstück erwähnt. Die Burg war ein Lehen des Bischofs von Straßburg.

Die nächsten, urkundlich bewiesenen Eigentümer der Burg waren auch hier die Grafen von Leiningen, später kam noch der Domdekan Johann von Ochsenstein dazu. Gegen Ende des 14. Jahrhunderts entwickelte sich die Nideck zur Ganerbenburg, hatte also viele Bewohner, Eigner oder Gemeiner, wie man damals diejenigen nannte, die gemeinsam Anteile einer Burg besaßen.

1418 besuchte ein hoher Gast die Burg. Kaiser Sigismund, Sohn Kaiser Karls IV. (der hatte die Goldene Bulle, eine Art Gesetzbuch, verfasst) weilte hier, um auf die Jagd zu gehen. Er erholte sich dabei wohl vom Konstanzer Konzil (1414–1418), mit dem er das abendländische Schisma, also die Teilung der katholischen Kirche, beendete und bei dem der Reformator Jan Hus, dem der König „freies Geleit" versprach, verbrannt wurde.

Später wurde die Nideck zur Raubritterburg. Menschen waren in ihren Mauern eingesperrt. Das wollten sich die Straßburger nicht gefallen lassen. 1448 kam es zum Wasselnheimer Krieg, in dem Andreas Wirich, der Burgherr der Nideck, angegriffen wurde.

Wenige Jahre später traf der Zorn Ludwigs von Lichtenberg den Burgherrn Andreas Wirich. Der Lichtenberger fackelte nicht lang, nahm 1454 die Burg im Handstreich ein und tötete die meisten Bewohner. Nur dem mutigen Auftreten von Wirichs Frau gegenüber dem Lichtenberger verdankte der Burgherr sein Leben. Das war wohl das Ende der Burg. Aber erst 1636 wurde sie durch Feuer zerstört und nach dem Dreißigjährigen Krieg (1618–1648) nicht mehr aufgebaut.

Warum sind ausgerechnet die drei Burgen Ringelstein, Hohenstein und Nideck schon so früh aufgegeben worden? Es wird vermutet, dass dies aus ihrer Lage heraus zu erklären ist. Alle drei Burgen liegen oberhalb des Haseltals, von dem angenommen wird, dass hier eine Straße nach Lothringen führte. Auch sollen sich im Tal mehrere Siedlungen befunden haben. Dann wurde die Straße wohl verlegt und damit verlor auch das Stift Hasloch an Bedeutung. Beides deutet daraufhin, dass mit der Aufgabe des Verkehrsweges auch die drei Burgen aufgegeben wurden.

Der Bergfried der Burg Nideck.

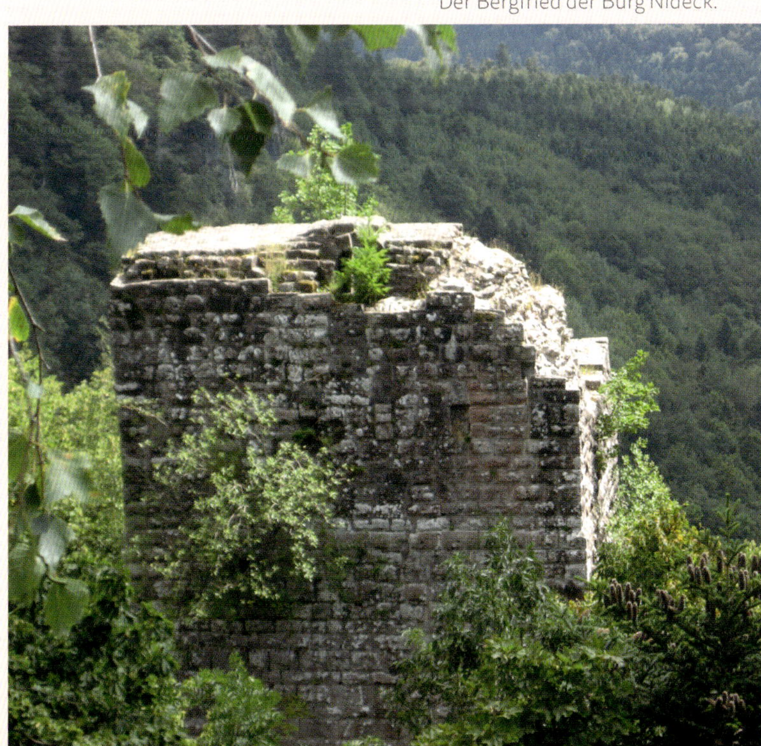

10. Girbaden

Start bei Kloster Le Chapelle südlich von Mollkirch.
Einkehren im Restaurant Fischhutte.

Prächtig ist diese großzügige Burganlage, auch wenn vieles unter Schutt verborgen liegt. Girbaden war eine der größten Burgen im Elsass, heute soll sie die größte Burgruine sein und lädt zum Fantasieren ein. Denn noch vor kurzer Zeit wuchsen in der Burg Bäume, die Mauern waren teilweise von Hecken und Efeu überwuchert. „Noch eine hohe Säule zeugt von verschwundener Pracht, auch diese, schon geborsten, kann stürzen über Nacht." So heißt es in der Ballade „Des Sängers Fluch" von Ludwig Uhland (1814). Aber: in der letzten Zeit tut sich was in der Ruine. Mit Restaurierungsarbeiten wurde begonnen, überwucherte Mauern vom Grün befreit.

Der Weg zur Burg ist angenehm, mal geht es auf der Sonnenseite durch hellen Edelkastanien- und Eichenwald, mal auf der anderen Seite durch dunklen Tann. Es ist eine schöne Wanderung rund um die Burg, bei der auch eine Einkehrmöglichkeit im Hotel Restaurant Fischhutte besteht.

Dauer der Wanderung	2 ½ Stunden / 10 km 3 ¾ Stunden / 15 km bei Verlängerung über Mollkirch
Höhe der Burg	568 m
Einkehrmöglichkeit	Hotel Restaurant **Fischhutte**, 30 route de la Fischhutte, 67190 Mollkirch, Tel. +33 3 88 97 42 03. Mo und Di Ruhetag.
Etappen der Wanderung	Vom Parkplatz zum Hotel Restaurant Fischhutte: 30 Minuten Vom Restaurant zur Burg: 1 Stunde Von der Burg zurück zum Parkplatz: 1 Stunde Verlängerung über Mollkirch: 1 ¼ Stunden
Wanderkarte	Wanderkarte IGN 3716 ET
Anfahrt und Parkplatz	Der Parkplatz liegt südlich von Mollkirch. Sie erreichen ihn entweder aus Norden kommend über die D 704 Heiligenberg-Mollkirch, Laubenheim. Direkt hinter Laubenheim fahren Sie rechts ein kurzes, steiles Stück

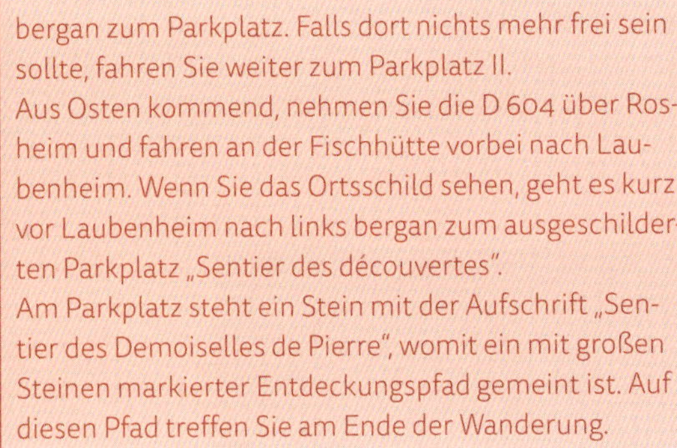

bergan zum Parkplatz. Falls dort nichts mehr frei sein sollte, fahren Sie weiter zum Parkplatz II.
Aus Osten kommend, nehmen Sie die D 604 über Rosheim und fahren an der Fischhütte vorbei nach Laubenheim. Wenn Sie das Ortsschild sehen, geht es kurz vor Laubenheim nach links bergan zum ausgeschilderten Parkplatz „Sentier des découvertes".
Am Parkplatz steht ein Stein mit der Aufschrift „Sentier des Demoiselles de Pierre", womit ein mit großen Steinen markierter Entdeckungspfad gemeint ist. Auf diesen Pfad treffen Sie am Ende der Wanderung.

Wegbeschreibung

Vom Parkplatz aus gehen Sie mit dem **blauen Balken** zurück zur D 704 und dort nach rechts Richtung Süden. Nach kurzer Zeit sehen Sie auf der linken Seite ein großes Haus, La Maglia. Sie gehen auf das Haus zu, links daran vorbei, über eine Brücke, ein paar Meter bergan und folgen nun dem **blauen Kreuz** und **blauen Balken** durch das Tal der Magel hindurch. Sie erreichen eine Straße, überqueren diese und folgen direkt gegenüber weiter dem **blauen Balken** bis zur einer Weggabelung. Dort gehen Sie nach rechts, nicht mehr dem blauen Balken nach, sondern ohne Zeichen, mit Blick auf die Straße den Berg hinunter. Sie erreichen den Campingplatz Fackenthal und laufen etwa zehn Minuten die wenig befahrene Straße entlang bis zum Hotel Restaurant Fischhutte. Sie

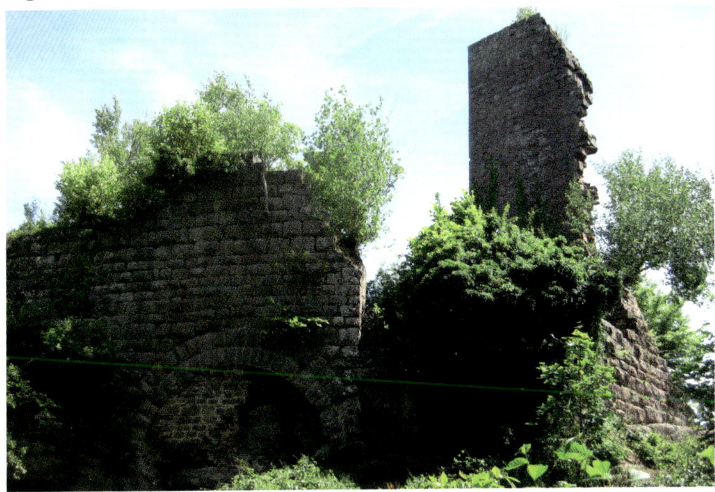

Die Reste von Burg Girbaden ragen imposant in die Höhe.

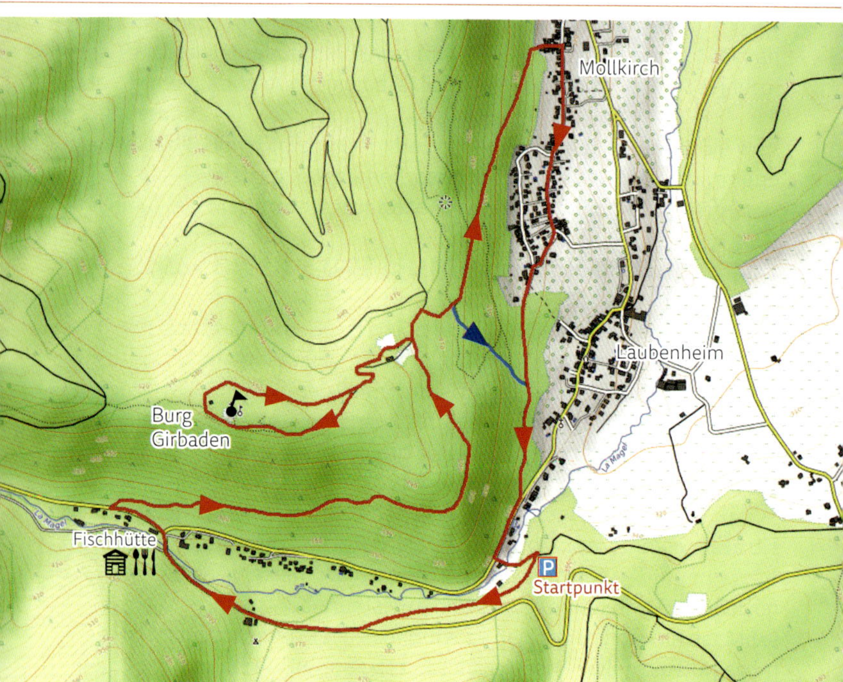

gehen weiter auf der D 204 nach links Richtung Schirmeck, bis Sie auf der rechten Seite einen Waldweg sehen, markiert mit dem **roten Kreuz** und dem Hinweisschild „Zur Ruine Girbaden 1 Stunde". Es ist ein lichter Südhangweg, der kontinuierlich leicht ansteigt. Dann folgen Richtung Osten Buchen- und Tannenwald. Sie erreichen zwei monumentale, sehr alte Edelkastanienbäume. Der eine davon hat, wie angeschrieben, einen Umfang von 4,75 Metern. Sie folgen ab hier dem **rot-weiß-roten** Balken und dem **gelben Kreuz** bis zur Burg. Durch das erste Tor kommen Sie in die Burg.

Nach der Besichtigung der Hauptburg und der westlichen Vorburg mit der Valentinskapelle gehen Sie wieder von der Vorburg auf den Weg zurück, dort nach rechts und folgen ein paar Meter dem **rot-weiß-roten-Balken**. Diese Markierung führt dann nach links Richtung Grendelbruch, Col de la Wolfsgrube. Sie aber gehen ohne Zeichen geradeaus den Waldweg um die Burg herum. Dann stoßen Sie wieder auf den markierten Weg, gehen geradeaus über eine Wiese (links liegen die Trümmer eines Hauses, rechts wahrscheinlich die von Stallungen) und kommen an die vorige Weggabelung. Nach rechts führt der Weg mit dem roten Kreuz, den Sie hochgekommen sind, Sie gehen jetzt nach links mit dem **gelben**

Kreuz den Weg hinunter. Auch der **rot-weiß-rote Balken** führt den Berg hinab. Nach kurzer Zeit bringt Sie das **gelbe Kreuz** nach rechts an einem Wegkreuz vorbei und wiederum nach rechts den Berg hinunter.

Nun stellt sich die Frage: Den kürzeren Weg zum Parkplatz oder den längeren über Mollkirch wählen?

Zunächst die kürzere Variante: Sie kommen bald an einer Bank auf der rechten Seite vorbei. Dann sehen Sie drei Steine. Ein Hinweisschild markiert den Weg zum Parkplatz „Des Demoiselles de Pierre". Sie gehen auf schmalem Pfad den Berg hinunter. Es geht durch einen recht dunklen Wald und über eine neue Brücke. Mit Stangen wird hier verhindert, dass Reiter den Weg mit ihren Pferden benutzen. Der als "archäologischer Weg" bezeichnete Pfad führt oft recht steil bergab und erinnert an einen ausgetrockneten Bach. Sie sehen wieder ein Hinweisschild und gehen nach rechts. Dann gelangen Sie an einen Felsen mit einer fliegenden Demoiselle und dort geht es nach links, den Berg auf einem normalen Waldweg hinunter. Bei der nächsten Markierung mit den fliegenden Mädchen geht es nach rechts, links sind bereits Häuser zu sehen. Sie stoßen auf eine geschotterte Straße, die Sie nach rechts zu dem Parkplatz bringt.

Für die etwa 45 Minuten längere Variante folgen Sie dem **gelben Kreuz** Richtung Mollkirch. Sie kommen aus dem Wald in den Ort und gehen dort mit dem **blauen Balken** nach rechts die Rue du Meyerhof entlang. Dann erreichen Sie die Rue de la Forêt und gehen bis ans Ende der Straße, von wo Sie der **blaue Balken** oberhalb von Laubenheim vorbei bis zum Parkplatz führt.

Die Geschichte der Burg Girbaden

Die Ursprünge der Burg Girbaden gehen wohl bis ins 10. Jahrhundert zurück. Besitzer sollen damals die Grafen von Dagsburg-Egisheim gewesen sein, ein mächtiges Adelsgeschlecht im Elsass. Schriftlich bezeugt wurde die Existenz der Burg allerdings erst im 12. Jahrhundert, genau wie die der Valentinskapelle auf dem Gelände der Vorburg, die 1850 zur Einsiedlerklause umgebaut wurde und zu deren Ursprung es keine Hinweise mehr gibt.

1162 wurde Girbaden von Kaiser Friedrich I. Barbarossa belagert und zerstört. Der Kaiser soll Gefangene Graf Hugos von Egisheim, die dort eingekerkert waren, befreit haben. Der Zwist blieb nicht lang bestehen. Die Grafen von Dagsburg haben sich bald wieder mit Barbarossa versöhnt. Sie teilten sich die Burg, die der Staufer wieder aufbauen und erweitern ließ.

Nach dem Tod der kinderlosen Gertrud von Dagsburg (1205–1225) war das Geschlecht ausgestorben und Erbstreitigkeiten brachen los. Denn Gertrud von Dagsburg war mehrmals verheiratet gewesen, zuletzt mit Simund (oder Simon) von Leiningen. Der Graf von Leiningen-Dagsburg beanspruchte sein Erbe, darunter auch Girbaden. Es wird angenommen, dass die Staufer und der Leininger zeitgleich Anteile der Burg besaßen, denn von den Staufern ist die Burg ausgebaut und erweitert worden. Die ursprüngliche Burg ist heute nach dem Betreten durch die vielen Burgtore auf der rechten, östlichen Seite zu erkennen, dort, wo die hohe, mit einem Fenster versehene Mauer auf dem Felsen steht. Hinter dem letzten Tor befindet sich rechts der ältere Teil. Er ist noch einmal begrenzt durch eine Mauer, links schließen sich die neuen Bauten an, Wirtschaftsräume und der außergewöhnlich große Rittersaal, der 33,50 auf 11,30 Meter misst. Dieser Teil der Burg wurde wohl von den Staufern bewohnt, der äl-

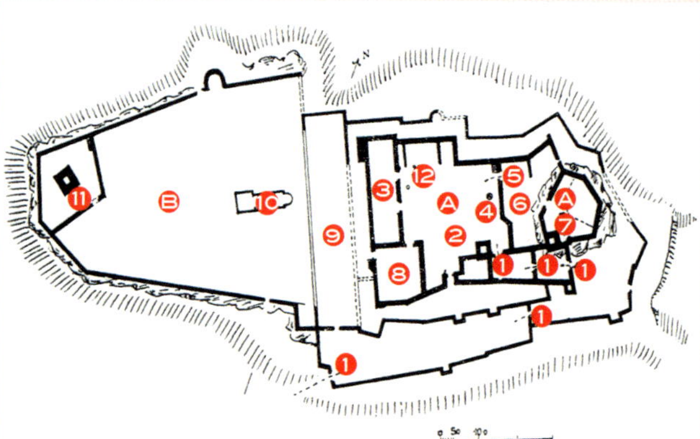

GIRBADEN
A: Hauptburg
B: Vorburg
1. Eingangstor
2. Burghof
3. Palas
4. Brunnen
5. Eingang zur Hauptburg
6. Zwinger
7. Bergfried
8. Wirtschaftsgebäude
9. Burggraben
10. St. Valentinskapelle
11. Bergfried
12. Säulenfundament neben den Palas

tere Teil von den Leiningern.

Die Geschichte des Elsass wird auch von den Straßburger Bischöfen bestimmt. Sie hatten großen Einfluss über die Grenzen der Stadt hinaus, ließen Burgen zum Schutz der Klöster bauen und vermehrten ihre Macht und ihren Besitz – mal durch Belagerungen und Inbesitznahme, mal durch Verhandlungen. Auch Girbaden gehörte seit 1226 dazu.

Bischof Heinrich III. von Stahleck verhandelte über die Burg Girbaden und teilte sie sich ab 1226 mit den Leiningern. Nach dem Tod Simons von Leiningen wird Girbaden 1234 endgültig bischöflicher Besitz. In den folgenden Jahren belehnten die Bischöfe Ritter aus verschiedenen Geschlechtern mit der Burg.

Ende des 14. Jahrhunderts wird Girbaden an Rudolf von Hohenstein verpfändet. Die Herren von Hohenstein hatten ihre Stammburg nicht weit entfernt auf dem Ringelskopf. Sie blieben nicht unbehelligt auf der Burg. Über 100 Jahre gab es Streitigkeiten mit dem Bistum Straßburg.

1477 kam die Burg an Jerotheus von Rathsamhausen zum Stein und blieb bis ins 17. Jahrhundert im Besitz dieser Familie. Zerstört wurde Girbaden im Dreißigjährigen Krieg (1618–1648) durch die Schweden.

Girbaden besteht eigentlich aus drei Burgen auf einer Fläche von 260 x 60 Metern, umgeben von einer dreifachen Ringmauer. Die östliche Burg mit der hohen Mauer, in der ein Fenster erhalten ist, erinnert an das Gedicht: „Noch eine hohe Säule zeugt von verschwundener Pracht".

Vom Eingang aus links liegt die neuere, von den Staufern erbaute Burg mit dem imposanten Rittersaal, der wohl in der ersten Hälfte des 13. Jahrhunderts gebaut wurde und in den folgenden Jahren bis ins 17. Jahrhundert immer wieder umgestaltet wurde.

Die Dritte Burg ist eigentlich die Vorburg, von den beiden Hauptburgen durch einen tiefen Burggraben getrennt, über den einmal eine Brücke führte. Sie ist von einer 400 Meter langen Mauer umgeben. An der Westspitze der Vorburg befindet sich der Bergfried, das Verlies ist von außen durch Lichtschlitze erkennbar. Dieser Hungerturm ist durch den Baumbewuchs schlecht zu sehen. (Es kann sein, dass der Bewuchs bereits entfernt wurde.) Der Turm auf dem weiträumigen Gelände der Vorburg dürfte aufgrund seiner Bausubstanz in der zweiten Hälfte des 13. Jahrhunderts gebaut worden sein.

An der nördlichen Seite, hinter der Kapelle, ist noch ein hufeisenförmiger Flankierungsturm zu sehen, daneben eine Rundbogenpforte. Dies ist einer der ältesten Flankierungstürme überhaupt im Elsass. Sonst ist nicht mehr viel von der alten Bausubstanz zu entdecken, aber es wird angenommen, dass hier Gebäude standen.

Die erste urkundliche Erwähnung der Valentinskapelle gab es 1192. Im 18. Jahrhundert wurde eine Einsiedlerklause eingerichtet. Bis heute ist sie ein Wallfahrtsort für Menschen mit erkrankten Tieren. Die Vorburg mit der Valentinskirche wurde wahrscheinlich bereits ab 1395 zum Abbruch freigegeben, die dortigen Steine für den Bau nebenan verwendet.

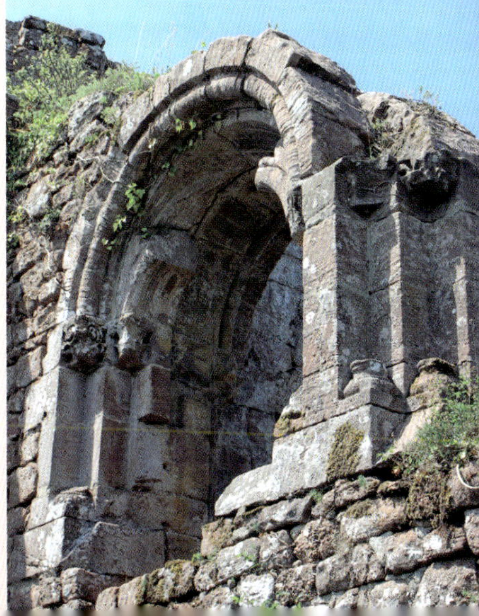

Es gibt noch Rundbögen auf der Burg Girbaden.

11. Hagelschloss, Köpfel und Ottrotter Schlösser Rathsamhausen und Lützelburg

Start am zweiten Parkplatz hinter Klingeltal.
Einkehren im Forsthaus Rathsamhausen.

Es ist wirklich schade: Die Ottrotter Schlösser gehören zu den eindrucksvollsten im Elsass, sind aus der Rheinebene schon von Weitem zu sehen und laden zu einem Besuch ein – aber sie können nur bedingt besichtigt werden. 2001 ist auf der Burgruine Rathsamhausen ein Besucher tödlich verunglückt, weshalb es nun heißt: »Betreten verboten«. Nun hat sich ein Verein gegründet, der sich für die Wiedereröffnung der Burgen einsetzt. Wann die Burg allerdings auch im Inneren wieder betreten werden kann, ist noch unklar. Das Hagelschloss mit seinem imposanten Bogen, der zwei Felsen miteinander verbindet, kann zwar besichtigt werden, allerdings nur unter größter Vorsicht.
Trotz des Mankos, die Ottrotter Schlösser nicht von innen sehen zu können, ist dies eine tolle Wanderung durch den wunderschönen Wald der

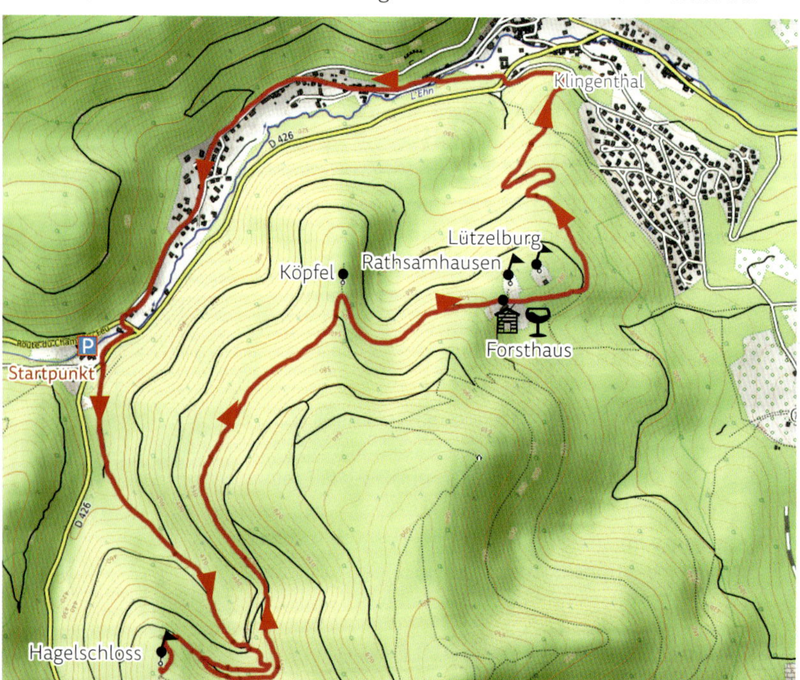

Vogesen, vorbei an den interessanten Überresten des Köpfel und der bemerkenswerten Brücke am Hagelschloss. Eine gemütliche Pause im Forsthaus neben den Ottrotter Schlössern entschädigt zudem für den verwehrten Burgenbesuch.

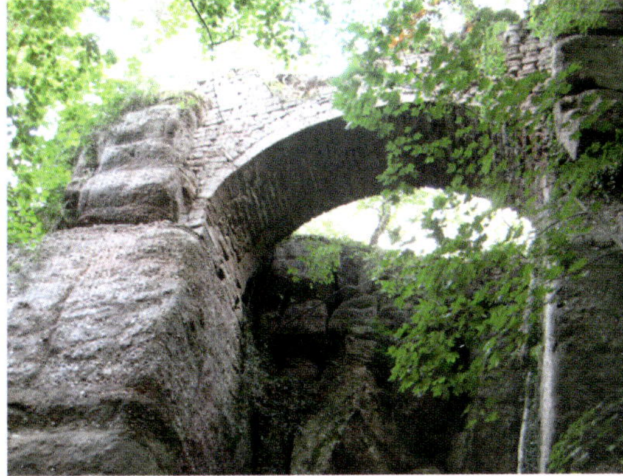

Der imposante Brückenbogen des Hagelschlosses.

Dauer der Wanderung	3 Stunden / 12 km
Höhe der Burgen	Hagelschloss 517 m, Köpfel 519 m, Ottrotter Schlösser 502 m
Einkehrmöglichkeit	**Maison Forestière Rathsamhausen**, 67530 Ottrott, Tel. +33 3 88 95 96 70. Hier gibt es warme und kalte Getränke, Speisen müssen selbst mitgebracht werden. März – Juni an Wochenenden und in den Ferien, Juli, August täglich und Oktober / November nur an Wochenenden geöffnet.
Etappen der Wanderung	Vom Parkplatz zum Hagelschloss: 1 Stunde. Vom Hagelschloss zu der Ruine Köpfel: 50 Minuten. Von der Köpfel zum Forsthaus: 10 Minuten. Vom Forsthaus zu einem Parkplatz in Klingenthal: 40 Minuten. Vom Parkplatz in Klingenthal zum Wanderungs-Ausgangsparkplatz: 30 Minuten.
Wanderkarte	Karte IGN 3716 ET
Anfahrt und Parkplatz	Sie erreichen den Parkplatz unweit von Klingenthal von Ottrott aus kommend, fahren Sie über die D 426, die auch zum Mont St. Odile führt. Haben Sie Klingenthal hinter sich gelassen, sehen Sie den zweiten Parkplatz auf der rechten Seite neben einer Bushaltestelle der Linie 210.

Wegbeschreibung

Vom Parkplatz aus gehen Sie über die Straße und dort in den Wald hinein. Sie folgen bis zum Hagelschloss dem **roten Kreuz**. Oben auf dem Berg angekommen, sehen Sie auf der rechten Seite den imposanten Bogen, der sich von einem zum anderen Felsen spannt. Sonst ist nicht mehr viel von der Burg erhalten.

Vom Hagelschloss gehen Sie denselben Weg wieder zurück, etwa zehn Minuten bis zu einer Kreuzung. Dort geht es nun mit dem **blauen Andreaskreuz X** Richtung Odilienberg, zur Ruine Köpfel und den Ottrotter Schlössern. Sie folgen dem **blauen X** Richtung Ottrotter Burgen durch einen lichten Wald mit Erika, Heidelbeeren und schönen Aussichten. Nach etwa 50 Minuten gabelt sich der Weg, es geht nach links den Berg hinunter, der Weg ist weiter mit dem **blauen X Andreaskreuz** markiert.

In der nächsten Kurve sehen Sie die Ottrotter Schlösser, nach links führt der Pfad zu den Mauerresten des Köpfels auf 520 Metern Höhe. Nach der Besichtigung der Mauern vom Köpfel kommen Sie wieder zu diesem Punkt zurück und erreichen nach weiteren zehn Minuten das Forsthaus Rathsamhausen. Die Burgen dort können Sie jetzt von außen besuchen. Zuvor verhinderte ein Zaun den Zugang.

Vom Forsthaus aus folgen Sie dem **rot-weiß-roten Balken** bergab zu einer großen Kastanie, dort gehen Sie nach links dem **gelben Punkt** nach. Auf dem bequemen Wirtschaftsweg geht es bis fast ins Tal, dann biegen Sie links Richtung Wolfsgrube ab. Sie gelangen ganz nach unten ins Tal zu einem Parkplatz am Ortseingang/-ausgang von Klingenthal. Sie gehen die Straße wenige Meter nach links, dann führt ein schmaler Pfad mit dem **blauen Kreuz** nach rechts in den Wald. Auf der linken Seite sind Mauern zu sehen, früher wohl Weinberge. Sie kommen über eine Brücke, gehen nach links die Dorfstraße entlang und sehen bald wieder das **blaue Kreuz**, dem Sie folgen. Die Straße wird schlechter, nun stehen nur noch auf der linken Seite Häuser. Sie stoßen auf eine Querstraße, gehen nach links, kommen auf die D 426 und sehen rechts vor sich auch schon den Parkplatz.

Die Geschichte des Hagelschlosses

588 Meter hoch liegen die Ruinen des Hagelschlosses. Die wenigen Reste, die noch zu sehen sind, deuten kaum auf ein ehemaliges Schloss hin. Historiker vermuten, dass es sich bei dem Hagelschloss um die Burg Waldsberg handelt, über die es aber genauso wenig Informationen gibt wie über das Hagelschloss.

Die Burg liegt in unmittelbarer Nähe der mächtigen Heidenmauer, der Mur païen, und beim genauen Hinsehen lassen sich Steine dieses Walls auch in den Trümmern entdecken. Die Burg soll im 13. Jahrhundert zur Stauferzeit (1138 – 1254) auf Reichsgebiet erbaut worden sein.

Erst zu Beginn des 15. Jahrhunderts ist bekannt, wer auf dem Hagelschloss lebte. Das waren die Herren von Rathsamhausen, denen auch die Burg Rathsamhausen und die Burg Dreistein, unweit des Hagelschlosses, gehörten sowie der Ritter Walter Erb.

Dieser wenig edle Ritter nahm Gefangene, wohl um Lösegeld zu erpressen, wie es im Mittelalter oft vorkam. Die Gefangenen waren Abgesandte der Stadt Straßburg. Es kam, wie es kommen musste: Die elsässische Stadt wollte sich das nicht gefallen lassen und schickte ihre Söldner vor die Tore der Burg. Schließlich eroberten und zerstörten sie diese 1406. Das ist die erste und letzte urkundliche Erwähnung der Burg. Das Hagelschloss wurde nach seiner Zerstörung durch die Straßburger nicht wieder aufgebaut, diese Reste bis zur französischen Revolution in den Händen der Herren von Rathsamhausen blieben.

Die Burg ist nur schwer zugänglich, ihre spärlichen Mauern zugewachsen und überwuchert. Die Mauern sagen kaum etwas über die frühere Anlage aus. Imposant ist allerdings der steinerne Bogen, der die zwei Felsen miteinander verbindet. Dorthin gelangen allerdings nur Klettermutige.

Die Geschichte des Köpfels

Die Berge der Vogesen sind geschichtsträchtige Orte. Hier siedelten schon die Römer, auf deren Kastelle später häufig Burgen erbaut wurden. Und vor den Römern waren die Kelten in den Wäldern heimisch. Ringwälle, vor allem auf dem Odilienberg, und Fliehburgen erzählen aus dieser Zeit. Dazu gehören auch die Steine auf dem Köpfel, 520 Meter oberhalb der Ottrotter Schlösser gelegen. Der Volksmund nennt die Fliehburg Köpfel, Heidenschanz oder auch Römische Ruine. Es kann aber auch sein, dass sich der Begriff "Römische Ruine" auf die darunter

KÖPFEL 1. Eingänge 2. Turmartige Vorbauten

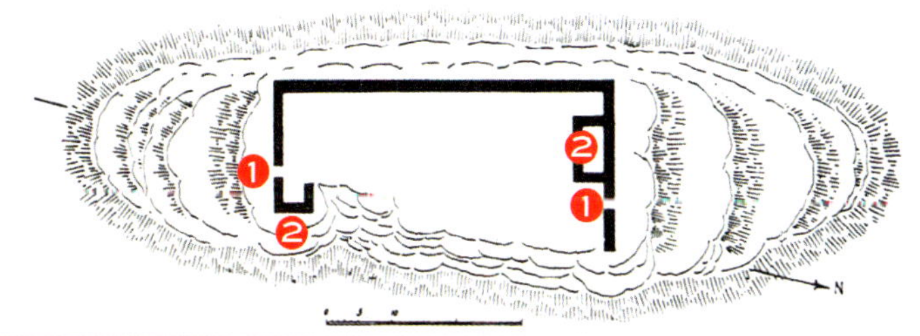

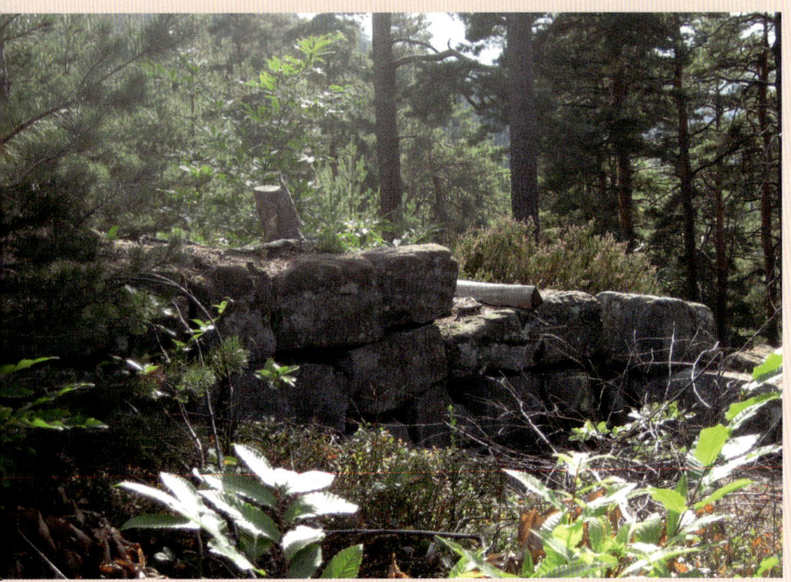

Das Köpfel: Eine Wallanlage wahrscheinlich aus dem 6. Jahrhundert.

liegende Lützelburg beziehen könnte, die auf ein Wachkastell der Römer gebaut wurde. Über das Alter der Mauern gehen die Meinungen auseinander. Die einen Historiker meinen, dies sei eine alemannische Wallburg aus dem 6. oder 7. Jahrhundert, andere dagegen schätzen das Alter der Reste auf 3000 Jahre ein. Im Internet verlegt die Gemeinde Ottrott die Ruine ins 11. Jahrhundert.

Die Reste dieser Fliehburg bestehen aus einer 2,20 Meter dicken Mauer aus Findlingsblöcken. An der Nord- und Südseite befinden sich die Eingänge zu dem 52 Meter langen und etwa 25 Meter breiten Schutzhof. Es ist eine viereckige Befestigungsanlage, die allerdings nur an drei Seiten durch Mauern geschützt ist. Die vierte Seite ist ein Steilhang. In diesem Bereich sollen die Römer später dann ein Kastell errichtet haben.

Die Geschichte der Ottrotter Schlösser Rathsamhausen und Lützelburg

Die Burgen Rathsamhausen und Lützelburg sind gerade einmal 100 Meter und durch einen 40 Meter breiten Graben voneinander getrennt. Zusammen werden sie die Ottrotter Schlösser genannt, obwohl jede Burg selbständig war und verschiedene Besitzer hatte. Aber ihre Geschichte ist oft schlecht auseinanderzuhalten, da die Burg Rathsamhausen erst

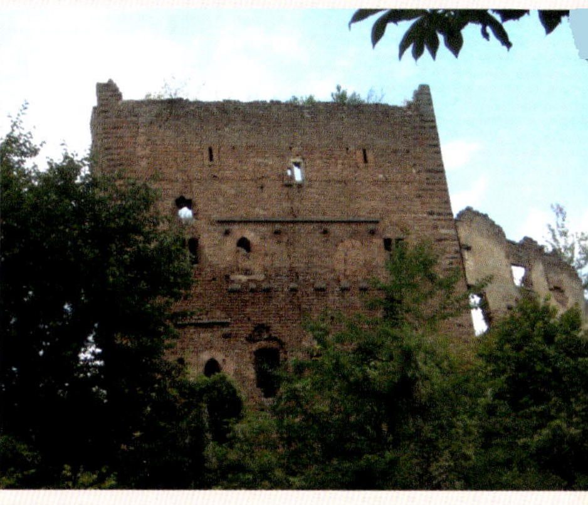

Noch kann das Innere der Ruine Rathsamhausen nicht besichtigt werden.

im 16. Jahrhundert so bezeichnet wurde. Zuerst hießen beide Burgen Lützelburg, danach wurden sie Vor- und Hinter-Lützelburg genannt, wobei die hintere nun Rathsamhausen ist. Diese Burg bekam ihren Namen nach den Herren Rathsamhausen, die sie ab dem 16. Jahrhundert besaßen und deren Stammsitz die Burg Dreistein war.

Die Lützelburg ist die ältere der beiden Burgen, Rathsamhausen wurde um 1250 auf Reichsgebiet erbaut und ist damit eine Stauferburg.

Obwohl die Burg Rathsamhausen die jüngere ist, findet sich über sie in der einschlägigen Literatur nicht viel. Es wird angenommen, dass die Staufer an der Stelle einer zerstörten Holzburg der Egisheimer Grafen um 1150 eine Burg aus Steinen errichten ließen. Auch sollen sie den Bau der zweiten Lützelburg veranlasst haben, da es Streit mit den Ministerialen gab, die die erste Burg verwalteten. Belegt ist, dass die Lützelburg Anfang des 15. Jahrhunderts von den Pfalzgrafen an die Herren von Hohenstein, dann ab 1477 an die Herren von Müllenheim zu Lehen gegeben wurde. Ab 1561 waren die Herren von Rathsamhausen auf der Burg und gaben dem Anwesen ihren Familiennamen.

RATHSAMHAUSEN

1. Eingang
2. Brückenkopf
3. Graben
4. Haupttor
5. Zwinger
6. Rundturm
7. Palas
8. Nebengebäude
9. Berchfrit

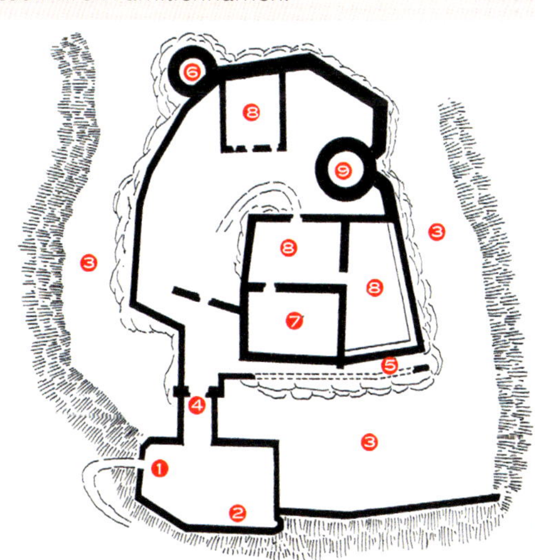

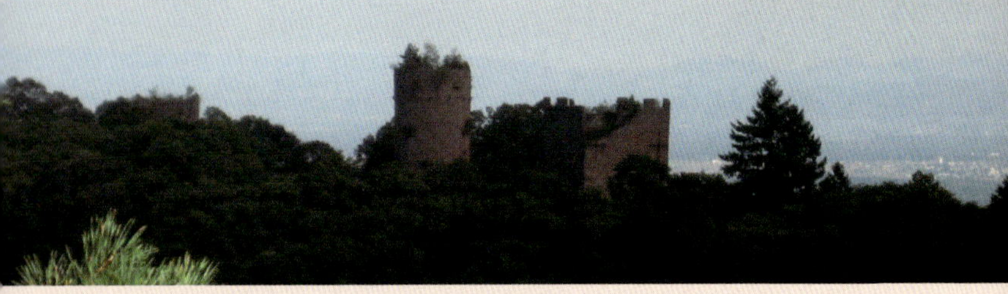

Blick vom Köpfel auf die Ottrotter Schlösser.

Die Herren von Rathsamhausen sind ein bekanntes Rittergeschlecht im Elsass. Der Minnesänger Friedrich von Rathsamhausen zog 1190 mit Kaiser Friedrich Barbarossa nach Kleinasien. Wie der Kaiser fand auch Friedrich von Rathsamhausen auf diesem Kreuzzug den Tod. In der Schlacht von Sempach (1386), in der sich die Schweizer gegen die Vorherrschaft der Habsburger erhoben und gegen Herzog Leopold III. von Habsburg kämpften, verloren nicht nur drei Ritter von Rathsamhausen ihr Leben, die als Lehensnehmer dem König im Kampf beizustehen verpflichtet waren, auch viele andere Ritter starben in der Schlacht. Die Eidgenossen gingen als Sieger aus diesem Kampf hervor. Trotzdem konnte die Schweiz erst nach dem Dreißigjährigen Krieg (1618–1648) aus dem Verbund des Heiligen Römischen Reich deutscher Nation austreten und ihre Selbständigkeit ausrufen. In diesem Krieg wurde die Burg Rathsamhausen zerstört.

Beide Burgen sind nicht mehr zugänglich. Seit 2001 kann diese schöne Burg, wie auch ihr Pendant nebenan, wegen Unfallgefahr nicht mehr betreten werden.

Dabei gehören beide Burgen zu den markantesten mittelalterlichen Bauwerken in den Vogesen.

Besonders imposant ist die von Weitem gut sichtbare Fassade der Burg. Der Palas soll über teils romanische, teils gotische Fenster und Nischen verfügen, es sollen schöne Kamine zu sehen sein, Fenster mit Sitzbänken. Es bleibt nur der Blick von außen – bei einem kühlen Getränk im Garten des Försters.

Die Geschichte der Lützelburg

Die Lützelburg ist die kleinere der beiden Ottrotter Schlösser (von mhd. „lützel", klein). Sie soll, wie auch Rathsamhausen, im 12. Jahrhundert wohl von den Staufern auf Reichsgut gebaut und einem Adelsgeschlecht zu Lehen gegeben worden sein, das sich nach der Burg nannte. Seit dem

Ende des 14. Jahrhunderts wurde die Lützelburg als Vordere Lützelburg bezeichnet, Rathsamhausen als Hintere Lützelburg.

Bereits 1392 wurde die kleinere Burg zerstört und in einem Dokument von König Wenzel, dem Sohn des berühmten Kaisers Karl IV. (er führte die Goldene Bulle, eine Art Gesetzbuch, ein), bereits als Burgstall bezeichnet. Das bedeutet, dass sie eine Ruine war. Aber auch Ruinen haben Eigentümer, können als Lehen vergeben werden. So gab es einen Streit um die Belehnung der Burg, letztendlich waren die Herren von Rathsamhausen Lehnsnehmer des Königs.

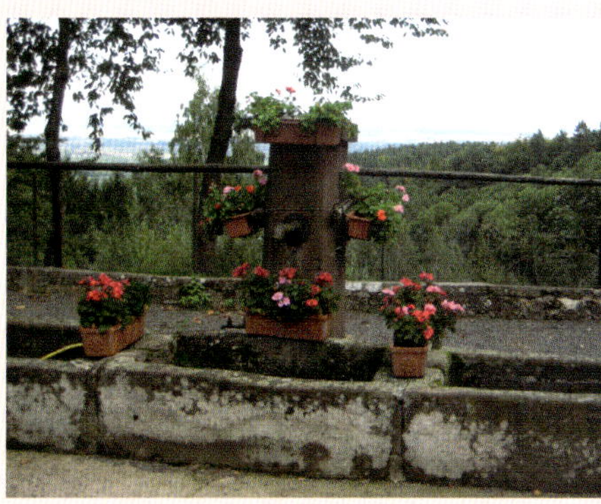

Der alte Brunnen am Forsthaus unterhalb der Ottrotter Schlösser.

1401 war der Wittelsbacher Ruprecht von Pfalz König. Er belehnte nun zwei Andlauer Brüder mit der Burg. König Sigismund, auch ein Sohn Karls IV., der bald nach Ruprecht von der Pfalz König wurde, gab die Burg wieder an Egelolf und Hans von Rathsamshausen zu Lehen. Sie soll in dieser Zeit wieder aufgebaut worden sein, war aber ab 1570 nicht mehr bewohnt. Die Lützelburg wurde wohl im Dreißigjährigen Krieg (1618–1648) zerstört und ist seitdem eine Ruine. Die Lützelburg blieb, wie auch die benachbarte Burg, bis ins 18. Jahrhundert in den Händen dieser Familie. Restaurierungen der Ruine fanden 1856/57 statt. Dennoch ist die Ruine für Besucher geschlossen. Unklar ist, wann sich das ändert.

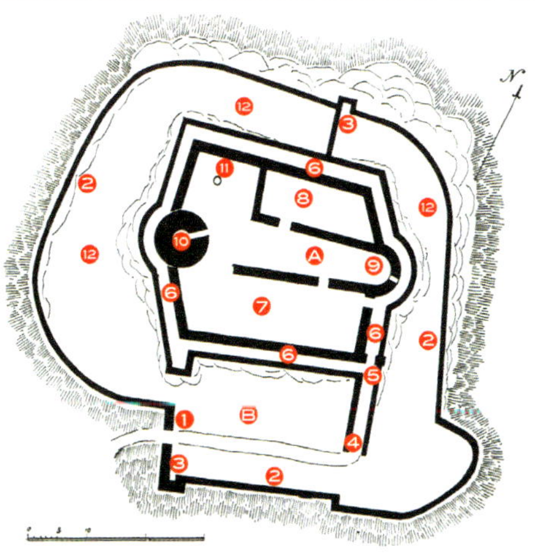

LÜTZELBURG

A: Hauptburg
B: Vorburg

1. Eingang
2. Ringmauer
3. Flankierungstürme
4. Gedeckter Gang
5. Eingangstor
6. Zwinger
7. Palas
8. Dienstwohnungen
9. Bastionsturm
10. Berchfrit
11. Brunnen
12. Graben

12. Birkenfels, Dreistein, Kloster Sainte Odile und Heidenmauer

Start am „Carrefour de la Bloss" auf dem Mont Ste. Odile.
Einkehren im Restaurant im Kloster.

Mehr Geschichte kann auf einer Wanderung kaum erlebt werden: Der Weg führt an Burgen, um den Mont Sainte Odile mit seinem berühmten Kloster und schließlich an der Heidenmauer vorbei, von der niemand genau weiß, wer sie gebaut hat und wofür. Es ist eine ganz besondere, auch mystische Wanderung rund um den berühmten, heiligen Berg des Elsass.

Dauer der Wanderung	3 ½ Stunden / 14 km
Höhe der Burg	Birkenfels 674 m, Dreistein 626 m, Kloster Ste. Odile 764 m
Einkehrmöglichkeiten	**Hôtel Restaurant du Mont Sainte-Odile**, 67530 Ottrott, Tel. +33 3 88 95 80 53. Das Restaurant hat in den üblichen Essenszeiten geöffnet, das Selbstbedienungsrestaurant ist durchgehend geöffnet und vor dem Kloster ist auch ein Kiosk, der von Mai bis September an 7 Tagen der Woche geöffnet hat.
Wanderkarte	Karte IGN 3716 ET
Etappen der Wanderung	Vom Parkplatz zur Ruine Birkenfels: 30 Minuten. Von der Birkenfels zur Dreistein: 1 Stunde. Von der Dreistein zum Kloster Sainte Odile: 1 Stunde. Vom Kloster zurück zum Parkplatz: 1 Stunde.
Anfahrt und Parkplatz	Sie erreichen den Parkplatz von Saint-Nabor aus. Dieser Ort liegt zwischen Ottrott bei Obernai und Barr. Sie fahren auf der D 109 Richtung Mont Ste-Odile. Dann gabelt sich die Straße. Sie fahren weiter den Berg hoch, nun auf der D 854, und kommen auf der rechten Seite an einem Parkplatz mit einer Schutzhütte vorbei, dem „Carrefour de la Bloss". Kurz dahinter erreichen Sie den kleinen Parkplatz Kienberg auf der linken Seite. Von dort weist ein Schild auf einen Panorama-Blick in 300 Meter Entfernung hin. Hier parken Sie.

Wegbeschreibung

Direkt am Parkplatz startet gegenüber der Straße ein mit dem **gelben Kreuz** gekennzeichneter Wanderpfad, der ein Stück parallel zur Straße verläuft. Er bringt Sie auf einen bequemen Wirtschaftsweg, den Sie nach links gehen, dem **gelben** und nun auch dem **blauen Kreuz** nach. In etwa 30 Minuten erreichen Sie die Burg Birkenfels, von der aus Sie den Mont Sainte Odile gut sehen können. Nun folgen Sie dem Hinweisschild „Saegmuehlmaettel" und einer einzigen Markierung: dem **gelben Ring**. An einer Wegkreuzung geht es am Hang entlang hinunter ins Tal. Dort erreichen Sie die D 426. Sie überqueren die Straße sowie einen großen Platz und folgen nun dem **roten Andreaskreuz X**, zunächst am Bach entlang, dann den Berg hinauf zu den Burgen Dreistein. Sie laufen einen bequemen Wirtschaftsweg entlang und sehen oberhalb des Weges in einer Linkskurve das **rote X**. Nun geht es recht steil auf schmalem Pfad nach oben. Sie kreuzen auf dem Weg zu den Burgen den Wanderweg mit dem blauen X, folgen aber weiter dem **roten X**.

Auf den drei Felsen befinden sich drei Burgen. Die Ruinen sehen aber aus, als ob es sich um zwei Burgen handelt. Lediglich eine Burg kann besucht werden. Weit entfernt erblickt man ein Forsthaus. Sonst befindet sich nur Wald ringsum. Ein stimmungsvoller Ort.

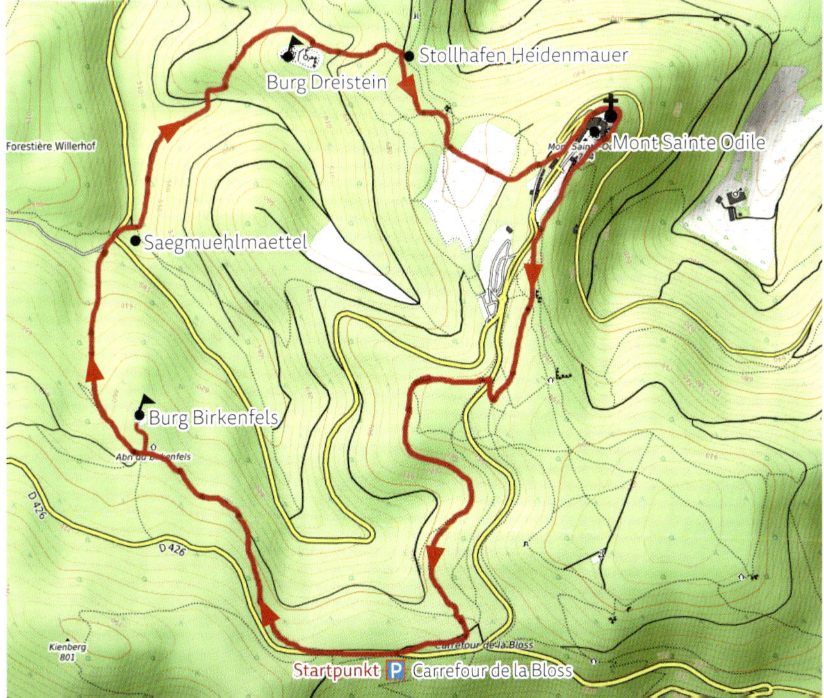

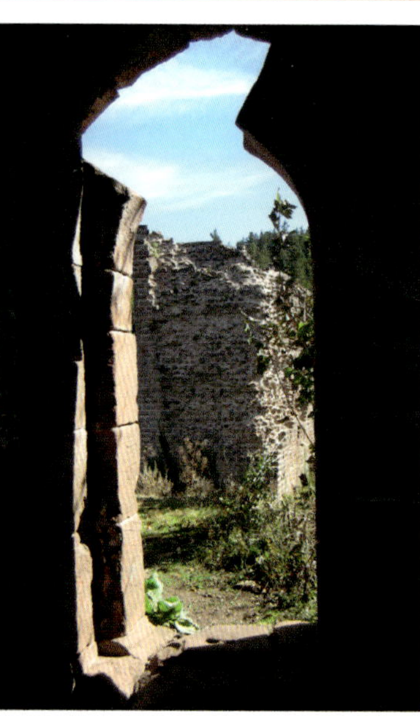

Die Wanderung führt an vielen Burgen vorbei.

Von der Burg Dreistein folgen Sie weiter dem Weg, den Sie gekommen sind, nach oben. Nach wenigen Metern geht es nach rechts auf einem Pfad weiter mit dem **roten X** bergan. Auf der Höhe kommen Sie zu einem Platz mit vielen Wandermarkierungen, folgen dem Hinweisschild zum Stollhafen mit dem **roten X** und erreichen dann einen Platz mit der Heidenmauer.

Jetzt wandern Sie mit dem **gelben Kreuz** zum Mont Sainte Odile an der Heidenmauer entlang. Immer wieder gibt es hier Hinweisschilder, die verschiedene Wege zum Kloster anzeigen. Verlaufen können Sie sich also nicht. Sie erreichen auf der linken Seite eine Aussichtsplattform auf dem Felsen, von dort aus folgen Sie dem **rot-weiß-roten Balken,** dem **roten Kreuz** und dem **roten X** direkt zum Kloster. Dabei kommen Sie über eine große Lichtung. Auf der anderen Seite führen asphaltierte Treppen zum Kloster hoch.

Vom Kloster aus gibt es fast zu viele Wege in die Täler. Sie stehen vor dem Tor des Klosters und auf der rechten Seite führt eine Treppe mit vielen Markierungen zum Kreuzgang hinunter. Sie folgen zunächst dem **roten Balken** unterhalb des Klosterfelsens und gehen außerhalb der Klosteranlage auf weichem Waldboden langsam bergab. Dabei kommen Sie an einer beeindruckenden Felsformation vorbei. Nach etwa zehn Minuten sehen Sie auf der rechten Seite die Straße und einen großen Parkplatz. Verlassen Sie den mit dem roten Balken markierten Weg und gehen zum Parkplatz. Dabei sehen Sie auf der linken Seite wieder Teile der Heidenmauer. Sie überqueren den Parkplatz und folgen dem Hinweisschild: „100 Meter zur Heidenmauer", der Mur païen, markiert mit dem **gelben X**. Dabei kommen Sie an der Heidenmauer vorbei, die erst 1968 entdeckt und 1991 restauriert wurde. Wenn Sie auf die Zeichen **blaues Kreuz** und **roter Ring** stoßen, gehen Sie mit diesen nach links durch den Wald. Ziemlich weit unten führt der rote Ring nach links, Sie folgen aber dem **grünen Ring** und weiter dem **blauen Kreuz** nach rechts und gehen einen bequemen Wirtschaftsweg entlang. Dann sehen Sie auf der linken Seite neben weiteren Hinweisschildern das **gelbe Kreuz**, das auf den

Berg nach oben weist. Sie nehmen diesen Weg; es ist derselbe, den Sie zu Beginn der Wanderung vom Parkplatz aus nach unten gegangen sind. Nach zehn Minuten erreichen Sie den Parkplatz.

Die Geschichte der Burg Birkenfels

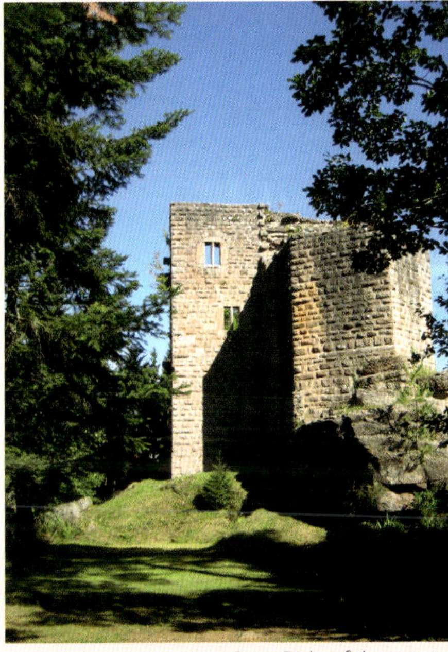
Schön restauriert: Burg Birkenfels.

Die Burg Birkenfels wurde 1260 von Burkhard Beger, Schatzmeister des Straßburger Bischofs Heinrich von Stahleck gebaut. König Rudolf von Habsburg bestätigte die Burg als Reichslehen. Über viele Jahre findet sich in Urkunden nichts über die Burg, die nächsten Eintragungen stammen aus den Jahren 1434 und 1521. In diesen Jahren gehörte die Burg wieder den Begern. In welchem Zustand sich die Burg damals befand, ist ungewiss.

Die Ruinen, die heute zu sehen sind, stammen weitgehend aus dem 15. Jahrhundert. Das deutet darauf hin, dass Birkenfels in dieser Zeit erneuert oder wieder aufgebaut wurde. 1532 stirbt die Familie Beger aus, die Burg kommt an einen Johann von Mundelsheim. Soweit aus Grabungen ersichtlich, wurde die Burg schon im 16. Jahrhundert nicht mehr bewohnt, verfiel oder wurde im Dreißigjährigen Krieg (1618–1648) zerstört.

1984 wurde die Ruine unter Denkmalschutz gestellt und in den letzten Jahren restauriert, von Schutt, Sträuchern, Hecken und Kletterpflanzen befreit und damit vor dem weiteren Verfall gesichert. Sie präsentiert

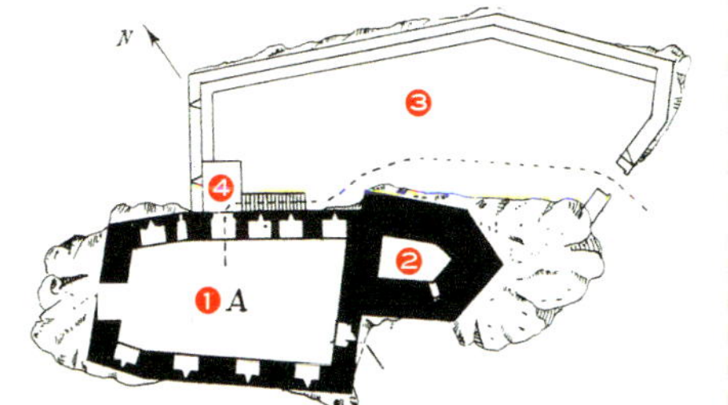

BIRKENFELS

1. Palas
2. Berchfrit
3. Zwinger
4. Eingang

sich – nicht zuletzt aufgrund ihres fünfeckigen Bergfrieds, der direkt an das Wohngebäude mit seinen drei Stockwerken anschließt – beeindruckend schön.
Heute ist die Burg Birkenfels im Besitz der Gemeinde Obernai. Sie wurde mit einer Holztreppe versehen, der dreigeschossige Innenraum kann mit einer Eisengittertür verschlossen werden, ist aber meist geöffnet.

Die Geschichte der Burgen Dreistein

Von den einstmals drei Burgen sind lediglich die Ruinen zweier Burgen noch gut zu erkennen. „Heute verfällt die nie restaurierte Ruine in besorgniserregender Weise", kommentiert das Elsässische Burgenlexikon Band III den Zustand – durchaus zutreffend. Dabei sind die Burgen gar nicht so alt. Die erste Eintragung stammt von 1432. In einer Urkunde wird festgehalten, dass der Habsburger Kaiser Friedrich III. die Burg der Familie Rathsamhausen zu Lehen gegeben hatte.

Nach entsprechenden Untersuchungen wird angenommen, dass die Burgen Ende des 13. Jahrhunderts errichtet wurden.

Die Brüder Johann Georg, Hartmann, Jakob, Konrad und Dietrich von Rathsamhausen lebten auf dieser Burg „zu den drei Steinen" in der Mitte des 16. Jahrhunderts. Bis Ende des 18. Jahrhunderts sollen die Burgen im Besitz der Familie gewesen sein.

Es wird vermutet, dass die Burgen nicht zerstört wurden, sondern nach und nach verfielen. Spätere Eigentümer waren Familien mit den Namen Rohmer, Fuchs und Schäfer.

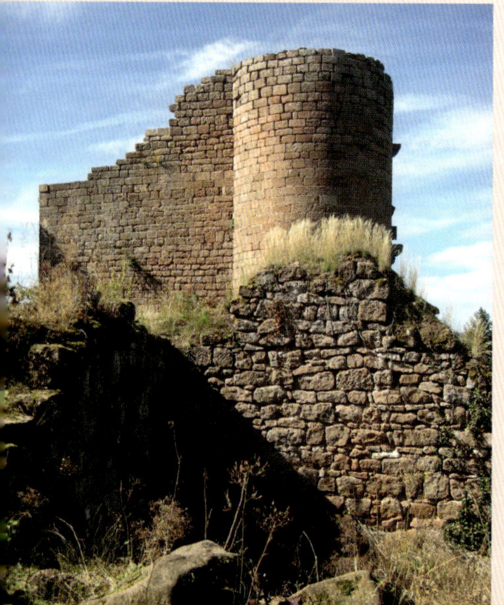

Eigentlich sind es drei Burgen, aber nur zwei sind klar voneinander zu unterscheiden. Die westliche und mittlere Burg liegen eng beieinander, die östliche Burg ist von den beiden anderen durch einen tiefen Graben getrennt. Die westliche Burg hat einen runden Bergfried, nur wenige Mauern sind noch erhalten. Ein schmaler Pfad führt durch die Mauern zur mittleren Burg mit einer Nische und einer Spitzbogenpforte.

Mächtig: Der Bergfried der Burgen Dreistein.

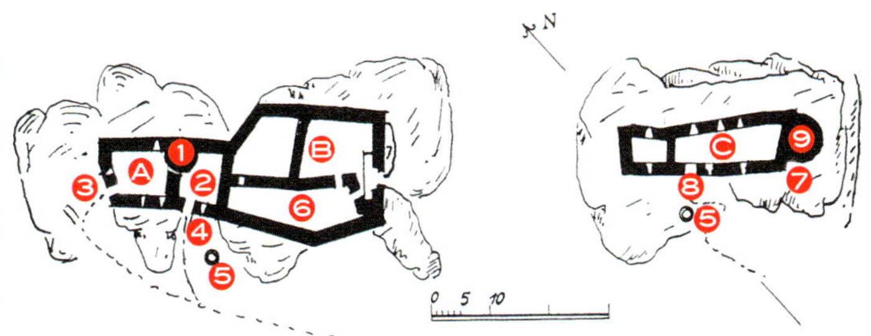

DREISTEIN

A: Westliche Burg
B: Mittlere Burg
C: Östliche Burg

1. Berchfrit
2. Vorhof, darunter der zugemauerte Bergeinschnitt
3. Eingang zu A
4. Eingang zu B
5. Zisterne
6. Zwinger
7. Schildmauer
8. Eingang zu C
9. Berchfrit

Die östliche Burg ist schwierig zu besuchen, vielleicht überhaupt nicht mehr erreichbar. Aber auch von unten beeindrucken die hohen Mauerreste mit ihren Fenstern.

Die Geschichte des Klosters Sainte Odile

Berühmt ist der Mont Sainte Odile, der heilige Berg des Elsass, wegen seines Klosters, seiner sogenannten Heidenmauer, der Mur païen, den merowingischen Gräbern und einer Römerstraße.

Am heutigen Standort des Klosters soll eine römische Befestigungsanlage gewesen sein. Auf dem ehemaligen römischen Wachtturm steht heute die Engelkapelle. Im 7. Jahrhundert befand sich auf dem Bergmassiv die Hohenburg, Sitz der Etichonen, einem berühmten Elsässer Adelsgeschlecht. Herzog Eticho gründete um 670 n. Chr. an der Stelle seiner Burg ein Frauenkloster. Äbtissin war seine Tochter Odilie. Die Legende erzählt, dass Odilie blind zur Welt gekommen sei, von ihrem Vater wegen dieses Makels als Krüppel verstoßen wurde und nach ihrer Taufe sehend wurde. Bis heute ist das Kloster ein Wallfahrtsort.

Die Abtei Hohenburg erlebte unter den Staufern, die sie mit reichlich Privilegien ausstatteten, eine Blütezeit. Damals entstand durch die Äbtissin Herrad von Landsberg (zwischen

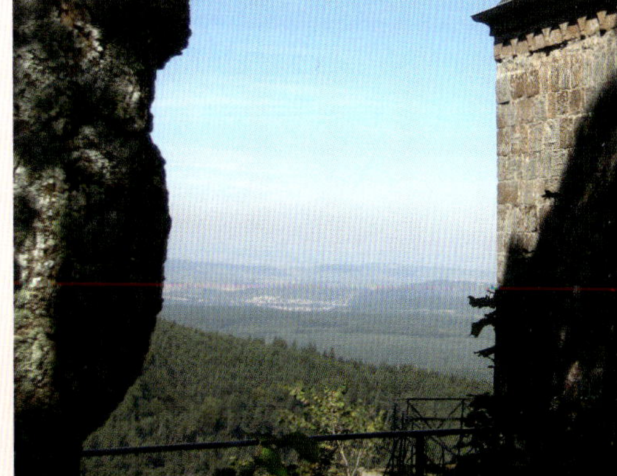

Blick ins Rheintal vom Kloster Ste. Odile aus.

1125 und 1130–1195) der „Hortus Delicarium", der „Garten der Köstlichkeiten", eine Enzyklopädie mit 350 Miniaturen über das weltliche und geistliche Leben der damaligen Zeit. Das Werk ist 1870 durch den Angriff der Deutschen auf Straßburg verbrannt und nur noch als Faksimile erhalten.

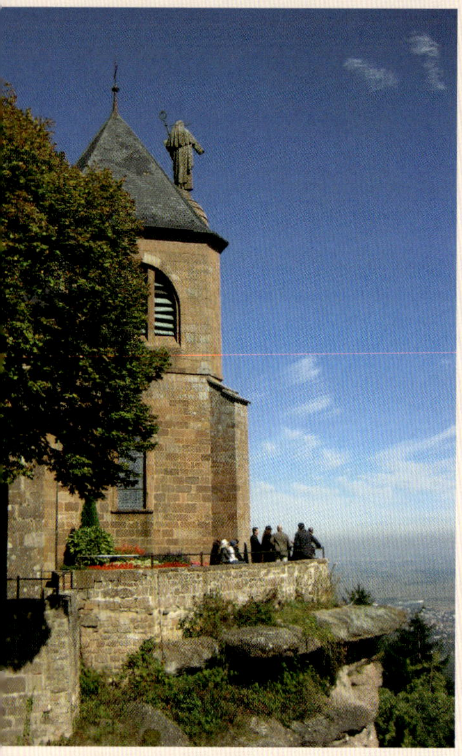

Die Statue der Sainte Odile vor dem neoromanischen Turm.

1546 ist die Abtei abgebrannt, im Dreißigjährigen Krieg (1618–1648) wurde die Kirche zerstört. Die Prämonstratenser bauten das Kloster 1687 wieder auf. In diesem Orden lebten Männer und Frauen in voneinander getrennten Klöstern.

1701 wurde das Anwesen verkauft, 1853 kamen die Reste des Klosters wieder an das Bistum Straßburg.

Seit 1892 leben im Ste. Odilienkloster Kreuzschwestern, ein Orden, der 1856 in der Schweiz gegründet wurde. Die heilige Odilie wurde von Papst Pius XII. 1946 zur »himmlischen Patronin des ganzen Elsass« erklärt.

Die meisten Gebäude des Klosters stammen aus dem 19. und 20. Jahrhundert, so die weithin sichtbare Statue der heiligen Odilie auf dem neoromanischen Turm von 1924. In der Chapelle de la Croix, der Kreuzkapelle, befindet sich ein Sarkophag aus dem 9. Jahrhundert. Darin sollen die sterblichen Überreste Etichos und seiner Frau Bereswinde bestattet gewesen sein.

Im Kreuzgang sind noch Pfeiler aus dem 12. Jahrhundert zu sehen. In der Zährenkapelle liegt der Sandstein, den – der Legende nach – Odilies Tränen aushöhlten. Sie weinte wegen der Sünden ihres Vaters und bat um seine Erlösung. Auf einem Vorsprung an den Terrassen befinden sich die in den Fels geschlagenen Gräber aus der Zeit der Merowinger.

Heute ist der Odilienberg die bekannteste und berühmteste Wallfahrtsstätte im Elsass.

Die Heidenmauer

Über diese gigantische Mauer auf dem Odilienberg ist viel gerätselt worden und wird es immer noch. Wie der Name sagt, wurde bisher angenommen, dass es sich um ein Bauwerk aus vorchristlicher Zeit handelt. Neueste Forschungen kommen zu anderen Ergebnissen. Aufgrund von Untersuchungen der gefundenen Eichenholzklammern, die für den Zusammenhalt der Steine genutzt wurden, wird angenommen, dass die Mauer etwa ab 680 n. Chr. erbaut wurde. Die Untersuchungen zur Altersbestimmung der Klammern sind noch nicht abgeschlossen. Es bleibt also weiter ungewiss, ob durch die etwa zehn Kilometer lange Mauer („Mur païen") aus zyklopischen, rechteckig behauenen Sandsteinblöcken bis zu einer Höhe von sechs Metern ein Dorf (lat. Oppidum) oder ein Heiligtum geschützt werden sollte.

Wie auch immer, eine Wehrmauer war sie. Schon im 10. Jahrhundert wurde geschrieben, dass sie „in alten Zeiten" gebaut worden sei, damit man sich bei drohender Kriegsgefahr verteidigen könne. Das Rätsel dieser Mauer ist letztendlich bis heute noch nicht gelöst. Beeindruckend sind auch die Felsentore in der Mauer, die Pforte Koeberlé oder das Zumstein-Tor, nach dem Archäologen Hans Zumstein benannt. Steine mit tiefen Ritzen stammen aus ehemaligen Steinbrüchen.

Nahe der Heidenmauer gibt es noch Felsengräber aus der merowingischen Zeit (5. – 8. Jahrhundert).

Ein Rätsel: Die Heidenmauer auf dem Mont Sainte Odile.

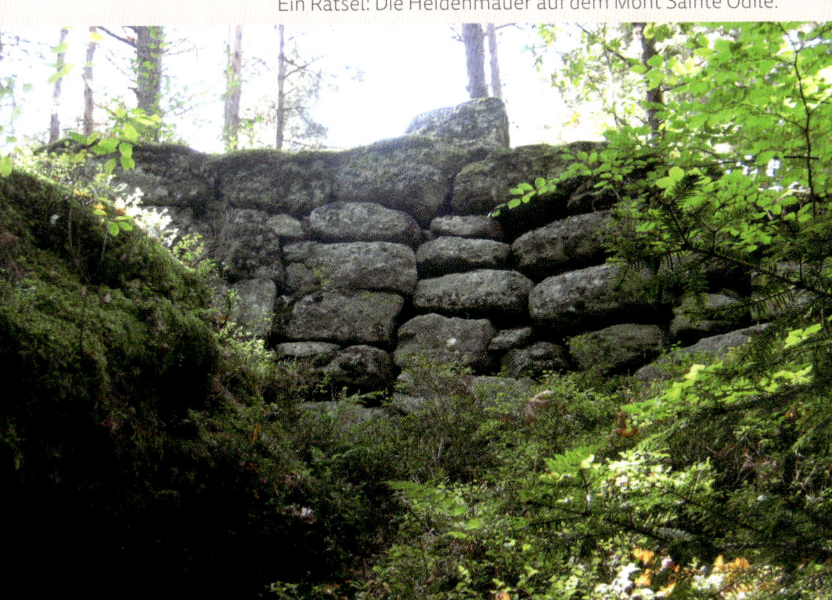

13. Landsberg

Start am Parkplatz „Carrefour de la Bloss" auf dem Mont Ste. Odile. Keine Einkehrmöglichkeit.

Die Wanderung um den Heidenkopf zur Burg Landsberg gehört zu den schönsten im Elsass. Es ist ein grandioser Wald, durch den Sie wandern, vorbei an eindrucksvollen Felsen mit berauschenden Ausblicken in die Landschaft und der berühmten Heidenmauer. Und die Burg Landsberg ist einfach ein Muss für jeden Burgenliebhaber, es gibt hier soviel zu sehen und zu entdecken. Bitte beachten Sie, dass auf diesem Rundgang keine Möglichkeit zur Einkehr besteht!

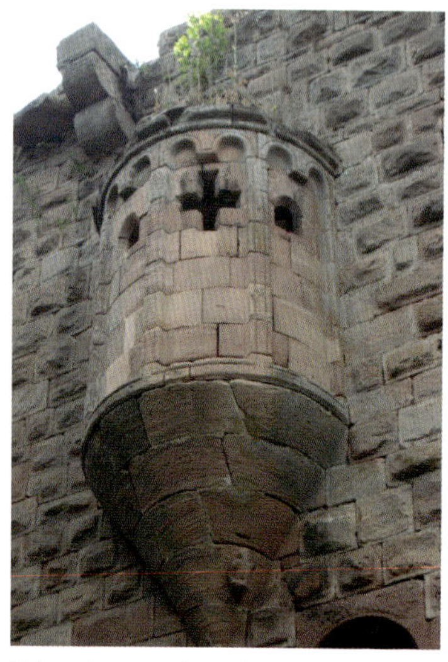

Erker der Kapelle in der Burg Landsberg.

Dauer der Wanderung	3 Stunden / 12 km
Höhe der Burgen	598 m
Einkehrmöglichkeit	**Keine!**
Etappen der Wanderung	Vom Parkplatz zur Burg Landsberg: 1 ½ Stunden. Von der Burg zurück zum Parkplatz: 1 ¾ Stunden.
Wanderkarte	IGN 3716 ET
Anfahrt und Parkplatz	Sie erreichen den Parkplatz von Saint-Nabor aus. Dieser Ort liegt zwischen Ottrott bei Obernai und Barr. Sie fahren auf der D 109 Richtung Mont Sainte Odile. Dann gabelt sich die Straße. Sie fahren weiter den Berg hoch, nun auf der D 854, und kommen auf der rechten Seite an einem Parkplatz mit einer Schutzhütte vorbei, dem „Carrefour de la Bloss". Kurz dahinter erreichen Sie den kleinen Parkplatz Kienberg auf der linken Seite.

Wegbeschreibung

Die Wanderung startet gegenüber dem Parkplatz in der Kurve. Sie folgen dem **roten Ring**, **roten Punkt** und **roten Balken** zum Wachstein. Achtung: Kurz bevor Sie den Kiosk Jadelot mit Schutzhütte, Terrasse und schönem Ausblick ins Rheintal erreichen, schwenkt Ihr Wanderweg nach links bergan. Jetzt folgen Sie nur noch dem **roten Ring** und nicht mehr dem roten Balken. Sie erreichen den Wachtstein und die Heidenmauer und gehen eine Weile an diesen einzigartigen, alten Steinaufhäufungen entlang. Vom Maennelstein mit der Schutzhütte auf 817 Höhenmetern haben Sie einen herrlichen Blick in die Landschaft. Weiter geht es nun ausschließlich mit dem **blauen Dreieck** den Berg wieder hinunter. Sie kommen auf die D 109, überqueren diese und gehen auf der gegenüberliegenden Seite in den Wald hinein. Sie befinden sich nun auf einer Höhe von 645 Metern. Ein Schild weist darauf hin, dass Sie in 15 Minuten mit dem **roten Balken** die Burg Landsberg erreichen. Sie kommen auf den Parkplatz „Le Landsberg" und folgen dem **blauen Punkt** und **roten Dreieck**. Es geht an einem einsamen Forsthaus vorbei, ein paar Treppen hoch und schon sind Sie an der Burg Landsberg. Zunächst sehen Sie dicke Außenmauern. Schilder weisen auf den Eingang der Burg hin, auch darauf, dass der Besuch auf eigene Gefahr möglich ist. Sie ist im Privatbesitz.

Nach der Besichtigung der Burg gehen Sie unterhalb der Burg entlang, dem **blauen Punkt**, **roten Dreieck** und **blauen Kreis** nach. Nach wenigen Metern geht es leicht bergab, jetzt nach links mit dem **blauen Punkt**. Weiter unten stoßen Sie auf einen etwas breiteren Wanderweg und folgen dem **blauen Dreieck** Richtung Carrefour de la Bloss, der Weg heißt nun Sentier de Chameaux, dem Sie bis zur Route forestière, die zum Forsthaus Moenkalb führt, treu bleiben. Sie gehen rechts wenige

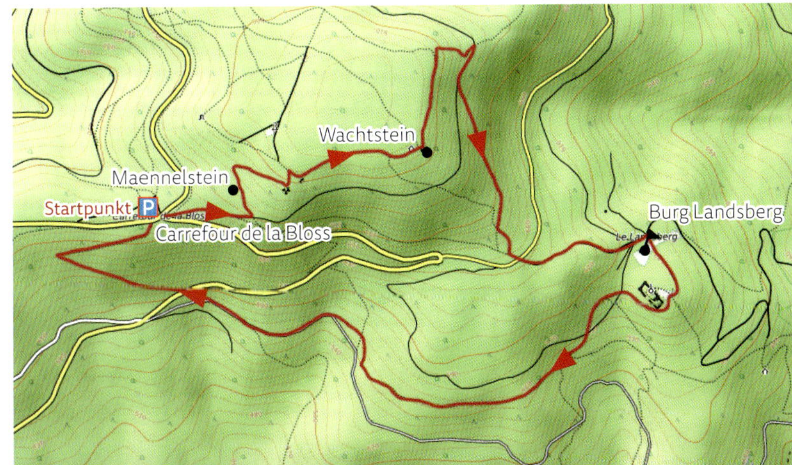

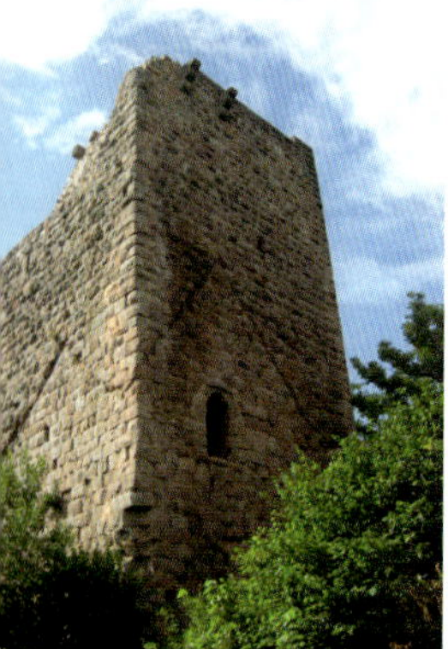

Meter die Straße entlang, dann führt ein Pfad mit dem roten Balken wieder nach rechts zum Mont Sainte Odile, aber Sie folgen dem **gelben Dreieck**, **gelben Kreuz** und **blauen Dreieck** weiter den Berg hoch Richtung Burg Birkenfels. Sie überqueren wieder die Straße, die zum Kloster führt, und gehen auf der gegenüberliegenden Seite dem **blauen Dreieck**, **gelben Kreuz** und **gelben Dreieck** nach. Dann trennen sich die Wege, die gelben Zeichen führen nach links, die Markierung **roter Balken** geht nach rechts, auch ein Schild weist auf den Parkplatz Carrefour de la Bloss hin. Der Anstieg dauert etwa zehn Minuten.

Der mächtige Bergfried der Burg Landsberg.

Die Geschichte der Burg Landsberg

Es wäre zu schön und passend, dass die berühmte Äbtissin Herrad von Landsberg (1167– etwa 1196), die den „Hortus deliciarum", ein Buch über das Wissen der damaligen Zeit, geschrieben hat, aus der Burg unterhalb des Klosters stammt. Aber leider stimmt diese – oft behauptete – Geschichte nicht. Es wird angenommen, dass die Burg zu Lebzeiten der frommen und gebildeten Frau noch gar nicht existierte. Im Jahr 1200 wird die Burg erstmals urkundlich erwähnt. In dem Schriftstück ist festgehalten, dass die Äbtissin von Niedermünster einem Ritter Conrad von Vienhege das Grundstück übergab, auf dem die Burg Landsberg steht. Dieser Conrad nannte sich später nach der Burg „von Landsberg". Es war ein Tauschgeschäft und in der Urkunde ist auch von noch nicht abgeschlossenen Bauarbeiten die Rede. Befürwortet wurde diese Aktion vom Staufer Otto von Burgund (1170–1200). Das war der vierte Sohn Kaiser Barbarossas und dessen zweiter Ehefrau Beatrix von Burgund. Otto von Burgund wollte seinen Machtbereich von Burgund auch auf das Elsass ausdehnen, was ihm dort allerdings Ärger mit dem mächtigen Bischof von Straßburg, Konrad II. von Hünenburg (1170–1202), einbrachte. Mit der Burg Landsberg sollten die staufischen Besitzungen in dieser Gegend – die Orte Barr, Andlau und das Kloster Hohenburg – geschützt werden. Otto von Burgund starb im Januar 1200 mit 29 Jahren, weshalb davon auszugehen ist, dass der Baubeginn der Burg etwa um 1197 gewesen sein muss. Die berühmte Äbtissin kann folglich nicht aus der Familie von Landsberg stammen, auch wenn sie diesen Namen trug.

Mit der Landsberg wollten die Staufer ihren Besitz im Elsass schützen. Die von Landsberg waren Ministerialen, standen also in den Diensten der staufischen Herrscher. Nach 1232 gab es Streit mit dem Straßburger Bischof wegen der staufischen Besitzungen, denn die Herren von Landsberg hatten die Seiten gewechselt. Mal wurde die Burg von Leuten des Bischofs bewohnt, dann soll der Schultheiß von Hagenau, Wölfelin, der dem König unterstellt war, die Burg weiter ausgebaut haben. Wölfelin von Hagenau wiederum fiel in Ungnade bei dem Stauferkaiser Friedrich II., und so kam die Burg wieder an die Herren von Landsberg zurück.

Im 15. Jahrhundert mussten die Landsberger einen Teil ihrer Burg an den Pfalzgrafen bei Rhein und Kurfürsten der Pfalz, Ludwig dem Bärtigen, der auch Landvogt des Elsass war, verpfänden. Aber den Rittern von Landsberg gelang es doch immer wieder, die Burg in ihren Besitz zu nehmen.

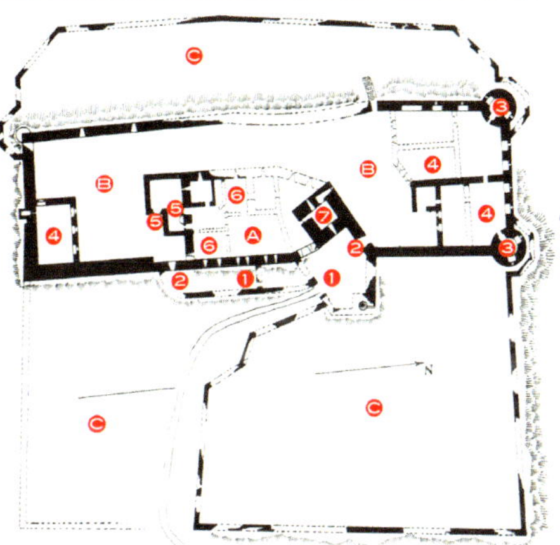

LANDSBERG

A: Hauptburg
B: Vorburg
C: Außenwerk

1. Zwinger
2. Eingänge
3. Flankierungstürme
4. Wohngebäude und Stallungen
5. Eingang zur Hauptburg
6. Palas
7. Berchfrit
8. Graben

Im 16. Jahrhundert war sie dann schon nicht mehr bewohnt. In der darauffolgenden Zeit wurde die Anlage als Forsthaus genutzt, und 1789 während der Französischen Revolution konfisziert. 1790 erwarb Baron Friedrich von Türkheim die Burgruine, die wohl im Dreißigjährigen Krieg (1618–1648) zerstört wurde. Der Familie von Türkheim gehört die Landsberg noch heute.

Die Burg zeichnet sich als Frontturmburg aus mit einem über Eck gestellten, viereckigen Bergfried und den direkt anschließenden Wohnbauten. Das war etwas Besonderes zur damaligen Zeit und wurde später bei den Burgen Bernstein und Ortenberg kopiert. Der Bergfried stammt aus der ersten, spätromanischen Bauphase. Bemerkenswert sind die Säulen der Fenster, von denen zwei Mittelstützen 2002 rekonstruiert wurden, und der Erker der kleinen Kapelle, die dem heiligen Antonius gewidmet war. Die Westburg ist gekennzeichnet durch die beiden runden Flankierungstürme.

14. Spesburg und Hoh-Andlau

Start mitten im Ort Andlau an der Kirche.
Einkehren in der Auberge Forestière du Hungerplatz.

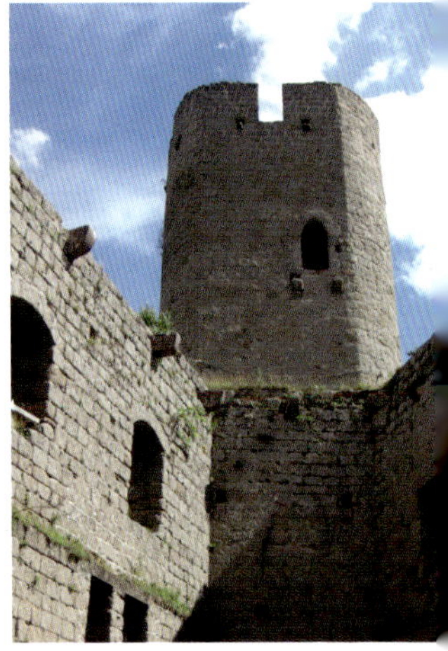
Einer der Türme der Burg Hoh-Andl

Die Renovierungsarbeiten auf der Hoh-Andlau sind zwar noch nicht abgeschlossen, aber diese einzigartige Burg mit ihren beiden Bergfrieden kann wieder besucht werden. Denn letztlich, so meinte eine freiwillige Mitarbeiterin bei den Grabungsarbeiten, „werden die Arbeiten auf einer Burg wohl nie abgeschlossen sein." Anders bei der Spesburg: Auch sie wurde restauriert, die Arbeiten sind aber beendet und das Ensemble beeindruckt, so von Gestrüpp und Efeu befreit.

Die Wanderung führt Sie durch den schönen Wald der Vogesen auch zum Forsthaus und der Hütte am Hungerplatz, wo Sie einkehren können.

Dauer der Wanderung	3 Stunden / 12 km
Höhe der Burgen	Spesburg 460 m, Hoh-Andlau 451 m
Einkehrmöglichkeit	**Auberge Forestière du Hungerplatz**, 67140 Barr, Tel. +33 3 88 08 92 16. Mi, So und Fr 11–17 Uhr, Sa 12–14 Uhr und abends geöffnet. Nähere Infos unter Tel. + 33 3 88 08 92 15.
Etappen der Wanderung	Vom Parkplatz zur Spesburg: 1 ¼ Stunden Von Spesburg zum Forsthaus am Hungerplatz: 5 Min. Vom Forsthaus zur Hoh-Andlau: 30 Minuten Von der Hoh-Andlau zurück zum Parkplatz: 1 ¼ Std.
Wanderkarte	IGN 3717 ET
Anfahrt und Parkplatz	Andlau liegt nördlich von Sélestat und südlich von Obernai. Sie können im Ort direkt an der Kirche parken.

Wegbeschreibung

Sie parken an der Kirche mitten in Andlau und laufen durch ein altes Tor, in dem heute eine Kunstgalerie ihre Räume hat, gehen dann gleich nach links (nicht über die Brücke) und folgen dem **blauen Punkt** und **roten Andreaskreuz X**. Zunächst laufen Sie auf der linken Seite des kleinen Baches, dann überqueren Sie den Bach und gehen ein Stück die D 425 entlang. Direkt hinter dem Ortsausgangsschild wandern Sie rechts die Rue du Château hoch, einen befestigten Wirtschaftsweg entlang. Nun folgen Sie dem **roten Punkt**. Sie kommen in den Wald, Wirtschaftswege und Wanderpfade wechseln sich ab. Nach etwa 30 Minuten gesellt sich der **rote Kreis** hinzu. Dann gabelt sich der Weg, der blaue Punkt führt direkt zum Hungerplatz, Sie folgen aber dem **gelben Kreis** zur Spesburg.

Von der Spesburg ist der Weg zum Hungerplatz ausgeschildert. Fünf Minuten dauert es bis zum Forsthaus. Vom Hungerplatz geht es vornehmlich mit dem **roten Ring** und dem **roten X** weiter, aber auch mit dem **blauen Kreuz** ein kurzes Stück zur Burgruine Hoh-Andlau.

Von dort aus folgen Sie dem **blauen Dreieck**, später kommt wieder der **rote Ring** hinzu, der auch zum Rocher (Fels) Ste. Richarde führt. Dort geht es mit dem **gelben Ring** zum Col du Crax weiter. An dieser Kreuzung nehmen Sie den ersten Weg nach rechts mit dem **gelben Ring** und **roten Punkt**, später kommt wieder der **blaue Ring** dazu, hinunter nach Andlau. Sie sehen den Kirchturm und laufen durch die Straßen des hübschen Ortes zur Kirche, dort wo Sie zuvor Ihr Auto abgestellt haben.

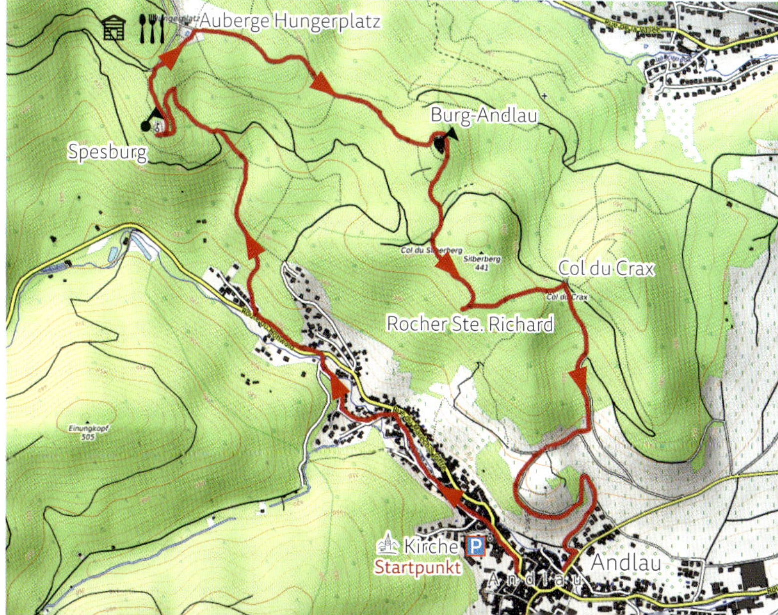

Die Geschichte der Hoh-Andlau

Vielfach wird die Entstehungszeit der Hoh-Andlau in die zweite Hälfte des 14. Jahrhunderts datiert, neuere Forschungsergebnisse gehen aber davon aus, dass die Burg bereits in der Zeit zwischen 1246 und 1264 von Eberhard von Andlau erbaut wurde. Sicher ist, dass Rudolf von Habsburg Eberhards Söhne 1274 mit der Burg belehnte.

Die weitere Geschichte der Burg Hoh-Andlau ist schnell erzählt. Sie blieb im Lauf der Jahrhunderte im Besitz der Herren von Andlau. 1633, im Dreißigjährigen Krieg (1618–1648), wurde die Burg von den Schweden besetzt, 1678 von den Franzosen eingenommen, zerstört, danach aber wieder aufgebaut. Bis 1806 war die Burg bewohnt, zuletzt von einem Förster im Dienst der Familie. Danach wurde sie verkauft und verfiel zunehmend. 1822 kaufte die Familie Andlau die Burg wieder zurück, sie ist bis heute im Besitz dieser Familie und wird in den letzten Jahren von einem Burgenverein gesichert, neu aufgemauert und die Bausubstanz verbessert. Sie kann nun wieder besucht werden.

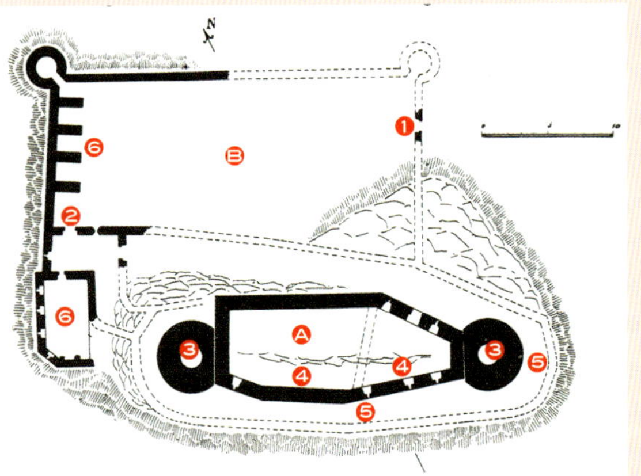

HOH-ANDLAU

A: Hauptburg
B: Vorburg

1. Haupttor mit Zugbrücke
2. Eingangstore
3. Berchfrite
4. Palas
5. Zwinger
6. Wohnungen der Dienstleute und Stallungen

Die Geschichte der Spesburg

Die Spesburg ist wohl schon im 16. Jahrhundert aufgegeben worden. Sie soll von Bürgern aus Barr angezündet und ausgebrannt worden sein, was aber nicht belegt ist. Heute ist die weitgehend aus Granitsteinen gebaute Burg von Pflanzenwuchs gesäubert, ihre Größe wieder gut zu sehen, der Bergfried und die sich anschließende Mauer in vollem Umfang erhalten, genauso wie die Außenmauern des Palas und die Ringmauer. Es ist ein imposantes Gebäude, das da mitten im Wald steht.

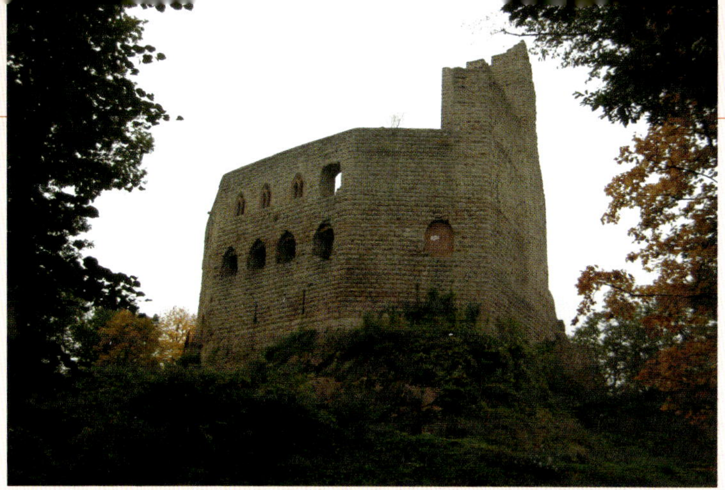

Die restaurierte Spesburg.

Wie bei vielen Burgen im Elsass, hat auch die Geschichte der Spesburg mit den einflussreichen Straßburger Bischöfen zu tun, die im 12. und 13. Jahrhundert ausgewiesene Gegner der weltlichen Herrscher, zuerst der Staufer, dann der Habsburger waren. So gehen die Ursprünge der Spesburg auf den Bischof Heinrich von Straßburg (Bischof von 1244 bis 1260) zurück, einem Rheinländer aus dem Geschlecht derer von der Dicke bzw. von Stahleck. Er bemächtigte sich 1246 der kaiserlichen, staufischen Güter. Kaiser Friedrich II. verweilte meist in Italien, dann litt das Heilige Römische Reich ab 1250 unter der Zerrissenheit des Interregnums, der königslosen Zeit. So hatte der Bischof leichtes Spiel bei der Übernahme von Reichsgut, in diesem Fall zunächst des Andlauer Frauenklosters.

Bischof Heinrich holte seinen Bruder Alexander ins Elsass und es wird angenommen, dass dieser Edelmann die Spesburg zur Sicherung des Klosters erbauen ließ. Urkundlich belegt ist die Burg 1310. Weiter wird vermutet, dass Alexander die Spesburg anlässlich der Heirat seiner Tochter mit dem Landgrafen Heinrich-Sigbert diesem zu Lehen gab. Das könnte 1255 gewesen sein.

Nach dem Tod Walters, dem Letzten aus dem Geschlecht derer von der Dicke – er fiel 1386 in der Schlacht bei Mompach, einem der Unabhängigkeitskämpfe der Schweizer Eidgenossen gegen die Habsburger – übernahmen die Söhne einer Cousine Walters die Burg. In der ersten Hälfte des 15. Jahrhunderts waren das Bistum Straßburg und Eberhard und Lazarus von Andlau Besitzer der Burg, die

Restauriertes Fenster in der Spesburg.

Spesburg

A: Hauptburg
B: Vorburg

1. Zugang
2. Vorhöfe
3. Dienstwohnungen und Stallungen
4. Gang
5. Eingangstor
6. Ringmauer
7. Burghof
8. Berchfrit
9. Schildmauer
10. Palas
11. Wohngebäude
12. Burggraben

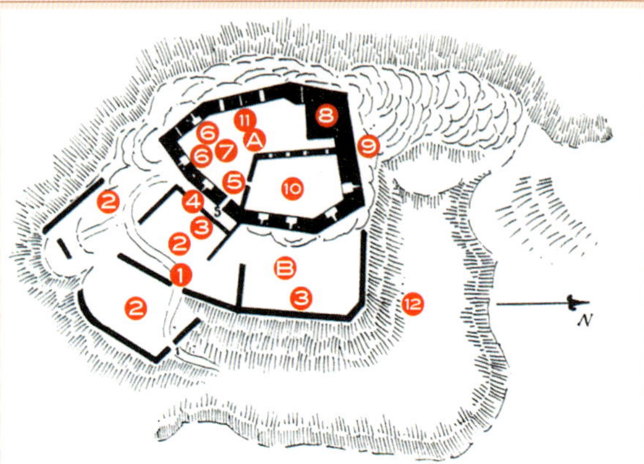

sich in der Folgezeit aber nur wenig um das von Burgmannen und Burgvögten verwaltete Anwesen kümmerten.

Am Gründonnerstag (29. März) 1431 schließlich überfiel Herzog Stephan von Bayern aus bis heute ungeklärten Gründen die Burg. Viel Freude hatte der Unterlandvogt allerdings nicht an seiner Eroberung, denn die Herren von Andlau nahmen ihm die Spesburg bald wieder ab.

Warum die Bürger von Barr die Spesburg im 16. Jahrhundert in Brand setzten, ist weitgehend unklar. Bewiesen dagegen ist, dass die Burg danach aufgegeben wurde. Nach der französischen Revolution kam die Ruine wieder in den Besitz derer von Andlau, wurde 1844 an Baron von Hellez verkauft und kam 1904 zur Stadt Andlau.

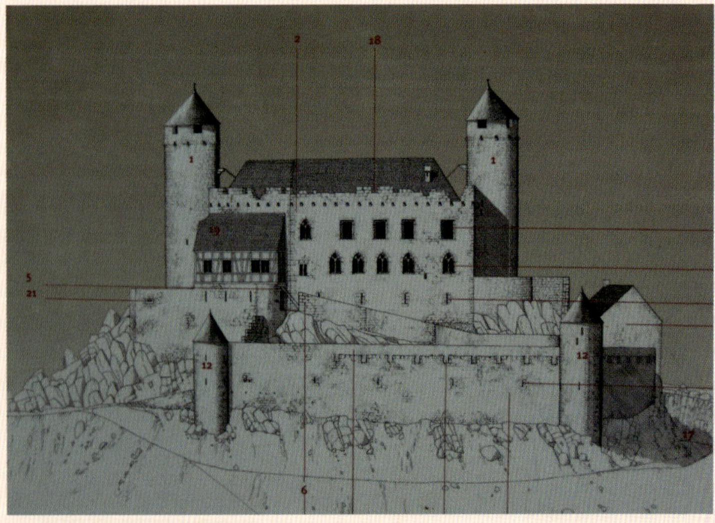

Hoh-Andlau: Rekonstruktion.

15. Bernstein, Ortenberg und Ramstein

Start an der Kapelle (Chapelle) St. Sebastian bei Dambach-la-Ville. Einkehren in der Auberge de la Huhnelmuhle (Hühnelmühle).

Die gut vierstündige Wanderung führt Sie zu einer der schönsten Burgen im Elsass. Aber es gibt auch eine kürzere Variante, dabei versäumen Sie allerdings die interessante Burg Bernstein.

Hoch ragt der Bergfried der Ortenberg über das Rheintal. Vielleicht ist das der beeindruckendste Turmbau überhaupt in dieser Höhe, aber er kann – im Gegensatz zum Bergfried der Burg Bernstein (die auf dem Buchumschlag zu sehen ist) – nicht bestiegen werden. Trotzdem haben Sie von diesen beiden Burgen einen traumhaft schönen Blick ins Rheintal und die Vogesen. Die Burg Ramstein wird seit 2000 renoviert und ist deswegen eigentlich nicht begehbar. Es stört aber keinen der Ausgräber und Baumeister, wenn am Samstag Besuch kommt. Denn am Wochenende wird dort oft gearbeitet.

Der Weg zu den Burgen führt durch lichten Wald der Südhänge, über Stock und Stein, oft auch über Felsen und Baumwurzeln. Der Rückweg geht durch die Weinberge von Scherwiller und Dieffenthal. Wer nicht so weit gehen will, kann abkürzen, lernt aber nicht die schöne Burg Bernstein kennen. **Anmerkung**: Eine Taschenlampe zum Turmbesteigen der Burg Bernstein ist sinnvoll.

Die Burg Bernstein.

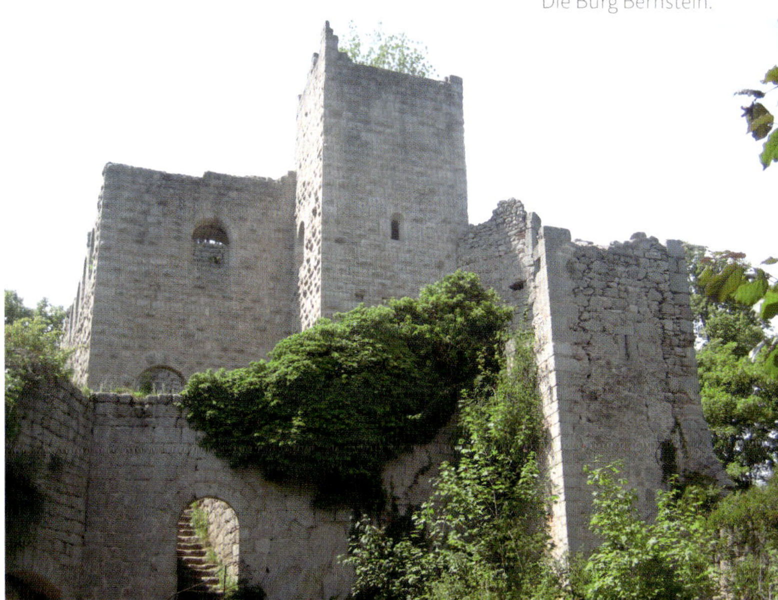

Dauer der Wanderung	4 Stunden / 14 km
Höhe der Burgen	Bernstein 547 m, Ortenberg 439 m, Ramstein 348 m
Einkehrmöglichkeit	**Auberge de la Huhnelmuhle,** 67750 Scherwiller, Tel. +33 3 88 92 06 04. April–Okt Do–So ganztätig geöffnet, Mo und Di Ruhetag
Etappen der Wanderung	Vom Parkplatz bis zur Bernstein: 1 Stunde. Von der Bernstein zur Ortenberg: 1 Stunde. Von der Ortenberg zur Ramstein: 10 Minuten. Von der Ramstein zur Hühnelmühle: 30 Minuten. Von der Hühnelmühle über Dieffenthal zurück zum Parkplatz: 1 ½ Stunden.
Wanderkarte	IGN 3717 ET
Anfahrt und Parkplatz	Dambach-la-Ville liegt an der A 35, Abfahrt Epfig. In Dambach-la-Ville fahren Sie durch die Stadttore Richtung Blienschwiller. Nach dem zweiten Tor geht es – ausgeschildert – nach links zur Chapelle St. Sebastian und der Burg Bernstein. Sie fahren bis zur Kirche, dahinter ist der gekennzeichnete Parkplatz.

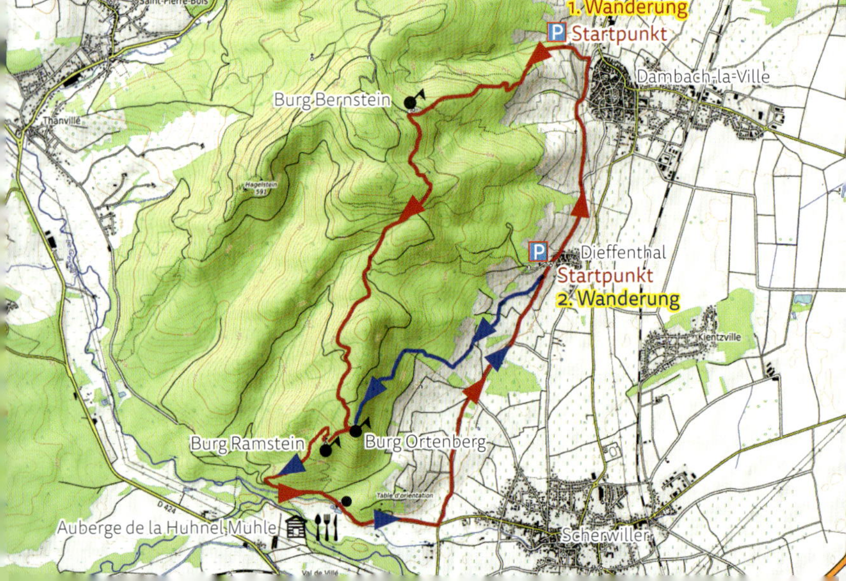

1. Wanderung

Von dem Parkplatz an der Kapelle St. Sebastian gehen Sie mit dem **roten Kreuz** und **blauen Punkt** den Berg hoch, an Kirche und Pfarrhaus vorbei. Nach etwa zehn Minuten trennen sich die Wegzeichen; Sie folgen nun nur noch dem **blauen Punkt** zur Burg. Bänke und Tische laden zum Ausruhen ein. Sie überqueren Forstwege, gehen aber immer geradeaus, meist recht steil bergan. Kurz vor Erreichen der Burg stößt der mit dem **blauen Punkt** markierte Weg auf den mit dem **gelben Kreuz** gekennzeichneten Wanderweg. Beide Zeichen führen zur Burg.

Der Aufstieg zum überdachten Bergfried ist über eine Eisentreppe möglich. Anfangs ist es im Turm etwas dunkel, dann wird es durch die Lichtschlitze besser.

Von der Bernstein geht es mit dem **roten Balken** über die Höhe durch den Wald zur Ortenberg. Der **rote Balken** bringt Sie an einen Platz mit einem Hinweisschild auf das Naturschutzgebiet. Von hier aus sind es noch ein paar Meter zur Ortenberg. Kurz vor der Burg führt ein Pfad nach links. Wenn Sie diesen Weg gehen, haben Sie einen wunderschönen Blick auf die Burg; zur Burg selbst kommen Sie aber nur über den markierten Wanderweg. Nach der Besichtigung der Ortenberg folgen Sie zunächst dem **roten Punkt** Richtung Val de Villé, dabei kommen Sie an der Burgruine Ramstein vorbei. Sie liegt direkt unterhalb der Ortenberg, etwa zehn Minuten entfernt. Dann gehen Sie mit dem **roten Balken** bis zur Huhnelmuhle (Hühnemühle) und der dortigen Auberge den Berg hinunter.

Vom Restaurant geht es mit dem **roten Balken** die kleine Straße entlang bis zur Weinstraße, der D 35. Dort schwenken Sie nach links in die Weinberge, auf den mit der Muschel markierten **Jakobsweg**. Sie gehen immer geradeaus durch die Weinberge. Auf dem Weg nach Dieffenthal kommt auch noch das **gelbe Kreuz** hinzu. Sie durchqueren das kleine Dorf und gehen immer gerade aus, bis Sie das **rote Dreieck** wieder in die Weinberge führt. Nach knapp einer Stunde gabelt sich die Straße an einem Kreuz. Dort gehen Sie nach links bergan und oberhalb von Dambach-la-Ville mit dem **gelben Kreuz** und **gelben Punkt** zur Kapelle St. Sebastian. Bisweilen fehlen die Zeichen; der Weg heißt „Sentier viticole" (Weinweg) und führt bis zur Kirche.

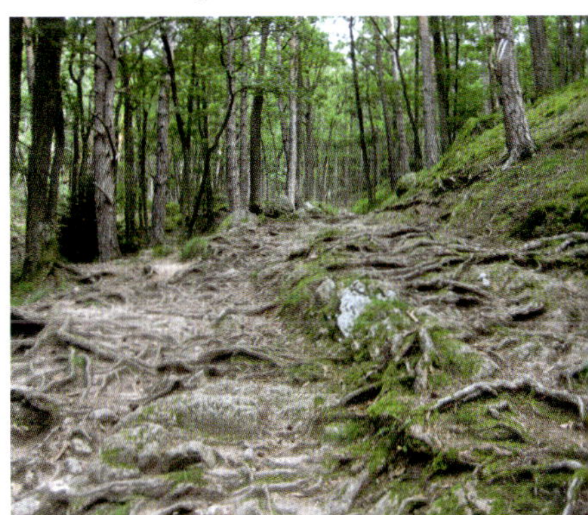

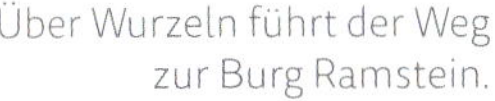

Über Wurzeln führt der Weg zur Burg Ramstein.

Dauer der Wanderung	3 Stunden / 12 km
Höhe der Burgen	Ramstein: 348 m, Ortenburg: 439 m
Einkehrmöglichkeit	**Auberge de la Huhnelmuhle,** 67750 Scherwiller, Tel. +33 3 88 92 06 04. April–Okt Do–So ganztätig geöffnet, Mo und Di Ruhetag
Etappen der Wanderung	Vom Parkplatz in Dieffenthal bis zur Ortenberg: 1 ¼ Std. Von der Ortenberg zur Ramstein: 10 Minuten Von der Ramstein bis Hühnelmühle: 1 Stunde Von der Hühnelmühle zurück zum Parkplatz: 1 Stunde
Wanderkarte	IGN 37 17 ET
Anfahrt und Parkplatz	Sie erreichen Dieffenthal über die D 35, die Elsässische Weinstraße. Der Ort liegt zwischen Dambach-la-Ville und Scherwiller. Sie fahren in den Ort hinein. Neben der Kirche und dem Friedhof liegt der ausgeschilderte Parkplatz.

2. Wanderung

Vom Parkplatz in Dieffenthal aus gehen Sie mit dem **roten Dreieck** durch die Weinberge. Dann führt der Weg nach rechts bergan, zwischen einer dichten Baumhecke auf der linken und den Reben auf der rechten Seite hindurch. Sie folgen dem **roten Dreieck**; später kommt noch das **blaue Kreuz** bis zur Ortenberg dazu. Von der Burgruine führt ein schmaler Pfad mit dem **roten Punkt** und **roten Balken** zur Ruine Ramstein. Die Burg liegt etwas abseits des Wanderwegs, ist aber gut zu sehen und zu erkennen. Sie ist von einem großen Graben umgeben. Es ist unklar, ob die Burg besichtigt werden kann. Ein Schild warnt davor, aber gegen das Betreten auf eigene Gefahr wendet selten jemand etwas ein.

Von der Burg geht es dann mit dem **roten Balken** über Stock und Stein durch einen lichten Kastanienwald den Berg hinunter bis zur Huhnelmuhle. Von dort geht es geradeaus die Straße entlang, bis Sie auf die D 35, die Elsässische Weinstraße stoßen. Dort geht es mit der **Muschel des Jakobswegs** und dem **gelben Kreuz** nach links durch die Weinberge. An einer Kapelle vorbei kommen Sie wieder zum Parkplatz.

Die Geschichte der Burg Bernstein

Die Burg existierte bereits im Jahr 1179 und gehörte dem einflussreichen elsässischen Grafengeschlecht Egisheim-Dagsburg. Zuvor soll die Frau des Grafen Hugo IV. von Egisheim-Dagsburg, Heilwig oder Heilwiga, zeitweilig auf der Burg gewohnt und sie ausgebaut haben. Sie war die Mutter Brunos von Egisheim-Dagsburg, der als erster deutscher Papst mit dem Namen Leo XI. in die Geschichte einging. Der Salierkaiser Heinrich III. (1016–1056) hatte dessen Wahl durchgesetzt.

Bis 1225 war die Burg im Besitz der Grafen von Egisheim-Dagsburg. Aber schon ab 1212 machte auch Herzog Friedrich von Lothringen sein Recht auf die Burg Bernstein geltend, denn sein Sohn Theobald hatte die letzte und sehr reiche Erbin von Dagsburg, Gertrud, geheiratet. Theobald starb im Februar 1220, seine Witwe heiratete Graf Theobald de Champagne, ließ sich scheiden und ehelichte dann 1223 Siegmund von Leiningen. Zwei Jahre später starb Gertrud von Dagsburg.

Trotz dreier Ehen hatte Gertrud keine Kinder und somit keine Erben, weshalb Erbstreitigkeiten folgten. Das Erbe ging zunächst an Gertruds Onkel, den Markgrafen von Baden, Hermann V., der die Burg dem Straßburger Bischof Berthold I. von Teck (bisweilen auch Berthold von Bucheck genannt) verkaufte. Der Bischof wollte sein Territorium wesentlich vergrößern, um so die Ausbreitung der Staufer im Elsass zu verhindern. Aber auch Gertruds Ehemann Siegmund von Leiningen beanspruchte die Burg. Der Straßburger Bischof griff zu härteren Bandagen und eroberte die Bernstein nach einmonatiger Belagerung.

1240 wurde die Bernstein Sitz des bischöflichen Vogtes und blieb es bis zum Ende des 16. Jahrhunderts. Über die nachfolgende Zeit ist wenig in den Quellen zu finden. 1632, im Dreißigjährigen Krieg (1618–1648),

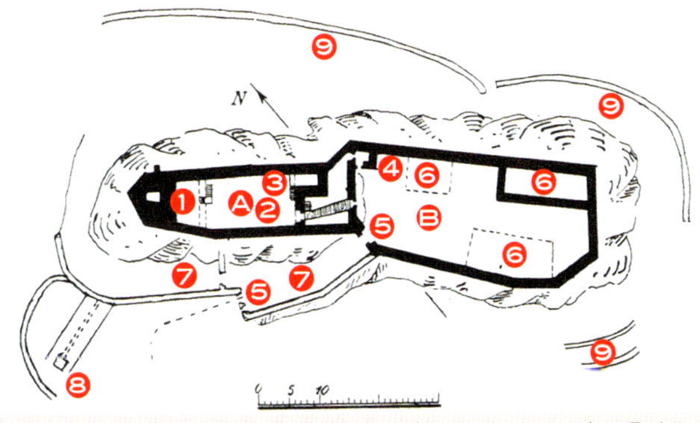

BURG BERNSTEIN
A: Hauptburg
B: Vorburg

1. Berchfrit
2. Palas
3. Wartturm
4. Kapellenturm (Katharinenturm)
5. Eingänge
6. Dienst- u. Wohngebäude
7. Zwinger
8. Brunnen
9. Umwallungen

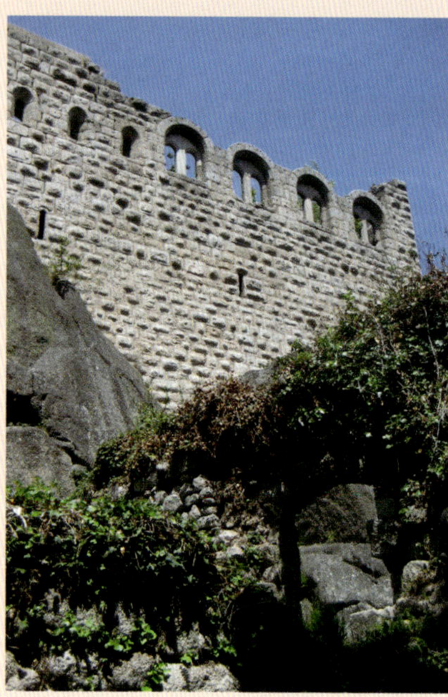
Die Burg Bernstein ist ziemlich gut erhalten.

soll die Burg von den Schweden zerstört worden sein und noch einmal 1798 von den Franzosen, wohl aber auch durch Schatzgräber. In der ersten Hälfte des 19. Jahrhunderts wurde in der Unterburg ein Forsthaus gebaut, das 2005 ein Brand zerstörte.

In den letzten Jahren fanden Restaurierungsarbeiten statt. Der neuerdings überdachte Bergfried ist wieder begehbar. Direkt daneben liegt in der Kernburg der Wohnbau mit seinen imposanten Fenstern und der Turm einer Kapelle. In der Unterburg liegt das 2005 abgebrannte Forsthaus und vor der Burg die Zisterne, die heute noch Wasser enthält.

Die Geschichte der Burg Ortenberg

Auf 490 Meter hoch über der Rheinebene gelegen, mit einem beeindruckenden, 28 Meter hohen Bergfried und umgeben von einer 17 Meter hohen Mantelmauer ist die Ortenberg nicht nur eine imposante Erscheinung, sondern auch ein bemerkenswertes Beispiel der Befestigungsbaukunst des 13. Jahrhunderts. Ihr berühmtester Bewohner war Graf Rudolf von Habsburg (1218–1291), der spätere König des Heiligen Römischen Reiches. Einer Sage nach wurde die Burg von einem Enkel des Herzogs Eticho gegründet. Die Etichonen waren die ersten Herrscher im Elsass, die Heilige Odilie stammt aus diesem Geschlecht. Weitere Geschichten und Irrtümer um die Entstehungszeit der Burg berichten, ein Graf Werner, der mit seiner Ehefrau Himiltrud bereits im Jahr 1000 das Kloster Hugshofen nahe Schlettstadt gegründet habe, hätte die Ortenberg gebaut und sich nach ihr benannt – eine weitgehend widerlegte These. Wahrscheinlicher ist, dass sich 1166 ein Werner, ein Edelfreier, der aus Hurningen in Schwaben stammte und die Burg erbaute, von Ortenberg nannte. Edelfreie waren meist Ministeriale, also unfreie Verwalter von Königsgütern, die in den Adelsstand erhoben wurden. 1173 starb dieses Geschlecht aus, ihr Erbe traten die Grafen von Hohenberg an.

Aus der frühen Bauphase der Burg ist nichts übriggeblieben. Die heutige Bausubstanz stammt aus dem 12. und 13. Jahrhundert. Anfang des 13. Jahrhunderts bewohnten die Grafen von Hohenberg-Heigenloch oder Haigerloch die Burg. Aus diesem Geschlecht stammte die Ehefrau des Grafen Rudolf von Habsburg, Gertrud-Anna. Durch ihre Mitgift kam die Ortenberg an die Habsburger. Graf Rudolf baute die Burg von 1262 bis 1265 weitgehend neu in ihrer heutigen Gestalt auf. Bis zu seiner Wahl zum König 1273 bewohnte er die Burg. Danach war Ludwig von Amoltern Burgvogt.

Nach dem Tod des Habsburger Königs gab es Ärger um dessen Erbe. 1293 scheint die Burg in den Streit zwischen dem Nachfolger Rudolfs von Habsburg, Adolf von Nassau, und dem Sohn Rudolfs, Albrecht von Habsburg, geraten zu sein. Zu dieser Zeit besaß wohl der Straßburger Bischof

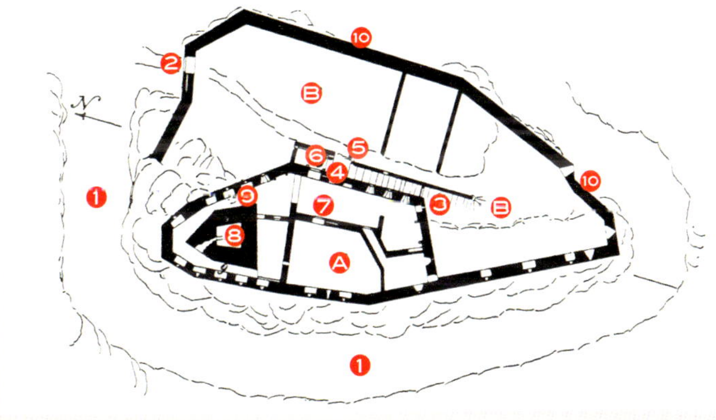

ORTENBERG
A: Hauptburg
B: Vorburg
1. Graben
2. Eingangstor
3. Treppe zur Hauptburg
4. Fallbrücke
5. Felseinschnitt
6. Eingang zur Hauptburg
7. Palas
8. Berchfrit
9. Mantelmauer
10. Ringmauer

Konrad von Lichtenberg die Burg, weshalb Otto von Ochsenstein – Landvogt von Hagenau und Neffe König Rudolfs von Habsburg – sich einmischte und sein Erbe als Verwandter Rudolfs von Habsburg einforderte. Dies wurde ihm verweigert, er belagerte die Burg. Eigens für diesen Angriff wurde die nahe gelegene Burg Ramstein gebaut. Nach erfolgreicher Belagerung kam die Ortenberg wieder in den Besitz der Habsburger.

1298 ließ König Albrecht von Habsburg die Ortenberg wieder aufbauen. Danach wechselten sich viele Besitzer ab. 1314 wurde die Burg an die Edlen Straßburger Bankiers Müllenheim von Rechberg verkauft. 1471

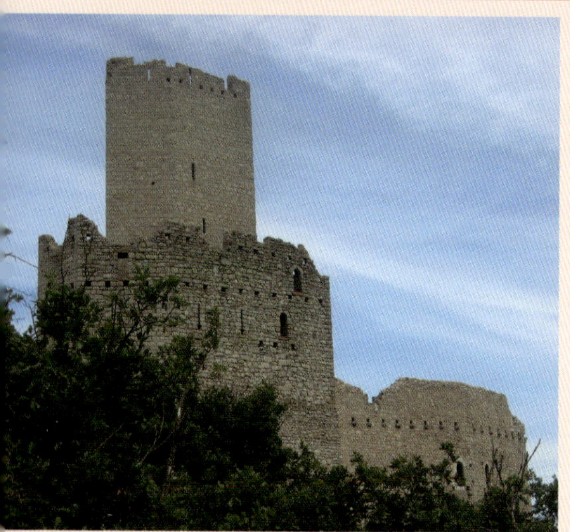
Ein Wahrzeichen in den Vogesen: Die Ortenberg.

bemächtigte sich Peter von Hagenbach, ein berüchtigter Statthalter des Herzogs Karl des Kühnen von Burgund, der wegen seiner rigiden und gewaltsamen Verwaltung im Elsass 1474 hingerichtet wurde, der Burg. Danach war die Ortenberg wieder im Besitz derer von Müllenheim.

In der zweiten Hälfte des 15. Jahrhunderts entwickelte sich die Ortenberg zu einer Ganerbenburg. 46 Eigner teilten sich das Anwesen, die Burg wurde schließlich ein Raubritternest. 1470 entführten zwei der Bewohner einen Bediensteten des Herzogs von Burgund, Karl dem Kühnen, der im 15. Jahrhundert am Oberrhein herrschte. Der Belagerung durch dessen Soldaten hielten die Bewohner von Ortenberg nicht stand und ergaben sich. Doch die Ortenberg war nur kurze Zeit in den Händen der Burgunder. 1474, drei Jahre vor dem Tod Karls des Kühnen, eroberten der Bischof Ruprecht von Pfalz-Simmern (er war der Enkel Königs Rudolf I. und hatte so vielleicht Interesse daran, die Burg weiter im habsburgischen Besitz, also seiner Familie, zu halten) und die Stadt Straßburg die Burg zurück und übergaben sie den Erben, allerdings unter der Oberaufsicht des Bischofs. Aus Geldmangel der Eigentümer wurde die Burg immer weiter verpfändet.

1551 kaufte Freiherr Nikolaus von Bollweiler die Burg all ihren Gläubigern ab und war damit alleiniger Lehnsnehmer der Habsburger. Durch Heirat seiner Tochter Margareta kam die Burg dann zu den Bankiers Fugger in Augsburg.

1633 wurde sie durch die Schweden in Brand gesteckt. Danach war sie im Besitz eines Baron von Zurlauben, einer Familie Choiseul und eines Mathieu de Faviers. In der Französischen Revolution wurde die Burg Nationaleigentum.

Die Ortenberg ist mit ihrem ummantelten Bergfried ein bemerkenswertes Beispiel der Befestigungsbaukunst des 13. Jahrhunderts.

Die Geschichte der Burg Ramstein

Um die etwas höher gelegene Ortenberg zu belagern und einzunehmen, soll „auf die Schnelle" eine recht stattliche Burg gebaut worden sein. So zumindest steht es in der Literatur. Otto von Ochsenstein hatte die Ramstein 1293 erbauen lassen, weil ihm der Zutritt zur Ortenberg verwehrt wurde.

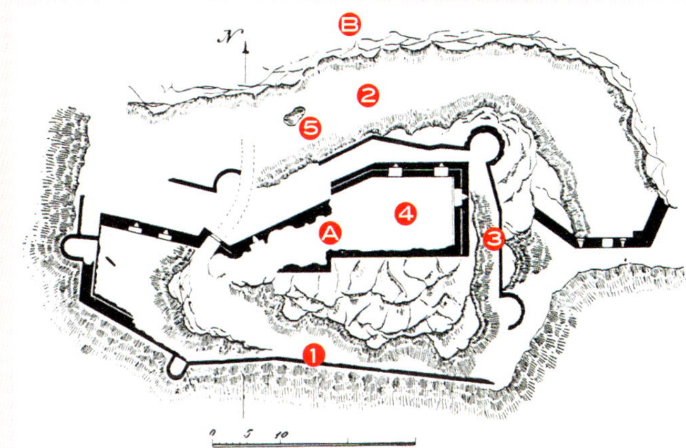

RAMSTEIN
A. Hauptburg
B. Vorburg

1. Ringmauer
2. Graben
3. Zwinger
4. Wohnturm
5. Zisterne

Otto von Ochsenstein war ein Neffe des Königs Rudolf von Habsburg. Rudolf von Habsburg hatte ihn als Landvogt im Unterelsass, wo er bei Saverne auch seine Stammburg hatte, eingesetzt. Nach dem Tod des Königs sollte die Ortenberg als Besitz der Habsburger eigentlich an die Familie Ochsenstein fallen. Nachfolger von Rudolf von Habsburg war aber nicht – wie vorgesehen – sein Sohn Albrecht, sondern Adolf von Nassau. Wie sich dieser Wechsel auf die Ortenberg auswirkte, lässt sich nicht mehr genau sagen. Auf jeden Fall war die Burg damals im Besitz des Straßburger Bischofs, und seine Leute verwehrten Otto von Ochsenstein den Zutritt zur Burg.

Der Landvogt des Unterelsass wollte sich das nicht gefallen lassen. Ein erster Angriff von Scherweiler aus wurde wohl abgewehrt, weshalb Otto von Ochsenstein die Ramstein errichten ließ. Dass eine solche Burg damals innerhalb kürzester Zeit gebaut werden konnte, lässt Zweifel aufkommen. Vermutet wird, dass zunächst eine einfache Holzburg mit Fachwerk und Trockenmauerwerk errichtet und erst später mit Steinen aufgemauert wurde. Zweifelsfrei ist aber, dass die Angriffsburg ihren Namen vom Rammen bekommen hat. 1293 hatte Otto von Ochsenstein die

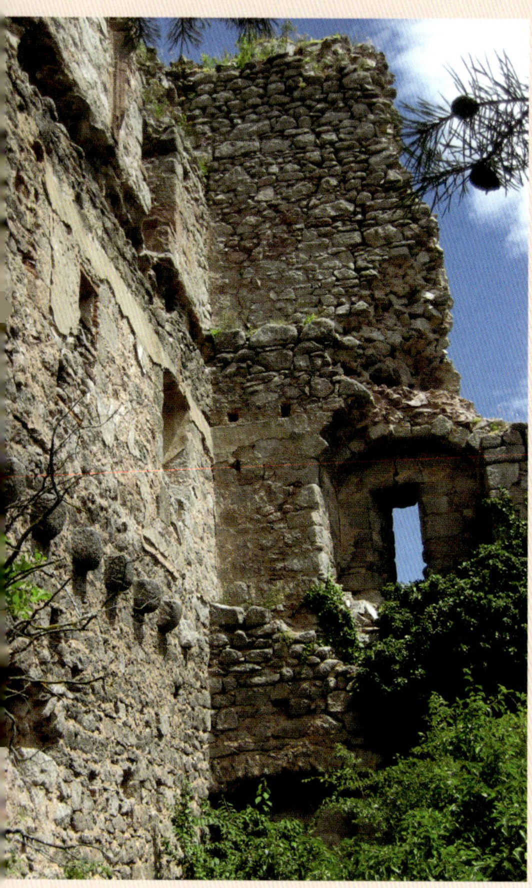

Kann nicht betreten werden: Die Ramstein.

Ortenberg schließlich für die Habsburger zurückerobert, und 1298 war auch die Fehde zwischen Adolf von Nassau und Albrecht von Habsburg, dem Sohn Rudolfs, blutig in der Schlacht von Göllheim in der heutigen Pfalz beim Donnersberg beigelegt worden. In diesem Kampf fiel Adolf von Nassau, Albrecht konnte nun als König das Erbe seines Vaters antreten.

Spätestens 1298 waren die Ortenburg und Ramstein wieder im Besitz der Habsburger. In einem Tauschgeschäft zwischen den Grafen von Reichenberg und den Habsburgern kam ein Teil von Ramstein an die Reichenberger, die die Burg als Ausgangsort für Raubzüge nutzten. Diesem Treiben setzten Baseler Truppen ein Ende. Nach dem Aussterben der Reichenberger waren die Herren Zorn von Bulach die Besitzer.

1420 wurde die Ramstein von den Straßburgern angegriffen und zerstört. Danach wurde sie wieder aufgebaut und war Lehnbesitz der Herren von Uttenheim, die sich dann auch Uttenheim zum Tanstein nannten. Am 1. April 1633 wurde die Burg im Dreißigjährigen Krieg (1618–1648) zerstört und nicht mehr aufgebaut. Im 19. Jahrhundert gehörte die Ruine dem Baron Mathieu de Fabier, ebenso wie die darüberliegende Ortenberg. Heute ist sie Eigentum der Gemeinde Scherwiller. Die Burg ist seit 1983 für den Besuch wegen Einsturzgefahr gesperrt und wird seit Jahren, Stück für Stück, nun restauriert.

16. Frankenburg

Start am Forsthaus bei Dieffenbach-au-Val.
Einkehrmöglichkeit: keine

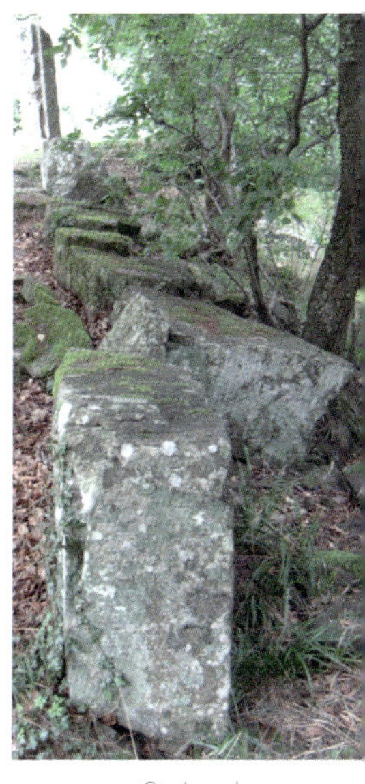

Steine der Heidenmauer.

Ein ungewöhnlicher, runder Bergfried, ein zum Picknick einladender Innenhof, die Hohkönigsburg im Blick, vor der Burg ein weitgehend zusammengefallener Steinwall als Teil einer Heidenmauer (Mur païen), deren Überreste auch auf dem Mont Ste-Odile zu bestaunen sind – damit lockt die Frankenburg ihre Besucher an. Der zum Teil ausgewaschene Weg zu dieser imposanten Burg führt durch dichten Wald den Berg hinauf, dann wieder hinunter, jeweils am Nordhang entlang. Vor der Burgruine sehen Sie auf der linken Seite einen weitgehend zusammengefallenen Steinwall. Er soll, wie die Heidenmauer auf dem Mont Ste-Odile, sehr alt sein, wird auch als „mur paien" beschrieben. Selbst wenn die Wanderung bisweilen etwas beschwerlich ist: Die Frankenburg lohnt, „erobert" zu werden.

Dauer der Wanderung	3 Stunden / 10 km
Höhe der Burg	750 m
Einkehrmöglichkeit	**Keine!**
Etappen der Wanderung	Von Dieffenbach-au-Val zur Frankenburg: 1 ½ Stunden. Von der Burg zurück zum Parkplatz: 1 ¼ Stunden.
Wanderkarte	IGN 37 17 ET
Anfahrt und Parkplatz	Dieffenbach-au-Val erreichen Sie von Sélestat aus Richtung Westen an Châtenois vorbei über die D 424 und in Menbois über die D 697. Im Ort biegen Sie an dem Heiligenhäuschen nach links ab und fahren immer geradeaus den Berg hoch, die Rue de la maison forestière entlang. Links vor dem Wald befindet sich der Parkplatz.

Wegbeschreibung

Vom Parkplatz am Rande von Dieffenbach-au-Val Richtung Forsthaus aus sehen Sie bereits den **gelben Punkt** an der Rue de la maison forestière. Sie folgen dieser Markierung auf der asphaltierten Straße bis zu deren Ende. Auf der linken Seite steht das Forsthaus. Sie nehmen einen Wiesenweg, der Sie zum Waldrand bringt. Dort geht es dann nach links, weiter mit dem **gelben Punkt**, den Berg recht anstrengend nach oben. Bisweilen ist der Weg ausgespült, aber es wird nach 20 Minuten besser. Nach dem ersten Anstieg stoßen Sie auf das **rote Andreaskreuz X** und folgen ihm in Richtung Frankenburg. Dann gabelt sich der Weg, nun führt sowohl das **rote X** wie auch das blaue X zur Burgruine. Ich habe mich für den Weg mit dem **roten X** und **roten Punkt** entschieden. Es ist ein schmaler Pfad, oft auf weichem Waldboden. Dann erreichen Sie eine Schutzhütte auf dem Col du Frankenbourg auf 684 Metern Höhe. Dort treffen sich viele Wanderwege. Sie gehen weiter geradeaus, nun ohne Markierung bergan zur Frankenburg. Dabei kommen Sie an vielen, großen Steinblöcken vorbei, der zusammengestürzten Heidenmauer. Auf diese Mauer wird weiter oben, vor der Burg, auf zwei aufrechtstehenden, viereckigen Pfeilern, den „pilastres", hingewiesen.

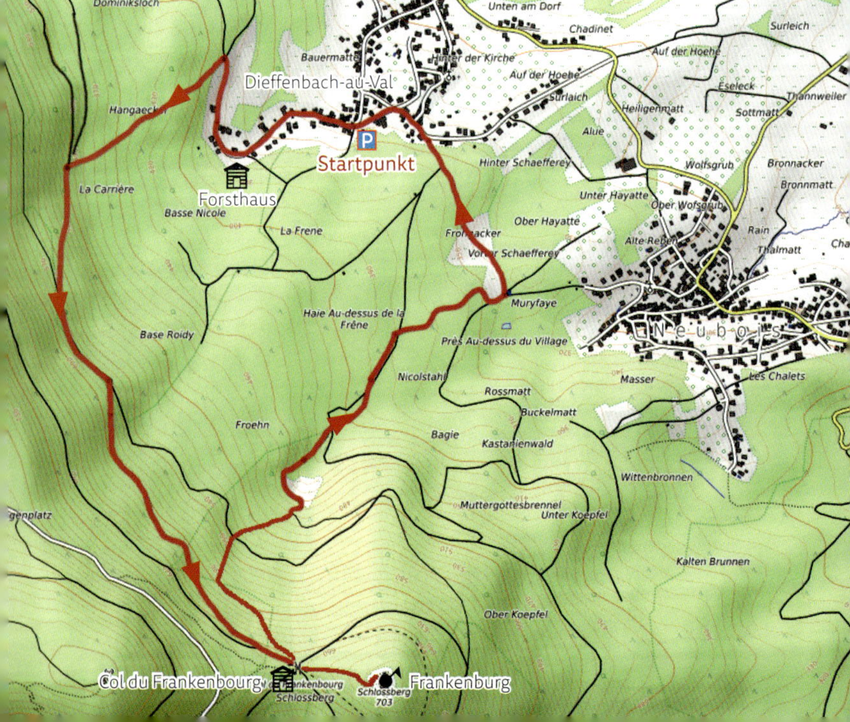

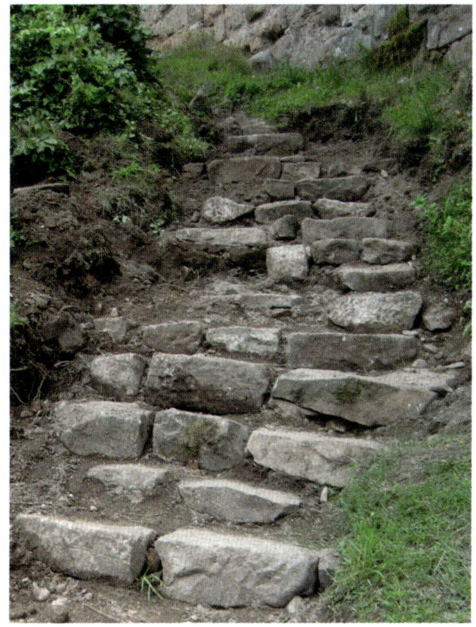
Steil und steinig ist der Weg zur Frankenburg.

Sie gehen denselben Weg wieder zurück bis zum Col du Frankenbourg. Dann folgen Sie nach rechts dem **blauen Kreuz** und **grünen Ring** ins Tal hinunter. Nach etwa einer halben Stunde gabelt sich der Weg, das blaue Kreuz führt nach Neubois, Sie nehmen das **rote Dreieck** nach Dieffenbach und wandern meist auf einem breiteren Wirtschaftsweg. Dann erreichen Sie auf der linken Seite eine alte Eiche, darunter steht eine Bank. Dort gehen Sie nach rechts in den Wald hinein, folgen dem **grünen Ring** und später auch **grünen Dreieck**.
Hinter einer Wiese gabelt sich der Weg erneut, Sie gehen weiter nur noch dem **grünen Dreieck** nach. Kurz vor Dieffenbach kommen Sie an eine Kreuzung und folgen dem **roten Ring** auf schmalem Pfad durch den Wald. An einem Parkplatz mit Brunnen halten Sie sich geradeaus und erreichen nach wenigen Metern den Parkplatz an der Rue de la maison forestière.

Die Geschichte der Frankenburg

Es ist ein geschichtsträchtiger Ort, der Schlossberg, auf dem die Frankenburg thront. Bedeutende Reste von Steinwällen, denen auf dem Odilienberg vergleichbar, befinden sich in unmittelbarer Nähe der Burg. Relikte aus der Steinzeit wurden hier gefunden. Es wird vermutet, dass diese Wälle von den Kelten (600–58/52 v. Chr.) errichtet wurden.

Eine weitere Vermutung ist, dass die Frankenburg von dem Merowinger-König Chlodwig (466–511) auf einem römischen Kastell errichtet wurde und die älteste Burg des Elsass sei.

Ab dem 12. Jahrhundert wird die Geschichtsschreibung konkreter. 1123 wird die Burg in einer Urkunde des Salierkaisers Heinrich V. als Eigentum des Grafen von Werd beschrieben. Dieses Geschlecht stammt von den Grafen Saarbrücken ab. Sigisbert war der Sohn des ersten Saarbrücker Grafen und nannte sich später von Frankenburg. Ab 1196

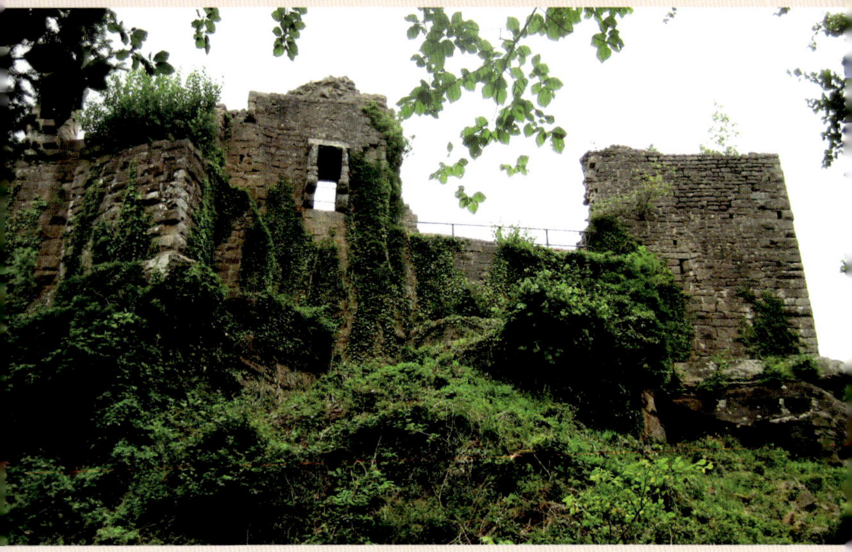

Eine der ältesten Burgen im Elsass: Die Frankenburg.

wurde sein Sohn Sigisbert II. der erste Landgraf im Elsass. Sein Nachfolger war dann Heinrich von Werd, der die Burg dem Straßburger Bischof zu Lehen übertrug und sie danach wieder zurückerstattet bekam.

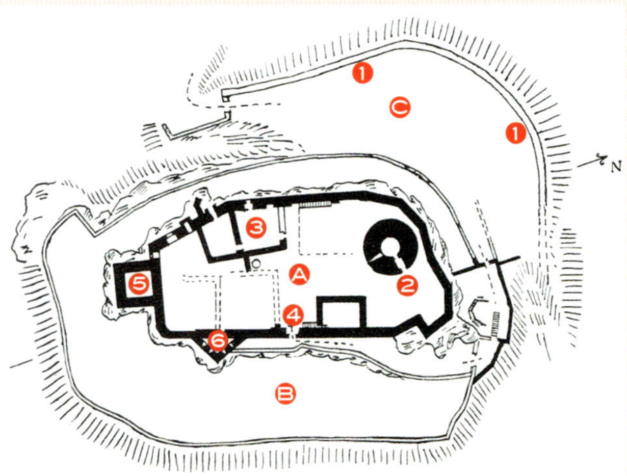

FRANKENBURG

A: Hauptburg
B: Vorburg
C: Vorhof

1. Alte Umfassungsmauer
2. Berchfrit
3. Palas
4. Haupteingang
5. Viereckiger Turm
6. Flankierungsturm

Nachdem die von Werds 1393 ausgestorben waren, verpfändete der Straßburger Bischof Burkhardt von Lützelstein die Frankenburg an die Leininger, und 1449 an die Familien von Uttenheim und Bock von Bläsheim. Sie blieb dennoch im Besitz des Straßburger Domkapitels.

1582 zerstörte ein Feuer die Burg, die danach aber wieder aufgebaut wurde. Erst im Dreißigjährigen Krieg (1618-1648) wurde sie vollends zerstört und nicht mehr bewohnt, so dass sie allmählich verfiel.

Einen runden Bergfried gibt es wirklich selten.

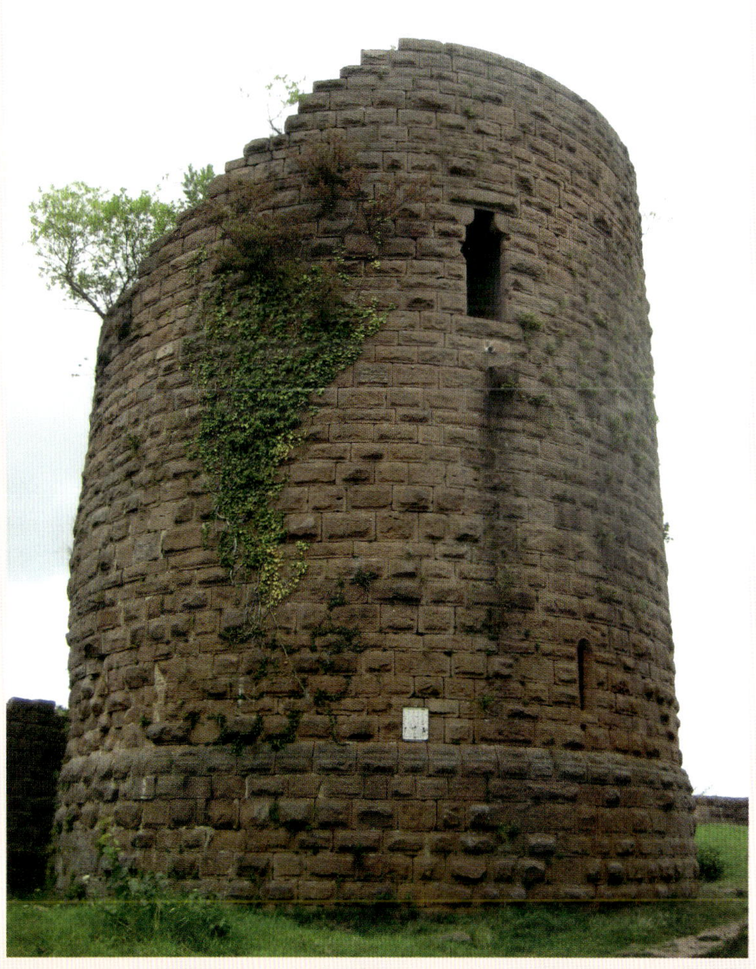

17. Hohkönigsburg und Ödenburg

Start am Parkplatz Schaentzel, westlich der Burg.
Einkehren in der Gaststätte auf der Hohkönigsburg.

Schon von Weitem ist die Hohkönigsburg zu sehen. Hoch thront sie über dem Rheintal. Sie ist die bekannteste Burg weit und breit und entsprechend viel besucht. Am Wochenende ist es dort schlicht und einfach voll. Ein paar Meter weg von der Burg finden Sie an stark frequentierten Tagen dennoch Ruhe und können eine ganz versteckte Burgruine, die Ödenburg, entdecken. Der Zugang zu dieser Ruine ist bisweilen versperrt, aber der Durchgang dorthin trotzdem möglich und der Weg gekennzeichnet.

Dauer der Wanderung	4 Stunden / 12 km
Höhe der Burgen	beide 757 m
Einkehrmöglichkeit	**Taverne du Haut-Kœnigsbourg,** Château du Haut-Kœnigsbourg, 67600 Orschwiller, Tel. +33 3 88 82 37 80. Die Öffnungszeiten entsprechen denen der Burg. Die Burg ist jeden Tag geöffnet bis auf den 1. Januar, 1. Mai und 25. Dezember. Im Winter ist sie von 9.30 Uhr bis 16.30 und von März bis Oktober von 9.30 Uhr bis 17 Uhr geöffnet. Auch gibt es einen Kiosk an der Hohkönigsburg.
Etappen der Wanderung	Vom Parkplatz zur Hohkönigsburg: 45 Minuten Von der Hohkönigsburg zur Ödenburg: hin und zurück 40 Minuten Von der Hohkönigsburg zurück zum Parkplatz: 2 Stunden
Wanderkarte	IGN 3717 ET
Anfahrt und Parkplatz	Die Haut-Kœnigsbourg liegt nahe Sélestat. Von Kintzheim aus fahren Sie auf der D 159, von Saint-Hippolyte auf der D 181 und folgen der Beschilderung „Château du Haut-Kœnigsbourg". Unterhalb der Burg bringt Sie die D 42 nach Thannenkirch. Unterwegs kommen Sie an der Pension „Le Schaentzel" vorbei, dort können Sie parken.

Wegbeschreibung

Vom Parkplatz aus geht es mit dem **roten Kreuz** und **roten Balken** geradeaus in den Wald. Nach wenigen Metern gabelt sich der Weg zum ersten Mal, Sie gehen jetzt – und auch bei der zweiten Gabelung – nach rechts dem **roten Balken** und der **gelben Raute** nach. Ein Schild weist auf die Hohkönigsburg hin. Zunächst laufen Sie recht bequem auf einem breiten Wirtschaftsweg am Hang entlang. Wenn die Blätter der Bäume die Sicht nicht versperren, sehen Sie auf der linken Seite zunächst die Frankenburg, später auch die Ortenberg und darunter die Burg Ramstein. Nach etwa 30 Minuten geht es mit dem **roten Balken** und der **gelben Raute** rechts ab, quasi mit einer Spitzkehre auf schmalem Pfad den Berg zur Hohkönigsburg hinauf. Über eine Treppe neben dem Kiosk erreichen Sie die Burg. Der Eingang liegt auf der anderen Seite und ist ausgeschildert.

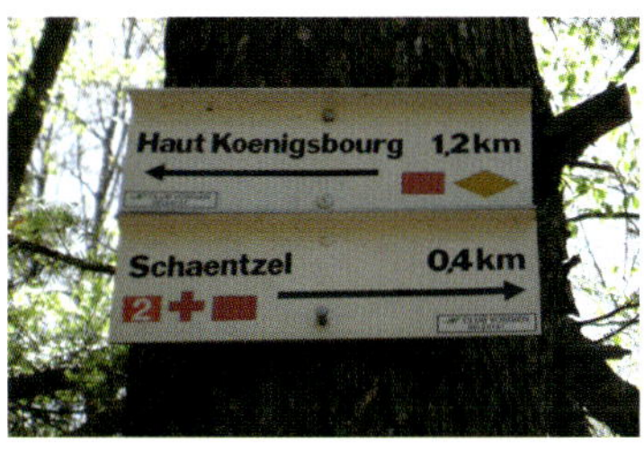

Gut ausgeschildert sind die Wege im Elsass.

Zur Ödenburg gibt es einen Rundweg von der Hohkönigsburg aus, der mit dem **roten Ring** gekennzeichnet ist. Entweder beginnen Sie am Eingang zum Restaurant und der Bibliothek, auf der rechten Seite der

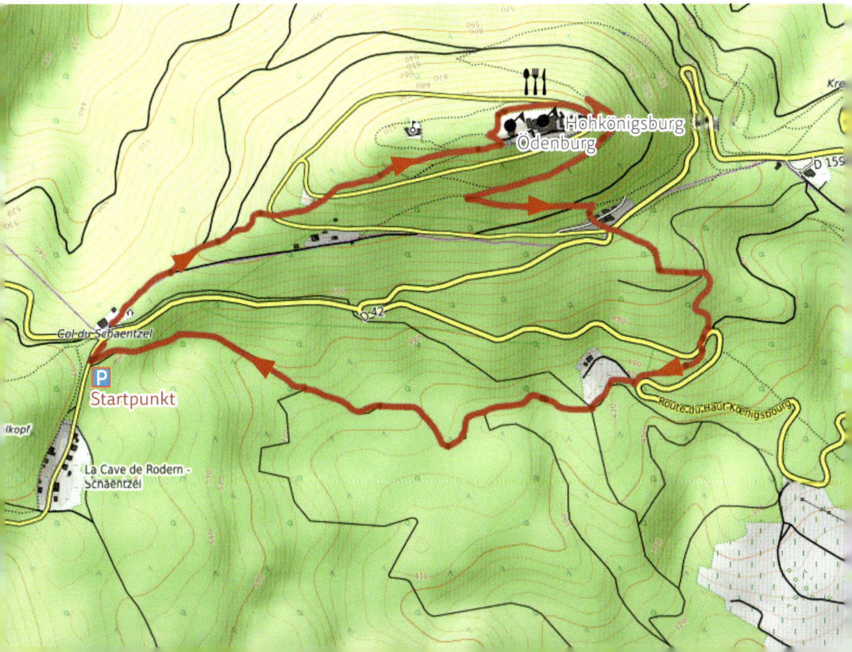

Burg. Die Markierung ist an einem Baum angebracht. Oder Sie gehen bergan Richtung Haupteingang und bleiben geradeaus, statt nach rechts zur Kasse abzubiegen. Achtung: Gehen Sie nicht den Berg hinunter, sondern geradeaus dem **roten Ring** nach! Die Ödenburg ist eingezäunt und stellt einen starken Kontrast zur wieder aufgebauten Hohkönigsburg dar.

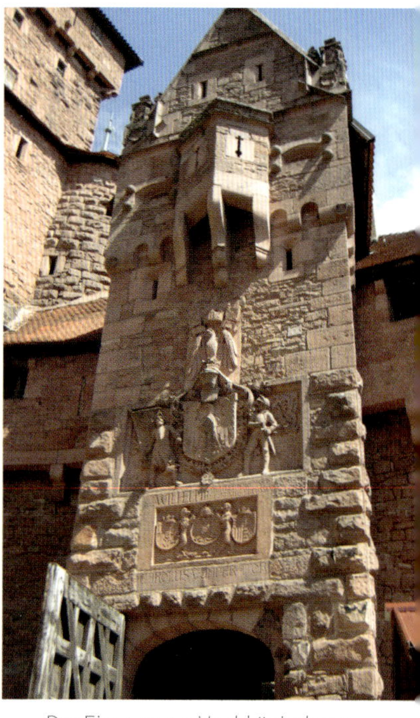

Der Eingang zur Hochkönigsburg.

Zurück zum Parkplatz steigen Sie dieselbe Treppe, die Sie hochgekommen sind, am Kiosk vorbei, mit dem **roten Balken** hinunter. Nach etwa einer halben Stunde verlassen Sie den Weg und folgen in einer Spitzkehre nun dem **rot-weiß-roten Balken**. Der Weg führt rechts ziemlich steil bergab zur Straße. Sie kommen in das Gelände eines Restaurants, (wahrscheinlich geschlossen) überqueren den Parkplatz, gehen auf der anderen Seite wieder eine Treppe hinunter und stoßen auf eine Kreuzung. Sie gehen auf der anderen Seite mit dem **rot-weiß-roten Balken** weiter Richtung St. Hippolyte. Sie laufen durch einen schönen Steineichenwald, kommen am Rehbrunnen, der Fontaine du Chevreuil, vorbei und erreichen wieder die Straße. Auf der anderen Seite sehen Sie einen Unterstand, die 1908 errichtete Gloriette. Sie folgen ein kurzes Stück dem **rot-weiß-roten Balken**, **roten Punkt** und **roten Ring**. Bald geht es nur noch mit dem **roten Ring** nach rechts. Auf der rechten Seite sehen Sie ein Forsthaus. Sie laufen zunächst auf einem bequemen Wirtschaftsweg und kommen auf einer Höhe von 426 Meter zum Teufelsloch mit schönem Blick auf die Hohkönigsburg. Hier entscheiden Sie, ob Sie mehr oder weniger wandern wollen. Wer verlängern möchte, folgt dem **blauen Punkt** und – optional – auch noch dem **roten Ring** zum Parkplatz. Wollen Sie „abkürzen", nehmen Sie den **roten Ring** und das **blaue Dreieck**. Sie überqueren wieder die D 42 und gehen etwa noch eine halbe Stunde parallel zur Straße im Wald zum Parkplatz. Durch Waldarbeiten ist der Weg hier nicht immer erkennbar markiert, Sie können sich aber nicht verlaufen.

Die Geschichte der Hohkönigsburg

»... freue ich mich, nunmehr auch in dem schönen Elsass einen eigenen Besitz zu haben und zugleich Eigentümer der größten und am besten erhaltenen deutschen Burgen zu sein, deren Steine uns das Wesen deutscher Ritterlichkeit aus längst vergangener Zeit mit beredter Sprache verkünden.« Also sprach 1899 Kaiser Wilhelm II., als ihm von der Stadt Schlettstadt die Hohkönigsburg geschenkt wurde.

HOHKÖNIGSBURG

A: Vorhof
B: Hochschloß
C: Der obere Garten
D: Das große Bollwerk
E: Zwinger
F: Tiergarten

1. Eingänge
2. Torhaus
3. Wirtshaus und Stallungen
4. Batterietürme
5. Schmiede
6. Pfisterei
7. Ein zweites Haupttor zum nördlichen Zwinger (E)
8. Tor an der „unteren Wacht im Vorhof"
9. Aufgangstreppe zum Hochschloß mit Fallbrücke
10. Das fünfte Tor mit den Wappen des Herrn von Bollweiler und derer von Sickingen
11. Brunnenhof
12. Burghof
13. Südseite des Burghofes, unten Eingangshalle, darüber in zwei Geschossen Wohnräume und die Kapelle
14. Westseite des Burghofes, der Saalbau mit Vorratskellern im Erdgeschoß
15. Nordseite des Burghofes, der Küchenturm mit der großen Burgküche
16. Ostseite des Burghofes, der Berchfrit auf 5m höher liegendem Felsen ansteigend.
17. Wendeltreppen u. die „große Schnecke"
18. Zisterne
19. Tor
20. Wirtschaftsräume
21. Überbrückter Graben mit Fallbrücke, 7m tief aus dem Felsen herausgehauen
22. Zisterne im oberen Garten (C)
23. Abschlussmauern aus romanischer Zeit; später (1479-1481) als Verbindungsmauer mit Wehrgang hergestellt
24. Das große Bollwerk (F), der „neue Mantel" zur Aufnahme von Pulvergeschützen
25. Der große Strebepfeiler, der den Küchenbau stützt, im Zwinger (E)

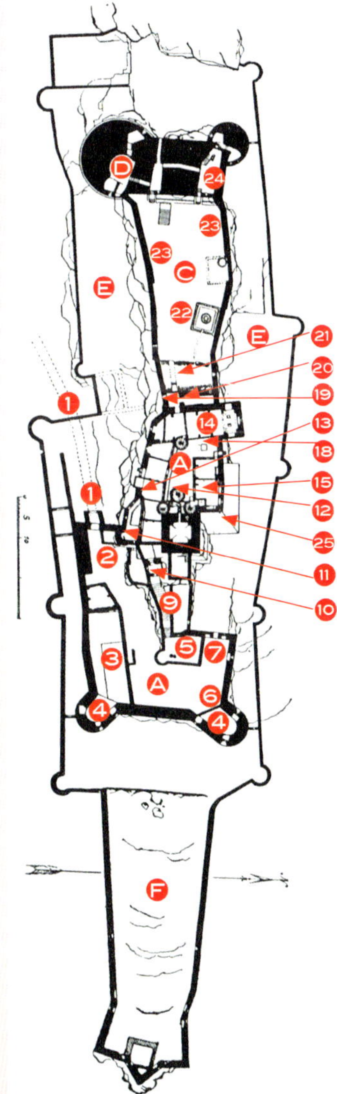

Von 1901 bis 1908 wurde die auf 757 Metern hoch über dem Rheintal gelegene, strategisch einst wichtige Burg von dem Architekten Bodo Ebhardt rekonstruiert – mit viel Fantasie, anhand von Ruinenresten und dem Aussehen der Burg aus dem Jahr 1480. In diesem Jahr ist die zuvor zerstörte romanische Burg von den Herren von Thierstein wieder aufgebaut worden.

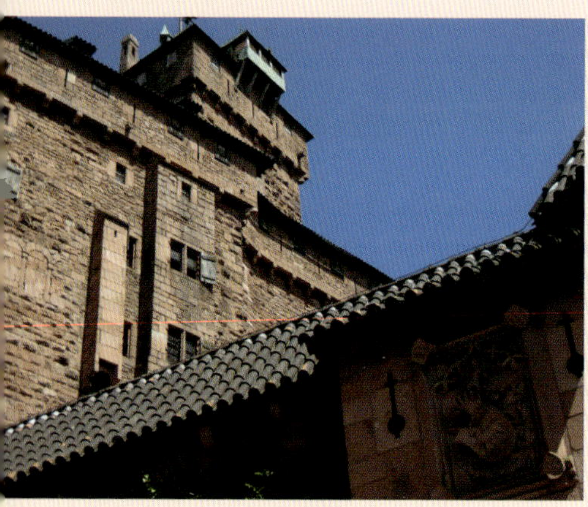

Wieder aufgebaut: Die Hohkönigsburg.

Zum ersten Mal wurde die Hohkönigsburg 1147 durch den Stauferkönig Konrad III. beurkundet. Die Staufer waren Herzöge in Schwaben, ihr Geschlecht geht auf Friedrich von Büren zurück. Dieser Friedrich heiratete Hildegard von Egisheim-Dagsburg, und so kam das Obere Elsass um Schlettstadt zu den Staufern. Friedrich und Hildegard waren die Großeltern von Konrad, dem Erbauer der Königsburg. Mit einer Länge von 270 Metern ist sie die stattlichste und weiträumigste Wehranlage im Elsass. Es wird angenommen, dass auf dem Bergrücken zur gleichen Zeit auch die benachbarte Ödenburg gebaut wurde, die aber erst später so genannt wurde.

Nach dem Niedergang der Staufer (1138–1254), aber noch zu Zeiten Kaiser Friedrich II. verlor die Burg an Bedeutung und kam in den Besitz des Herzogs von Lothringen, der sie als Lehen den Grafen von Werd gab. Dieses einflussreiche Geschlecht hatte bereits die in unmittelbarer Nähe gelegene Freundstein zu Lehen. Die Burg wurde Afterlehen. Zwischen 1267 und 1276 kamen die Herren von Rathsamhausen und Hohenstein zur Königsburg. Sie wurde ein Ganerbenbesitz. Dabei handelte es sich aber zum Großteil um die beiden nebeneinander liegenden Burgen, heute die Hohkönigsburg und die Ödenburg.

Zu Beginn des 14. Jahrhunderts sagten sich die elsässischen Grafengeschlechter immer mehr vom Lothringer Herzogtum los. Der Besitzerwechsel nahm seinen Lauf. Es folgten die – ebenfalls mit den Staufern verwandten – Grafen der Öttinger, dann kam die Burg 1359 an den Bischof Johann von Straßburg. 1398 waren wieder die Herren von Rathsamhausen auf der Burg, ab 1442 auch die Herren von Hohenstein.

Seit 1453 heißt sie Hohkönigsburg. Der Name wird edler, die Adeligen weniger. Erst fingen die Bewohner der Burg, Jakob und Anton von Hohenstein und ein Hans von Westernach, Streit mit Friedrich dem Siegreichen, dem Kurfürsten von der Pfalz, an. Der Pfalzgraf nahm die Burg 1454 ein. Die Hohensteiner blieben weiter auf der Burg, hinzu kamen Verwandte, die Brüder Heinrich und Reinhard Mey von Lambsheim. Sie waren Raubritter. Das ließen sich die geschädigten Bürger der Dörfer und Städte, die bis nach Basel von den Plünderungen und Überfällen betroffen waren, nicht länger gefallen. Sie statteten ein Heer aus und zogen 1462 vor die Burg, nahmen sie ein und zerstörten sie. Die Hohkönigsburg wurde eine Ruine. Sie wieder aufzubauen, sollte sich aber lohnen. Zunächst war unklar, wer denn der eigentlich Lehnsherr der Burg war. Die Habsburger, Kaiser Friedrich III. (1415–1493) und sein Vetter, Erzherzog Sigmund von Österreich, stritten darüber. Jedenfalls setzte sich der Erzherzog gegen den Kaiser durch, und die Burg ging als Lehen an den Grafen Oswald von Thierstein, der sie ab 1479 wieder aufbaute. Die Hohkönigsburg erlebte unter diesen Grafen eine Blütezeit. 1517 starben die von Thiersteins aus, die Hohkönigsburg fiel wieder an die Habsburger, an Kaiser Maximilian. Verwaltet wurde sie von habsburgischen Vögten, 1533 waren das die Söhne Franz von Sickingens, der zehn Jahre zuvor auf der pfälzischen Burg Nanstein bei Landstuhl im Kampf mit den Soldaten des Trierer Erzbischofs Richard von Greiffenklau zu Vollrads gestorben war.

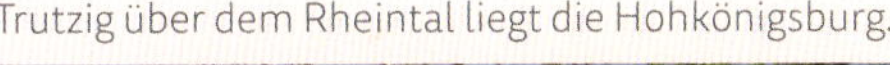

Trutzig über dem Rheintal liegt die Hohkönigsburg.

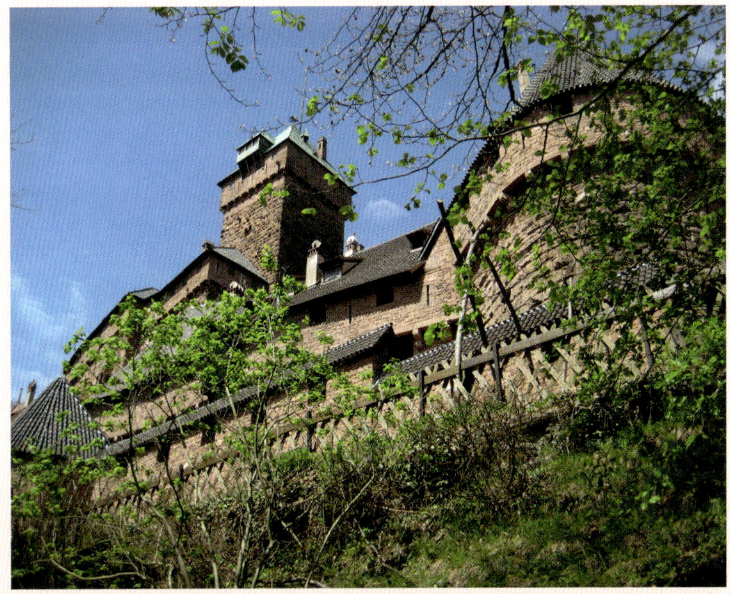

Die Hohkönigsburg, eine strategisch wichtige Anlage, verfiel trotz gelegentlicher Ausbesserungen immer mehr. 1633, im Dreißigjährigen Krieg (1618–1648), wurde die Burg von schwedischen Truppen in Brand gesteckt und blieb bis zum Wiederaufbau durch Kaiser Wilhelm II. Ruine.

Die Geschichte der Ödenburg

Die Geschichte der Ödenburg, auch Klein-Königsburg genannt, ist eigentlich nicht von der Geschichte der Hohkönigsburg zu trennen. Eine erste Erwähnung stammt aus dem Jahr 1147. Die Rede war von zwei Türmen auf dem Staufenberg; der eine Turm soll dem Stauferkönig Konrad III., der andere dem Herzog des Elsass, Konrads Bruder Friedrich II. von Schwaben, gehört haben – so die Vermutung.

Jedenfalls blieb sie bis zum Ende der Staufer-Ära 1254 in den Händen dieses Geschlechts. Im Interregnum, der sogenannten kaiserlosen Zeit, kam sie zu den Herren von Rathsamhausen. Zwischendurch sollen weniger edle Ritter auf der Burg gelebt haben, wie später auch auf der Hohkönigsburg. Aber schon 1417 wird die Burg als „Odenburg zu Kundsberg“ (Königsberg) bezeichnet, was bedeutet, dass sie im 15. Jahrhundert schon eine Ruine, eine „öde Burg“, war.

Neben der Hohkönigsburg liegt die Ödenburg..

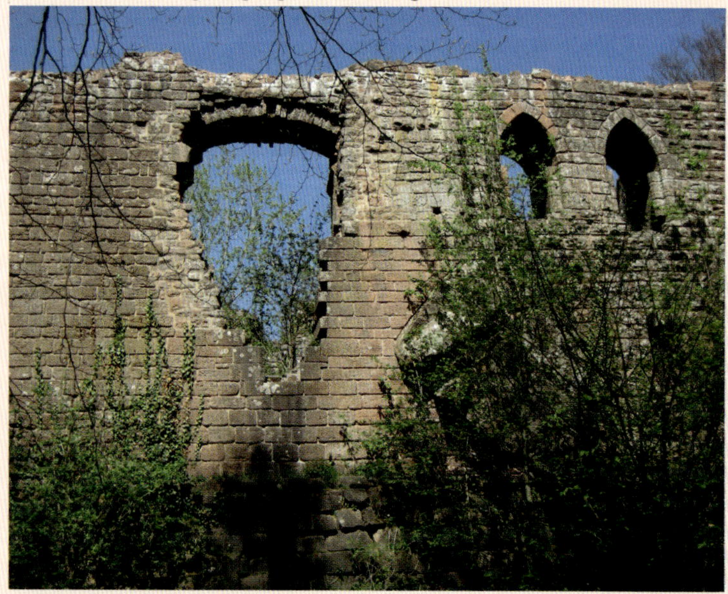

Erhalten sind von dieser Burg, deren Zutritt durch einen Zaun versperrt ist, drei Außenwände des Palas, deren Spitzbogenfenster ein imposantes Bild abgeben. In den letzten Jahren wurden hier Grabungen vorgenommen.

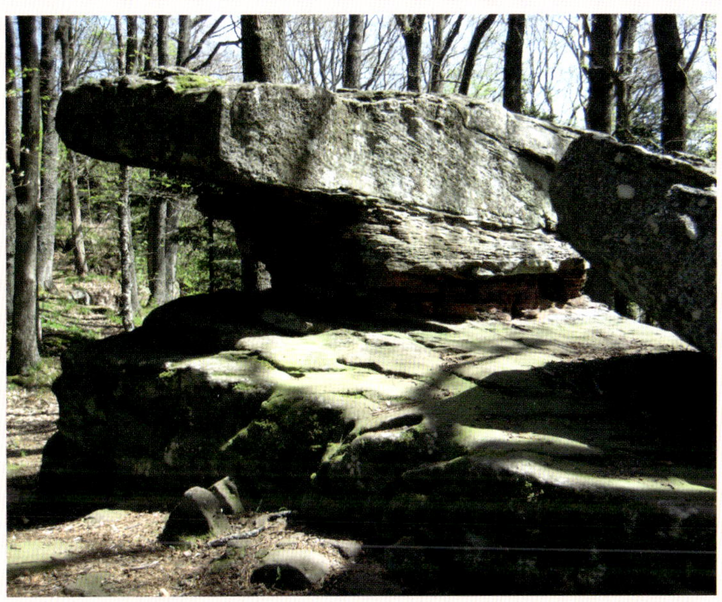

Mächtige Felsen auf dem Weg von der Hohkönigsburg zur Ödenburg.

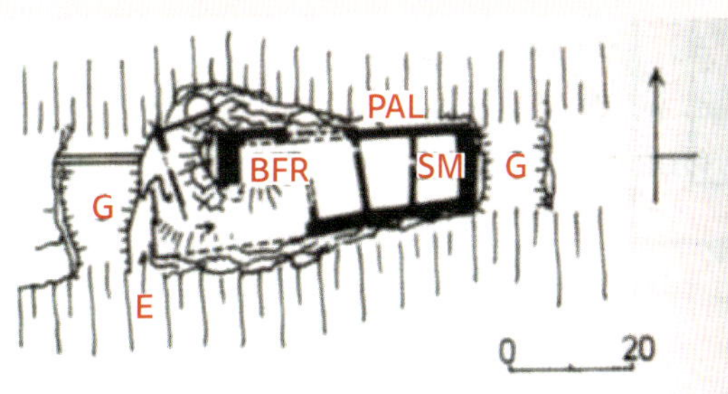

ÖDENBURG

PAL: Palas
SM: Schildmauer
G: Burggraben
BFR: Bergfried
E: Eingang

18. Hohrappoltstein, Girsberg und Ulrichsburg

Start am Ortseingang von Thannenkirch.
Einkehren in Ribeauvillé.

Das Elsass verfügt über einen wahren Schatz an Burgruinen, aber manche sind einfach unerreichbar. So die Burg Girsberg, direkt neben der eindrucksvollen Ulrichsburg gelegen. Ein Aufstieg über die Felsen fehlt. Doch der zauberhafte Blick auf die Ulrichsburg entschädigt für die verhinderte Besichtigung. Auch Hohrappoltstein wird als „gefährliche Burg" eingestuft, die nicht betreten werden sollte. Dennoch können Sie die Burg auf eigene Gefahr besichtigen.

Der Wanderweg führt über die Höhe durch den berauschend schönen Wald der Vogesen.

Dauer der Wanderung	3 ½ Stunden / 12 km Erweiterung nach Ribeauvillé: 4 ½ Stunden / 14 km
Höhe der Burgen	Hohrappoltstein: 642 m, Ulrichsburg und Girsberg: 528 m
Einkehrmöglichkeit	**Gaststätten in Ribeauvillé**
Etappen der Wanderung	Vom Parkplatz zur Hohrappoltstein: 1 ¾ Stunden. Von der Hohrappoltstein zur Ulrichsburg: 20 Minuten. Von der Ulrichsburg zur Burg Girsberg: je 5 Minuten. Von der Ulrichsburg zurück zum Parkplatz: 1 ¼ Stunden. Vom Parkplatz nach Ribeauvillé: hin und zurück 1 Stunde.
Wanderkarte	IGN 3717 ET und IGN 3718 OT
Anfahrt und Parkplatz	Sie parken in Thannenkirch, südwestlich von Sélestat. Von Bergheim aus kommend, nehmen Sie die D 42 nach Thannenkirch und sehen linkerhand kurz vor Ortseingang den ausgewiesenen Parkplatz.

Wegbeschreibung

Vom Parkplatz aus gehen Sie in den Wald und sehen bald die Zeichen **roter Balken, roter Ring und rot-weiß-roter Balken**, denen Sie den Berg hoch folgen. Nach etwa 40 Minuten kommen Sie an ein Kreuz im Wald und gehen dem **rot-weiß-roten Balken** nach. Sie erreichen auf 645 Metern Höhe eine große Wegkreuzung, den Carrefour du Cerisier Noir (Kreuzung der schwarzen Kirschbäume), und bleiben dem **rot-weiß-roten Balken** treu – auch an der nächsten Kreuzung. Danach teilt sich der Weg. Die Markierung führt nach rechts, ein Weg nach links Richtung Ribeauvillé. Sie gehen mit dem **rot-weiß-roten Balken** weiter geradeaus, kommen an eine Wegkreuzung und folgen nun dem **roten Balken** zu den drei Burgen. Sie kommen wieder an einen Platz und gehen dort geradeaus bergan zur Hohrappoltstein. Die Burg ist gesperrt. Wenn Sie die Burg umrunden, werden Sie eine kleine, gotische Eingangstür finden.

Von der Hohrappoltstein aus gehen Sie bergab, wie Sie gekommen sind, und folgen unten am Platz den Zeichen **GR 5** und **roter Balken** zur Ulrichsburg. Es geht einen stein- und wurzelreichen Weg hinunter. Von der Ulrichsburg haben Sie einen sehr schönen Blick auf die Burg Girsberg und umgekehrt.

Von der Ulrichsburg aus folgen Sie dem **gelben Kreuz** über die Burgruine Girsberg bis zum **roten Dreieck**, das Sie zurück an den Platz mit

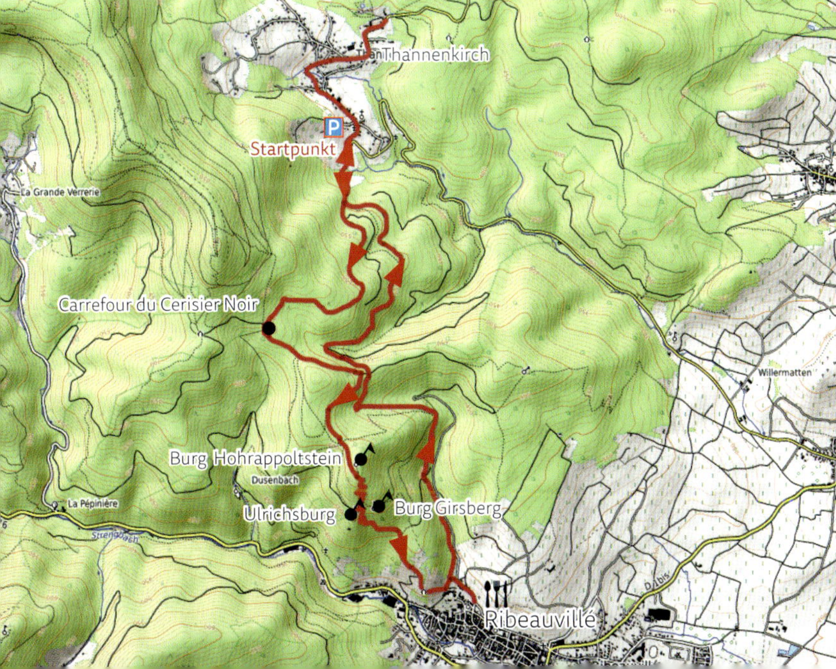

den vier Eichen bringt. Von dort gehen Sie mit dem **roten Balken** und **blauen Kreuz** bis zum Parkplatz. Am Schluss kommt auch der **rote Balken** dazu.

Wenn Sie in einem der Gasthäuser in Ribeauvillé einkehren möchten, verlängert sich die Wanderung um etwa eine Stunde. Dazu folgen Sie weiter dem **roten Balken**, kommen an einem Wanderparkplatz vorbei und gehen in den Ort. Wenn Sie zurückkehren, gehen Sie wieder zu diesem Wanderparkplatz und folgen dem **gelben Kreuz**, bis dieses nach links abbiegt. Jetzt weist Ihnen das **rote Dreieck** den Weg, danach der **rote Balken**; ein Weg mit dem blauen Kreuz geht nach rechts ab. Sie bleiben auf dem mit dem **roten Balken** und **GR 5** markierten Weg. Kurz vor dem Parkplatz laufen Sie auf demselben Weg zurück, wie Sie die Wanderung begonnen haben.

Die Geschichte der Burgen Hohrappoltstein, St. Ulrich und Girsberg

Drei Burgen, eine Geschichte? Nicht ganz. Aber die Geschichten der Burgen sind doch eng miteinander verwoben, teilweise schwer zu trennen und gehen im Wesentlichen auf die Familie von Rappoltstein zurück.

Die Burg Girsberg (früher „der Stein" genannt) ist eindeutig die jüngste und kleinste. Nicht abschließend geklärt ist die Frage, welche der Burgen – Hohrappoltstein oder die Ulrichsburg – die ältere ist. Ob die Hohrappoltstein, auch Altenkasten genannt, oder die Ulrichsburg, die vor dem 15. Jahrhundert auch Rappoltstein genannt wurde, die älteste ist, lässt sich aus den Quellen nicht eindeutig erkennen. Beide Burgen

Schwer zugänglich: Burg Hohrappoltstein.

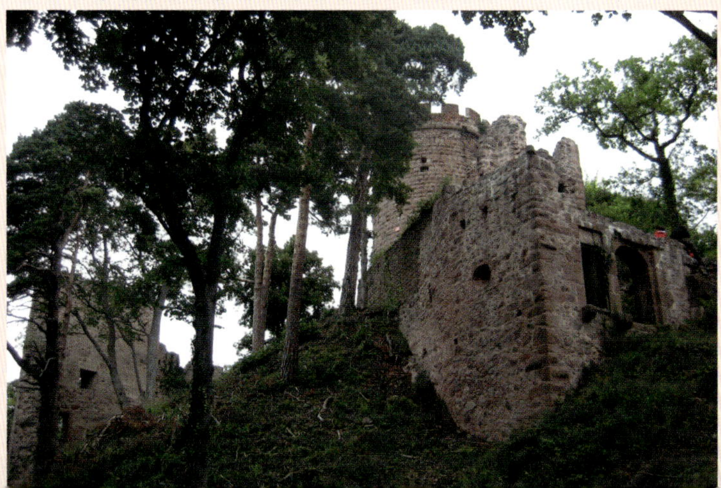

gehen auf das 11. Jahrhundert zurück und waren Lehen von Bistümern: Hohrappoltstein gehörte zum Bistum Bamberg, die Ulrichsburg war ein Lehen des Bischofs von Basel.

Der Salier-Kaiser Heinrich IV. übertrug in seinem Todesjahr, 1084, dem Bistum Basel dieses Territorium, sicher auch als Dank für die Unterstützung bei seinem Gang nach Canossa. Sein Nachfolger und Sohn, Heinrich V., machte die Schenkung 1114 rückgängig, Kaiser Barbarossa gab 1162 das Gebiet dann dem Bischof wieder zurück. In dieser Zeit sollen die Herren von Rappoltstein auf dem Berg entweder in Hohrappoltstein oder der etwas tiefer gelegenen Burg, der heutigen Ulrichsburg, gelebt haben.

Die Herren von Rappoltstein starben in männlicher Linie 1157 aus. Zur Familie gehörte auch Emma, Tochter Adalberts II. von Rappoltstein,

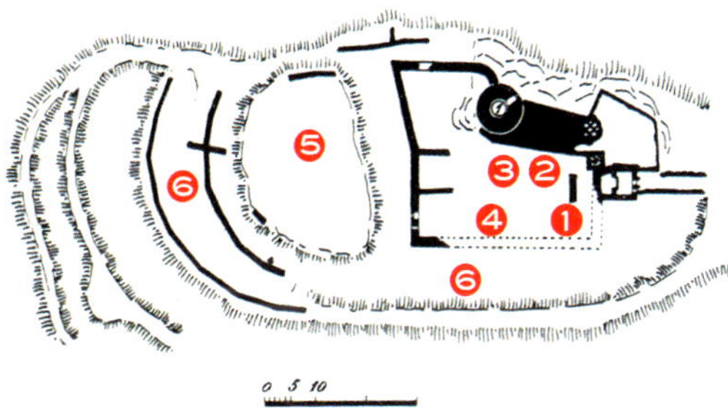

HOHRAPPOLTSTEIN

1. Berchfrit
2. Wohngebäude
3. Hof
4. Wohnbau
5. Vorburg
6. Graben

der 1147 gestorben war. Sie heiratete Egenolf I. von Urslingen, der die neue Linie der Herren von Rappoltstein gründete. Aus dem Jahr 1219 ist überliefert, dass sich die Nachkommen Egenolfs I. dann Herren von Rappoltstein nannten und lange Zeit, bis zum Dreißigjährigen Krieg (1618–1648), auf der heutigen Ulrichsburg wohnten. Hohrappoltstein und das umliegende Gebiet wurden dem Bistum Bamberg bei dessen Gründung durch Kaiser Heinrich II. (973–1024, Kaiser ab 1014) aus dem Geschlecht der Ottonen übertragen. Damals waren entfernte Kirchbesitztümer keine Seltenheit. Die Burg kam dann an die von Rappoltstein, die sie an Burgmannen mit dem Namen von Altenkastel vergaben. In einer Urkunde ist überliefert, dass der Bischof von Bamberg den Ritter Anselm von Rappoltstein 1291 mit der Burg und den entsprechenden Gütern belehnte.

Zur selben Zeit waren die Adeligen von Rappoltstein auch Herren der tiefer gelegenen Burg. Das obere Alte Kastell wurde zeitweise als Gefängnis genutzt. So waren dort von 1384 bis 1387 ein englischer Ritter eingekerkert, 1477 der Graf von Chimay und 1498 selbst ein Familienangehöriger, der wohl auf Abwege geraten war, um nur einige zu nennen.

Ein Gefängnis war auch in der bedeutendsten der drei Burgen über Ribeauvillé, der Ulrichsburg, vorhanden. Dort verbüßte ab 1487 die schöne, aber moralisch nicht gefestigte Kunigunde von Girsberg oder Hungerstein ihre frevlerische Tat. Sie hatte mit Komplizen ihren wesentlich älteren Ehemann, Wilhelm von Hungerstein, ermordet und war deshalb

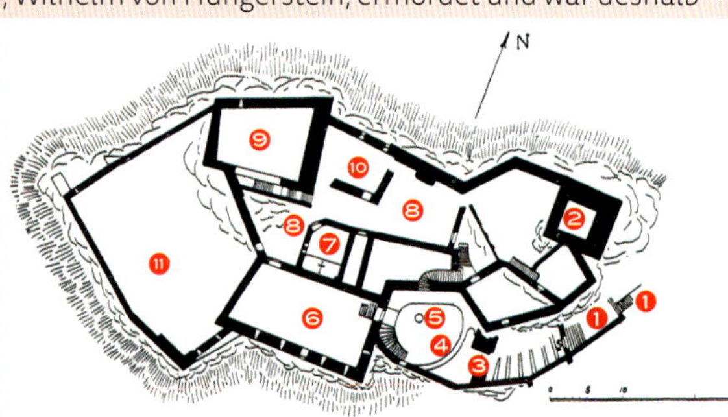

ULRICHSBURG

1. Zugang
2. Berchfrit
3. Zwischentore
4. Vorhof
5. Zisterne
6. Palas
7. Kapelle
8. Hof
9. Wohnhaus
10. Stallungen
11. Zwinger

zum Tod durch Ertrinken verurteilt worden. Aber sie wurde gerettet und kam erst Jahre später in die Gewalt und das Gefängnis Wilhelms von Rappoltstein auf die Ulrichsburg, wo sie starb, nachdem ein Fluchtversuch misslang. König Rudolf I. übernachtete am 27. Oktober 1281 auf der Ulrichsburg. Als Graf von Habsburg lebte er bis 1273 auf der nahe gelegenen Ortenberg, auf der damals Heinrich III. von Rappoltstein Herr war.

Bis 1293 gehörte das Burgenensemble wohl den Rappoltsteinern. Später wurde es unter den Verwandten geteilt, „der Stein", später Girsberg genannt, verkauft. Girsberg, die kleinste und am tiefsten gelegene Burg, wurde wohl auch von den Herren von Rappoltstein errichtet, vermutlich im 13. Jahrhundert. Aber schon wenige Jahre nach ihrer Errichtung, 1288, wurde „der Stein" durch einen Blitz zerstört und zunächst nicht wieder aufgebaut. Um 1316 vermachte Heinrich IV. von Rappoltstein „den Stein" den Herren von Girstein, die nicht weit entfernt im Münstertal ansässig waren. Die Burg wurde wieder aufgebaut und in Girsberg umbenannt. Die Nachbarschaft scheint aber nicht friedlich gewesen zu sein, denn die Rappoltsteiner meldeten Eigenbedarf an.

Blick von der Burg St. Ulrich zur Burg Girsberg.

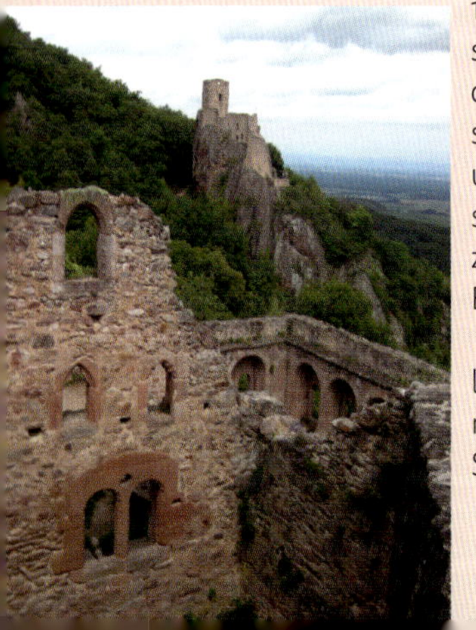

Die Familie von Rappoltstein teilte bisweilen ihren Besitz, Burgen inbegriffen, von Generation zu Generation untereinander auf. So auch 1419. 1422 belagerte Smassmann I.

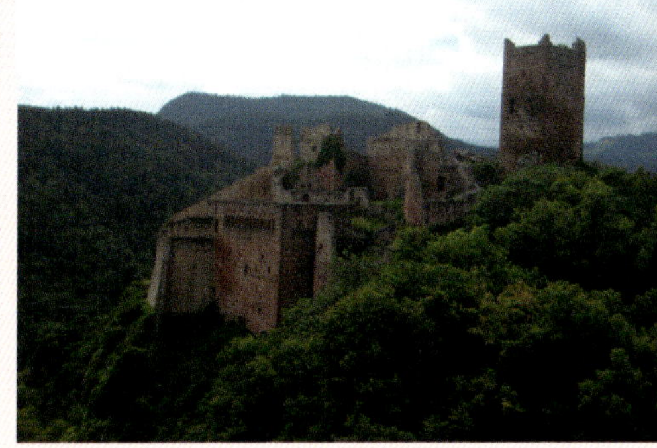
Burg St. Ulrich.

von Rappoltstein die Burg Girsberg und konnte sie einnehmen. Bis ins 16. Jahrhundert blieb sie bei den Herren von Rappoltstein. Smassmann selbst residierte auf der Ulrichsburg, die er 1435 vergrößerte und eine Kapelle (deren Altar heute noch vorhanden ist) erbauen ließ, die er dem heiligen Ulrich, dem Augsburger Bischof, weihte. Ulrich (890–973) war seit 923 Bischof und hatte sich besonders im Kampf gegen die Ungarn, die das Land immer wieder überfielen, hervorgetan. Er war auch bei dem Kampf auf dem Lechfeld 955, bei dem die Ungarn von Otto I. vernichtend geschlagen wurden, mit dabei. Schon 20 Jahre nach seinem Tod wurde er heiliggesprochen. Er ist der Schutzpatron für Reisende, Wanderer, Fischer, Winzer, Weber und Sterbende.

Die Ulrichsburg wurde im Dreißigjährigen Krieg (1618–1648) zerstört. Damals hatten sie die Herren von Rappoltstein, die sich ab dem 16. Jahrhundert selbst den Grafentitel gaben, bereits verlassen und lebten im Schloss in Rappoltsweiler, heute Ribeauvillé. Das Geschlecht starb 1673 aus.

Die Tochter des letzten Grafen zu Rappoltstein, Johann Jacob, übernahm den Namen, wurde Gräfin zu Rappoltstein und heiratete 1667 Christian II. Pfalzgraf bei Rhein, Herzog von Pfalz-Birkenfeld-Bischweiler, der dann auch den Titel Graf von Rappoltstein annahm. Der Burgenbesitz fiel so an Birkenfeld-Pfalz-Zweibrücken.

Mit der Französischen Revolution und der Aufhebung der Feudalrechte war es dann weitgehend vorbei mit der Burgenherrlichkeit und den damit verbundenen Privilegien ihrer Besitzer.

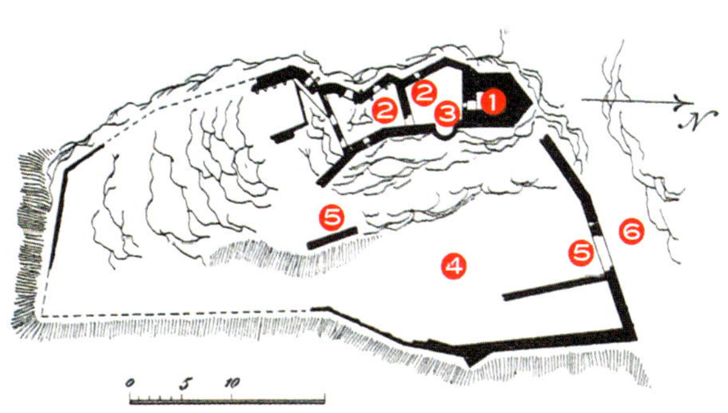

Girsberg

1. Berchfrit
2. Wohngebäude
3. Rundturm
4. Zwinger
5. Eingänge
6. Graben

19. Reichenstein, Bilstein und die Ruinen von Sylo

Start oberhalb von Riquewihr.
Einkehrmöglichkeit: keine.

Diese Wanderung fällt schon wegen ihrer Länge von 18 Kilometern etwas aus dem Rahmen. Auch ist der Weg hier und da, besonders wenn es bergab geht, unkomfortabel. Dennoch ist es eine wunderschöne Wanderung durchs Tal über die Burgruine Reichenstein, von der nur noch ein Turm erhalten ist, zur Burgruine Bilstein auf der Höhe. Weit schweift der Blick von dort über die Vogesen. Abschließend kommen Sie an der letzten Mauer von Sylo vorbei, einem ehemaligen Kloster, das nun nach und nach ausgegraben wird.

Dauer der Wanderung	4 ½ Stunden / 18 km
Höhe der Burgen	Reichenstein: 425 m, Bilstein: 757 m, Sylo: 604 m
Einkehrmöglichkeit	**Keine!**
Etappen der Wanderung	Vom Parkplatz zur Reichenstein: 20 Minuten Von der Reichenstein zur Burg Bilstein: 1 ½ Stunden Von Bilstein nach Sylo: 1 Stunde Von Sylo zurück zum Parkplatz: 1 ½ Stunden
Wanderkarte	IGN 3718 OT
Anfahrt und Parkplatz	Start der Wanderung ist in Riquewihr, südwestlich von Ribeauvillé. Sie fahren auf der D 3 in den Ort. Vor dem Ortskern biegen Sie nach links in die Avenue Méquillet ein, auf der Sie bis zu deren Ende am Place des Charpentiers bleiben. Dort fahren Sie nach links und an der nächsten Gabelung nach rechts, den Chemin de la Forêt entlang bis in den Wald hinein. Rechterhand kommen Sie an einer Hütte vorbei, dort können Sie parken.

Wegbeschreibung

Vom Parkplatz gehen Sie bis zur Haarnadelkurve der Straße. Von dort führen zwei Wege mit dem **rot-weiß-roten Balken** durch das Sembachtal. Sie nehmen den schmalen Pfad auf der linken Seite und gehen immer leicht bergan, oberhalb des kleinen Baches, der dann rechts fließt. Der Weg zur Burgruine Reichenstein ist ausgeschildert. Nach etwa 20 Minuten sehen Sie zuerst den Burggraben, dann erscheint der Turm, der nicht begehbar ist. Seien Sie vorsichtig im Burggelände!

Von der Reichenstein geht es mit dem **rot-weiß-roten Balken** weiter bergan durch das Sembachtal. Sie erreichen den Chemin de la Grande Vallée, eine Forststraße, der Sie mit dem **rot-weiß-roten Balken** weiter folgen. In einer nach links führenden Haarnadelkurve sehen Sie auf der rechten Seite eine kleine Brücke, die sie mit dem **rot-weiß-roten Balken** in den Wald bringt; Hinweisschild: Château de Bilstein, Baerenhütte, Koenigstuhl. Zwischendurch überqueren Sie einen Wirtschaftsweg.

Sie erreichen einen beschilderten Platz im Wald. Biegen Sie leicht rechts ab (nicht in den Waldweg ganz rechts!). Der Weg ist zunächst schlecht markiert, wenige Meter später sind die Zeichen besser zu sehen. Noch folgen Sie dem **rot-weiß-roten Balken**. Sie erreichen dann

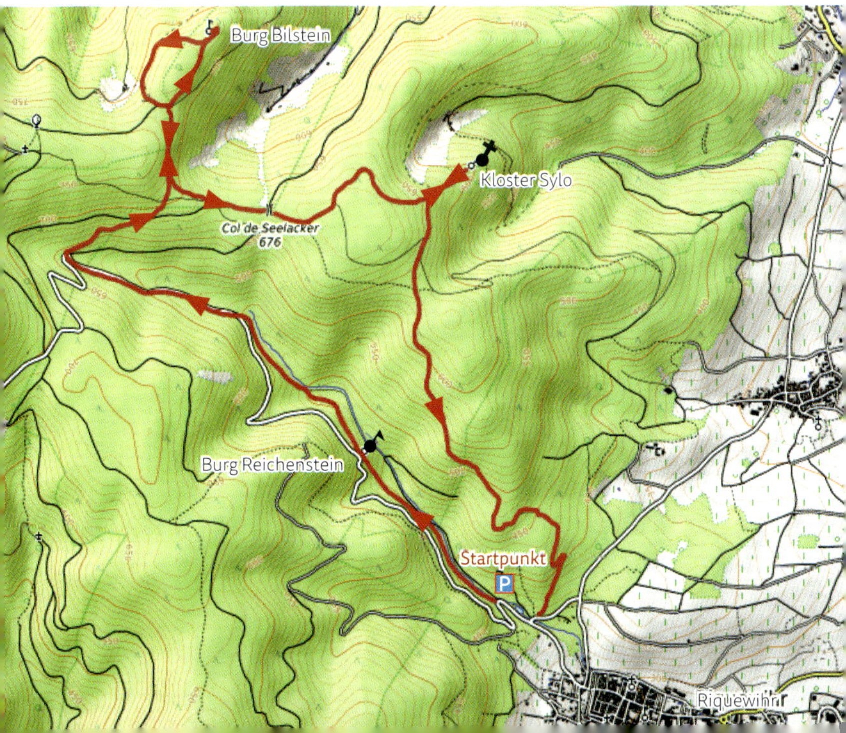

einen bequemeren Weg und gehen dort mit dem **blauen Punkt** nach links (zunächst ist auch der **rote Balken** mit dabei). Sie gelangen an eine große Kreuzung, an der der Weg zur Burg sichtbar mit dem **blauen Punkt** markiert ist. In knapp 15 Minuten erreichen Sie die Burgruine Bilstein. Trotz des Hinweisschilds „Turm nicht betreten" ist eine neue, sichere Treppe angebracht und auch der Turm ist im Inneren gesichert. Vielleicht wurde einfach vergessen, das Schild zu entfernen.

Nach dem Besuch der Burg geht es die Burgtreppe nach rechts hinunter. Sie sehen den Halsgraben, dann den **blauen Punkt** und das Hinweisschild zur Baerenhütte und nach Ribeauvillé. Sie nehmen diesen Weg, können aber auch denselben Pfad zurückgehen, den Sie gekommen sind. Zur Baerenhütte geht es nun auf der anderen Bergseite hinunter. Sie erreichen einen Wirtschaftsweg, dem Sie nach links und bergan folgen. Auf der rechten Seite ist die Baerenhütte. Oben gelangen Sie wieder an die große Kreuzung, von der aus Sie zur Burg gestartet sind. Dann gehen Sie den Weg zunächst ein Stück zurück mit dem **blauen Punkt**, Richtung Seelacker. Das **blaue Kreuz** gesellt sich auf dem Weg hinzu. Sie erreichen den Col de Seelacker auf einer Höhe von 676 Metern. Hier wird auf die Ruine von Sylo hingewiesen. Sie folgen nun hauptsächlich dem **blauen Kreuz**. Dabei gelangen Sie wieder an einen großen Platz, den Sie überqueren, und gehen halb links mit dem **blauen Kreuz** in den Wald hinein. Sie steigen ein Stück über Geröllsteine bergab und erreichen einen breiteren Weg. Geradeaus geht es zu den Resten von Sylo. Nach dem Besuch des ehemaligen Klosters kommen Sie wieder hierher zurück. Dann gehen Sie mit dem **gelben Dreieck** weiter den Weg hinunter ins Tal zum Parkplatz. Es geht zunächst recht bequem einen breiten Wirtschaftsweg entlang, dann in einer scharfen Rechtskurve mit dem **gelben Dreieck** nach links in den Wald hinein. Dieser Weg ist bisweilen recht beschwerlich, aber nicht allzu lang. Wenn Sie die Straße unten im Tal erreichen, gehen Sie nach rechts, dann über die Brücke und noch einmal nach rechts in die Forststraße zum Parkplatz auf der rechten Seite. Das ist nur noch nur ein kurzes Stück.

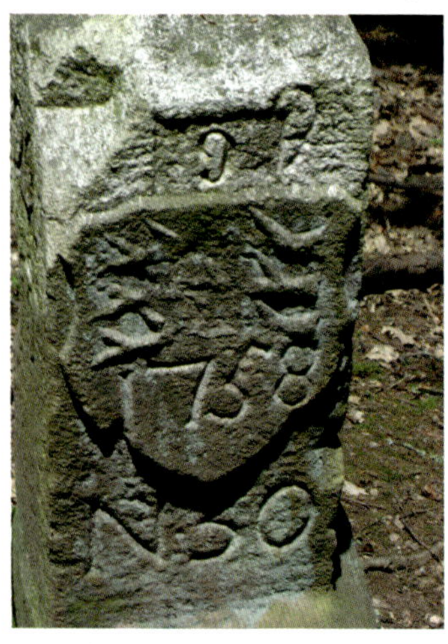

Alte Grenzsteine am Wegesrand.

Die Geschichte der Burg Reichenstein

Da steht ein Turm ganz allein und verwunschen mitten im Wald, kaum zu sehen vor lauter Bäumen. Seine Lage entspricht eigentlich nicht der einer Felsenburg, hoch oben, mit Blick in die Weite, uneinnehmbar.

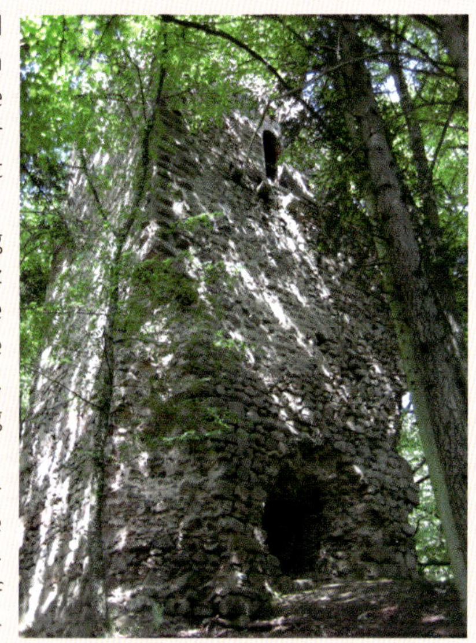

Im Wald versteckt: Der Bergfried der Burg Reichenstein.

Wer auch immer diese kleine Burg bauen ließ – einen günstigen Platz hat er nicht gewählt. Es muss eine recht unbedeutende Adelsfamilie gewesen sein, die hier ansässig war. Denn auch in den Annalen ist wenig über die Burg zu finden.

Weitgehend können nur Vermutungen angestellt werden, denn die Geschichten, die über die Burg geschrieben werden, gehen häufig auf Aufzeichnungen des Straßburger Baumeisters Daniel Specklin (1536–1589), zurück. Er hat Burgen wie die Lichtenberg später wehrtüchtig ausgebaut. Und dieser berühmte Architekt hat viel vermutet und seiner Fantasie freien Raum gegeben. Mutmaßungen zufolge hat die Burg ihren Namen zwischen 1245 und 1267 bekommen. Der Baseler Bischof Lüthold II. von Rötteln (1227/28–1316) übergab die Burg als Lehen an seinen Dienstmann Rudolf. Es wird angenommen, Reichenstein sei eine Raubritterburg gewesen und deshalb von Graf Rudolf von Habsburg (dem späteren König) und der Stadt Colmar 1269 angegriffen worden.

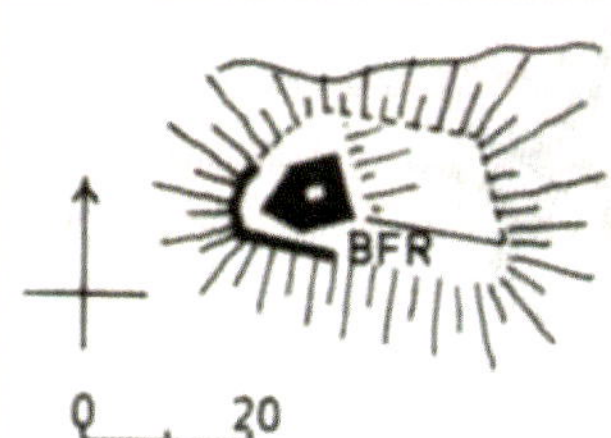

REICHENSTEIN

BFR: Bergfried

Zwei Burgherren namens Gesilin sollen gefangengenommen worden sein – möglicherweise Johann und Heinrich, die Söhne des Ritters Heinrich Gesilin. Ob diese Familie mit den Reichensteinern verwandt war, ist unklar. Jedenfalls müssen sie Anlass zum Angriff gegeben haben. Andere Quellen sprechen davon, dass die Burg, wie auch die nahe gelegene Burg Bilstein, sich im Besitz der Herren von Horburg befunden habe.

Nun werden die Angaben immer dünner. Einerseits wird behauptet, die Burg sei bereits 1269 endgültig zerstört worden, auf der anderen Seite wird die Zerstörung dem schwersten Erdbeben nördlich der Alpen, 1356, zugeschrieben. Am 18. Oktober erschütterte das Baseler Beben ein Gebiet von 500 000 Quadratkilometern. Dabei sollen über 40 Burgen zerstört worden sein.

Erhalten ist der fünfeckige Turm mit rechteckigem Innenraum, in den der Besucher durch ein Loch in den Mauern hineinschauen kann. Die Mauer haben wohl Schatzsucher durchbrochen. Viel zu sehen gibt es nicht. Oben im Turm – unerreichbar – ist eine Rundbogenpforte angebracht. Um den Turm herum sind wenige Mauerreste zu sehen, die aufgrund des unwegsamen Geländes nur schwer begehbar sind.

Die Geschichte der Burg Bilstein

Erstmals wurde Bilstein 1217 in einer Chronik des Mönchs Richer von Senones erwähnt. Damals war die Burg wohl im Besitz der Herren von Horburg, ein Lehen der Herzöge von Lothringen. Erzählt wird folgende Geschichte: In eben diese Burg flüchtete sich der 1206 abgesetzte Bischof von Toul, Mathieu de Lorraine. Er war der Bruder des lothringischen Herzogs Theobald I. Dass dieser bischöfliche Bruder nach seiner Absetzung als Bischof von Toul seinen Nachfolger Rainald von Senlis überfallen und im Kampf tödlich verwundet hatte, miss-

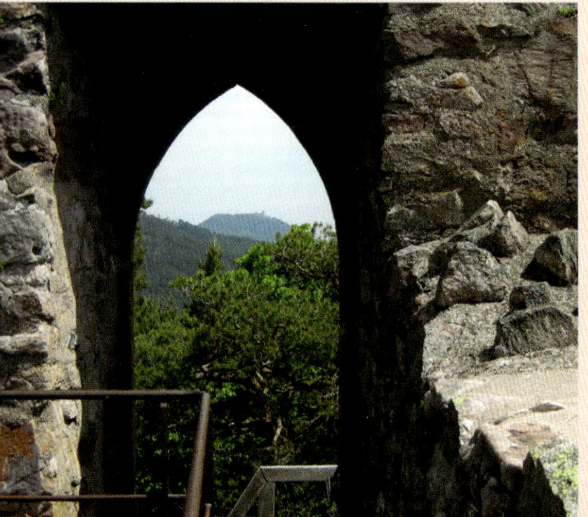

Burg Bilstein. Ganz im Hintergrund die Hohkönigsburg.

fiel dem Herzog sehr. Sein Bruder musste fliehen und versteckte sich auf der Burg Bilstein.

Fast hundert Jahre war die Burg von den Herren von Horburg bewohnt. Im Jahre 1324 verkauften die Brüder Walter und Burchhard von Horburg die Burg an ihren Onkel, Grafen Ulrich III. von Württemberg. Die Brüder hatten beide keine Nachkommen. Nach diesem Besitzerwechsel wurde die Burg umgebaut und dann von einem Burgvogt, der zugleich Oberforstmeister war, bewohnt. Sie wurde aber auch als Gefängnis genutzt. Aus dieser Zeit stammt der oben gelegene Eingang zum Bergfried mit seinem gotischen Spitzbogen. Im 15. und 16. Jahrhundert fanden in der Burg weitere Umbauten statt. Der Burgherr Georg I. von Württemberg-Mömpelgard schloss sich dem protestantischen Schmalkaldischen Bund gegen Kaiser Karl V. (1500–1558) an. Der Kaiser lehnte den Protestantismus ab, setzte sich für eine alleinige katholische Kirche im Land ein. Die protestantischen Fürsten lehnten sich gegen diese Bevormundung auf. Es kam zum Krieg, die Truppen des Kaisers besiegten die Fürsten. Als Konsequenz forderte der Kaiser ihre Besitztümer. So soll auch die Bilstein beschlagnahmt worden sein. Der Burgvogt aber wehrte sich tapfer gegen die Übernahme, die Soldaten konnten die hochgelegene Burg nicht einnehmen.

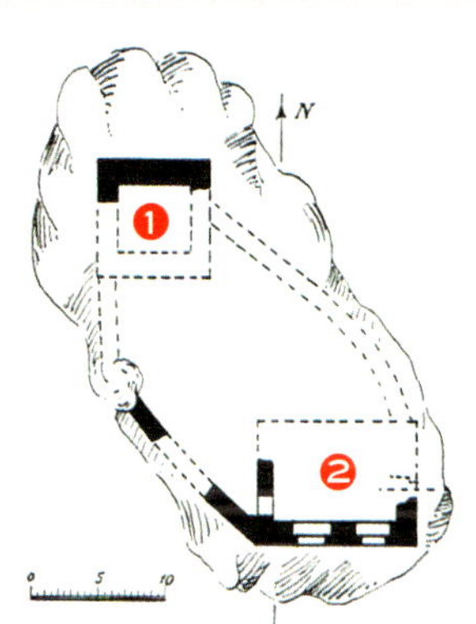

Bilstein
1. Berchfrit
2. Wohngebäude

Dies gelang erst 1636 den Soldaten des Habsburger Kaisers Ferdinand II. Die Gebäude wurden geschleift; der letzte Burgvogt, Georg Scheublin, beschrieb die Burg 1640 als unbewohnbar. Bilstein wurde zum Steinbruch. Heute steht ein Hinweisschild an der Burg, dass der Bergfried, der auch als Gefängnis genutzt wurde, nicht betreten werden soll. Aber eine stabile Holztreppe führt zum Turm, dessen Mauern in den letzten Jahren auch gesichert wurden. An der südlichen Außenmauer des Turms befinden sich ein Löwenkopf aus dem 14. Jahrhundert sowie Inschriften rechts und links davon. Der Bergfried ist 11,5 mal 11,5 Meter groß. Teile der Ring- und Mantelmauer, oberhalb des Weges auch noch der Halsgraben, sind zu sehen.

Die Geschichte des ehemaligen Klosters Sylo

Erstmals urkundlich erwähnt wurde das Kloster Sylo im 13. Jahrhundert. Es wurde von Nonnen bewohnt, die nach den Regeln des Heiligen Augustin in Gemeinschaft lebten. Augustinus wurde 396 in Hippo, dem heutigen Annaba (Algerien), zum Bischof geweiht. 1246 wurde das Kloster Papst Innocent IV. bei dem Konzil von Lyon direkt unterstellt.

Die frommen Frauen lebten zwar kontemplativ in Armut, aber nicht in gutem Einvernehmen mit ihren Nachbarn, den Herren von Horburg, Ritter auf der Burg Bilstein. Es kam zum Streit. Die Frauen mussten das Kloster verlassen, das Konrad von Horburg 1254 zerstörte. Die genauen Gründe für diesen Zwist sind nicht bekannt, Streit um Eigentum wird vermutet.

Damit endet auch schon die Geschichte dieses kleinen Klosters, dessen wenige Steine und eine Mauer davon erzählen, dass hier auch einmal eine Kirche gestanden hat. Die Nonnen zogen sich zunächst nach Elenwihr zurück – ein Ort, der heute nicht mehr existiert und wohl im Osten von Hunawihr gelegen war. Danach zogen sie weiter nach Schlettstatt. Dort gab es dann auch ein Kloster mit dem Namen Sylo. Die aus Holz gebauten Gebäude dieses Klosters brannten 1263 ab. Zuflucht fanden die Nonnen danach im Kloster St. Margarete in Eckbolsheim.

Das kleine Kloster mitten im Wald von Ribeauvillé wurde wohl nie wieder aufgebaut.

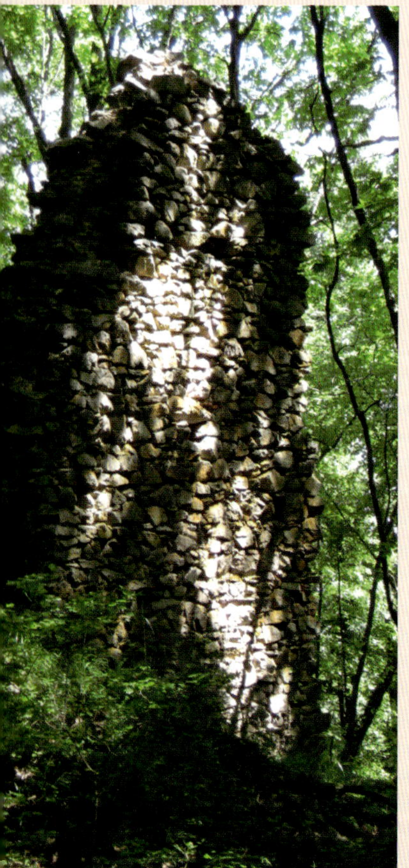

Nur wenige Mauerreste sind von dem Kloster Sylo übrig geblieben.

20. *Kaysersberg*

Start nahe des Kreisverkehrs an der D415 in Kaysersberg.
Einkehren in Gaststätten in Kaysersberg.

Diese Wanderung führt Sie um und in den Ort Kaysersberg, dem Geburtsort des Theologen, Philosophen und Arztes Albert Schweitzer. Die idyllische Kleinstadt mit der oberhalb gelegenen Burg ist sicher einen Besuch wert. Kaysersberg wurde von dem Stauferkaiser Friedrich II. in Auftrag gegeben, daher der Name.
Der Weg führt über die Sonnenseite des Tals, durch lichten Wald, oberhalb der Weinberge zur Burg. Dann geht es in den von vielen Touristen besuchten Ort und auf der anderen Talseite durch den Wald wieder zurück – eine sehr schöne Wanderung.

Dauer der Wanderung	3 Stunden / 10 km
Höhe der Burgen	400 m
Einkehrmöglichkeit	**Gaststätten in Kaysersberg**
Etappen der Wanderung	Vom Parkplatz zur Burg: 45 Minuten Von der Burg nach Kaysersberg: 10 Minuten Von Kayserberg zurück zum Parkplatz: 1 ½ Stunden
Wanderkarte	IGN 3718 OT
Anfahrt und Parkplatz	Kaysersberg liegt nordwestlich von Colmar. Den Parkplatz finden Sie an der D 415, die am Ort vorbeiführt. Rechts sehen Sie die Burg, Sie fahren die Straße immer weiter, bis Sie auf einen Kreisel stoßen. Dort finden Sie zwei Möglichkeiten zum Parken: Entweder nehmen Sie die dritte Ausfahrt und parken rechts neben der Feuerwehr. Es ist nicht ganz ersichtlich, ob dies ein Privatparkplatz ist, aber dort kann geparkt werden. Oder Sie nehmen die erste Abfahrt, fahren dann gleich nach links und folgen dem Hinweisschild „Salles des fêtes et de sports". Dort ist auch ein großer Parkplatz.

Wegbeschreibung

Wo auch immer Sie parken, Sie folgen dem **roten Ring** zur Burg. Vom Parkplatz neben der Feuerwehr aus gehen Sie zum Kreisel, überqueren am Zebrastreifen die Straße und gehen geradeaus auf die Weinberge zu. Jetzt überqueren Sie die D 28 und gehen dem Hinweisschild zur Sporthalle nach. Die entsprechenden Wanderzeichen sehen Sie, auch den **roten Ring.** Sie kommen an der Sporthalle vorbei (zweite Parkmöglichkeit), überqueren eine kleine Brücke und folgen dem **roten Ring** nach links die Straße bergan, durch Wohngebiet und an einer 1890 errichteten Marienstatue vorbei. Sie erreichen eine Straßengabelung und gehen weiter geradeaus, dem **roten Ring** nach, durch den Chemin du Butzental. Bis zu den Häusern (mit interessanten Granitsteinmauern) ist der Weg asphaltiert, danach wechseln sich Feld-, Wald- und Wiesenwege mit befestigten Wegen ab. Sie gehen immer den Berg hoch, dann führt der Weg mit dem **roten Ring** an einer Kreuzung nach rechts. Sie überschreiten dabei einen kleinen Bach. Nun wandern Sie auf einem sonnigen Waldweg mit Kastanien oberhalb der Weinberge. Auf der linken Wegseite sind immer mal wieder Reste von Terrassenmauern zu sehen, woran zu erkennen ist, dass auch hier Wein angebaut wurde.

Nach etwa 45 Minuten erreichen Sie die Burg Kaysersberg mit der Fahne auf dem Bergfried. Sie steigen über Treppen und Felsen zur Burg hinunter, betreten durch ein Tor den Burghof und können den gut aus-

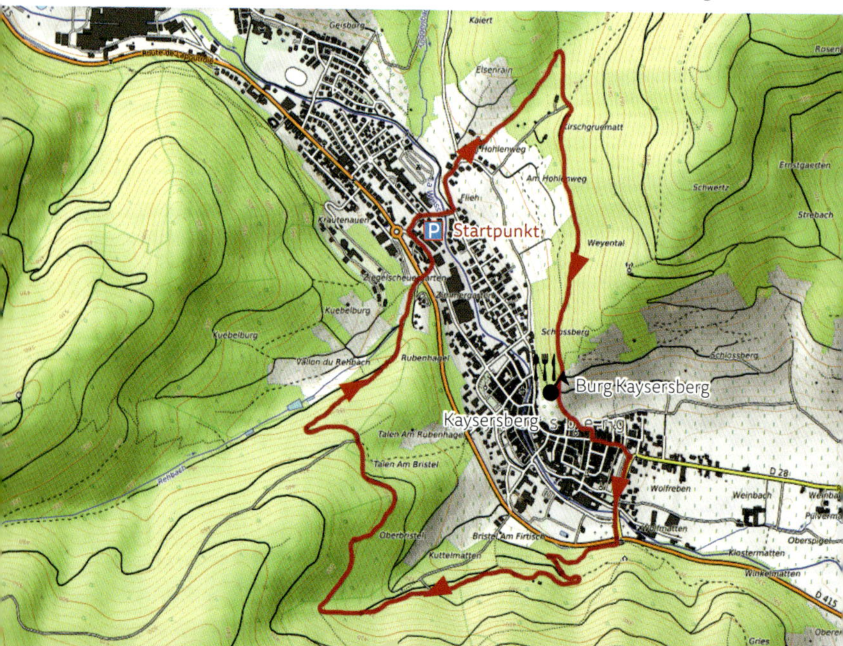

gebauten und beleuchteten Bergfried (Turm) über 122 Betonstufen besteigen. Genießen Sie den Ausblick auf die Altstadt von Kaysersberg, die Weinberge und die Vogesen.
Von der Burg geht es zunächst ohne Zeichen durch die Weinberge hinunter in den Ort. Der Weg liegt gegenüber des Eingangstors zur Burg. Dort weist ein kleines Schild: „Centre Ville" den Weg ins Zentrum. Zunächst laufen Sie – nicht allzu lange – auf einem breiten Weg, dann geht es auf schmalem Pfad nach rechts hinunter. Sie gehen auf den Turm der Stadtmauer zu, mitten durch die Weinberge.
Unten angekommen laufen Sie nach links, dann rechts der Straße nach. Sie folgen nun neben dem **roten Ring** auch dem **blauen Andreaskreuz X** oder der **Muschel** des Jakobswegs. Sie wandern die Rue du Château entlang und gelangen an einen großen Parkplatz vor der Stadtmauer Kaysersbergs. Dort führt Sie die Rue du Général de Gaulle ins Zentrum der Stadt. Nach dem empfehlenswerten Besuch kommen Sie wieder hierher zurück, um die Wanderung fortzusetzen.
Dazu gehen Sie die Rue du Général de Gaulle mit dem **roten Ring** weiter, bis Sie auf die Rue de l'Ancienne Gare treffen, in die Sie nach rechts einbiegen. Sie steuern die auf der gegenüberliegenden Talseite gelegene Chapelle St. Wolfgang an und überqueren dabei die Weiss. Nach etwa 20 Metern gehen Sie rechts den Berg hoch und biegen nach wenigen Metern wieder nach rechts ab, Richtung Kapelle. Das ist wirklich ein schmaler, kaum erkennbarer Weg.
Sie können sich diesen kleinen Umweg aber auch sparen und direkt über eine Treppe die Kapelle St. Wolfgang, 1519 gebaut und meist verschlossen, erreichen. Wenn Sie die Kapelle im Rücken haben, gehen

Von weitem sichtbar: die Burg Kaysersberg.

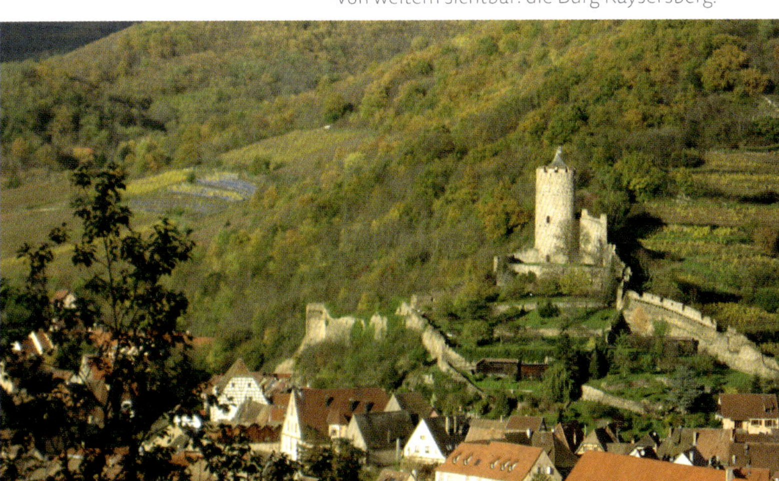

Sie oberhalb der Straße geradeaus und folgen für eine ganze Weile dem **roten Ring**, auch wenn der Weg ein kurzes Stück allem Anschein nach in falscher Richtung verläuft. Ist der Motorenlärm schwächer geworden, erreichen Sie eine Kreuzung, von der eine asphaltierte Straße rechts den Berg hinunterführt. Dann geht es auf schmalem Pfad, dem Chemin du Schnapsrang, mit dem **roten Ring** nach links, bergauf und langsam wieder bergab. Auch an der nächsten großen Kreuzung geht es weiter auf einem Wirtschaftsweg den Berg hinunter. An der N 415 angekommen, gehen Sie auf der linken Seite bis zum Kreisel und von dort zu den Parkplätzen.

Die Geschichte der Burg Kaysersberg

Die Burg stammt aus der Stauferzeit. Der Sohn Friedrichs II., Heinrich VII., gründete die Burg wie auch den darunterliegenden Ort. Friedrich II. weilte meist in Sizilien und schickte seinen noch sehr jungen Sohn in das Heilige Römische Reich nördlich der Alpen. Mit neun Jahren wurde Heinrich VII. bereits in Frankfurt zum König gewählt. Und dieser König kaufte 1227 den Herren von Horburg und von Rappoltstein für 250 Mark Silber Grund und Boden ab. Schultheiß Wölfelin, ein zunächst geschickter Verwalter, ließ die Burg für 40 Ritter erbauen. Sie sollte ein Bollwerk gegen lothringische Einfälle sein und Mittelpunkt des Haus- und Reichgutes der Staufer. Also eine Kaiserburg.

Das Elsass des 13. Jahrhunderts war geprägt vom ständigen Kampf von Kirche und Staat, den Straßburger Bischöfen gegen Kaiser, Könige, die Ritterschaft, Grafen und Herzöge. Im Jahre 1247 belagerte der

KAYSERSBERG

A. Hauptburg
B. Vorburg
C. Stadt

1. Berchfrit
2. Wohngebäude
3. Zwinger
4. Hohe Mantel
5. Anschlussmauer
6. Eingang zur Burg
7. Eingang von der Stadt

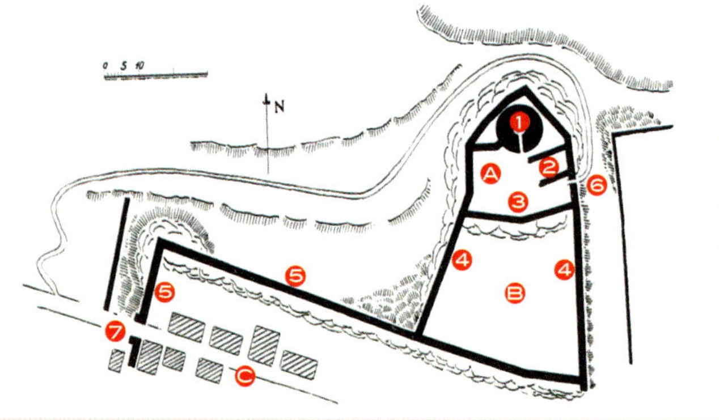

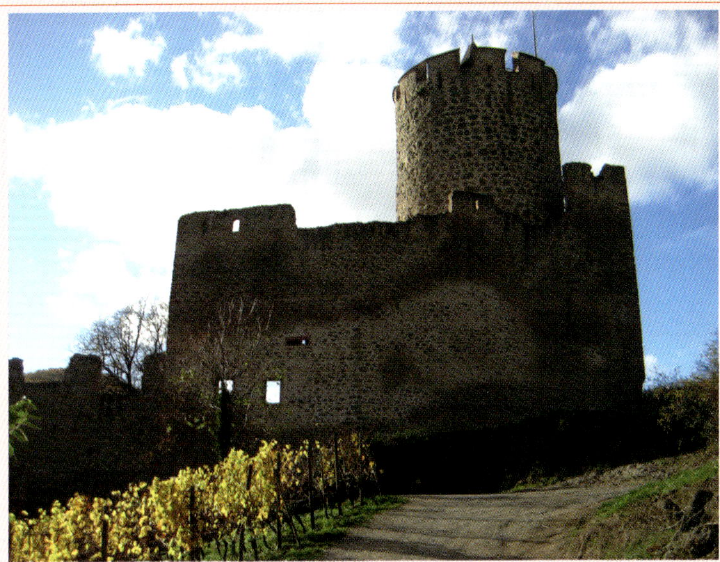

Mitten in den Weinbergen: die Burg Kaysersberg.

Straßburger Bischof Heinrich von Stahleck die Burg. Dieser Bischof hatte schon viele Burgen im Elsass bekriegt, um sie in seinen Besitz zu bringen, was ihm aber zumindest bei der Kaiserburg nicht gelang. Jahre später kam sie trotzdem in den Besitz der Kirche; 1261 eroberte sie Rudolf von Habsburg wieder zurück. Dem späteren König war sehr daran gelegen, die Hausmacht der Habsburger zu stärken und ehemaliges Reichsgut wieder zurückzuführen. Aus den Quellen ist nicht ersichtlich, dass die Burg Kaysersberg zu Lehen an Ritter gegeben wurde, wie es bei allen anderen Burgen der Fall war. In der kaiserlichen Burg weilten neben Rudolf von Habsburg (1285) auch Karl IV. (1354).

Obwohl sie schon durch ihrem Namen eine so hervorgehobene Stellung unter den Burgen innehatte, ist über ihre Geschichte trotzdem nicht viel bekannt.

Aus dem 15. und 16. Jahrhundert gibt es Angaben über die Besatzung der Burg, zunächst waren das sechs, später nur noch zwei Personen. Wer sie waren, ist nicht überliefert. Dafür aber, dass 1415 eine Fallbrücke angelegt und der Waffenvorrat vergrößert wurde. Um 1600 wurde über die Baufälligkeit der Burg geklagt. Durch den Dreißigjährigen Krieg (1618–1648) kam die Burg ohne weiteren Schaden davon, trotzdem war sie bereits 1648 eine Ruine und wurde nicht mehr bewohnt

21. Hohnack

Start ist nahe Labaroche, nahe dem Campingplatz „Les deux Hohnack".
Einkehren: Auberge Obschel.

Fast 1000 Meter erhebt sich der Große Hohnack über das Rheintal. Die Wanderung zu Berg und Burg, durch lichten Kiefernwald voller Heidelbeersträucher, zu imposanten Steinformationen auf dem Grand Hohnack und einem überwältigenden Rundblick vom Petit Hohnack, dessen Burgruinen saniert und restauriert wurden, ist wunderschön. Genauso wie die Aussicht in die Vogesen, ins Rheintal, den Schwarzwald und zur Hohkönigsburg. Der Parkplatz liegt direkt neben der Auberge Obschel, die nach dem Auf- und Abstieg zur Rast einlädt.

Dauer der Wanderung	3 Stunden / 10 km
Höhe der Burg	(Großer Hohnack: 982 m) Kleiner Hohnack: 927 m
Einkehrmöglichkeit	**Auberge Obschel**, LD Obschel, 68230 Turckheim, Tel. +33 3 89 78 94 73, Mai-Okt. Mo und Di am Abend geschlossen, Nov-Apr Mo und Di Ruhetag
Etappen der Wanderung	Vom Parkplatz zum Großen Hohnack: 1 Stunde Vom Großen Hohnack zur Burg Kleiner Hohnack: 1 Stunde. Von der Burg zurück zum Parkplatz: 1 Stunde
Wanderkarte	IGN 3718 OT
Anfahrt und Parkplatz	Sie parken an der Auberge Obschel, südlich von Labaroche. Dorthin gelangen Sie über die D 11, Labaroche–Trois Épis. Auf einer Höhe von 768 Metern (ist angeschrieben) verlassen Sie die D 11 und wechseln auf die kleinere D 11 / VI Richtung Col de Wettstein und Linge, geradeaus geht es dort weiter nach Orbey. Nach dieser Abbiegung, die auch zum Campingplatz „Les deux Hohnack" führt, fahren Sie ein kurzes Stück, dann sehen Sie auf der linken Straßenseite das Hinweisschild zur Auberge sowie ein kleines „P"-Schild. Sie folgen dieser Beschilderung durch den Wald und erreichen nach wenigen Metern einen großen Waldparkplatz.

Wegbeschreibung

Vom Parkplatz – auf 800 Höhenmetern gelegen – gehen Sie zur Straße zurück, wie Sie angefahren sind. Sie überqueren die Straße und gehen mit dem **gelben Balken** in den Wald hinein. Über eine Wiese gelangen Sie wieder zur Straße, der Sie ein kurzes Stück mit dem **gelben Balken** folgen, und gehen nach den Häusern von Giragoutte nach rechts, immer noch auf asphaltierter Straße. Kurz vor dem Ende der Häuser auf der rechten Seite gehen Sie an einem Wegkreuz nach links in den Wald hi-

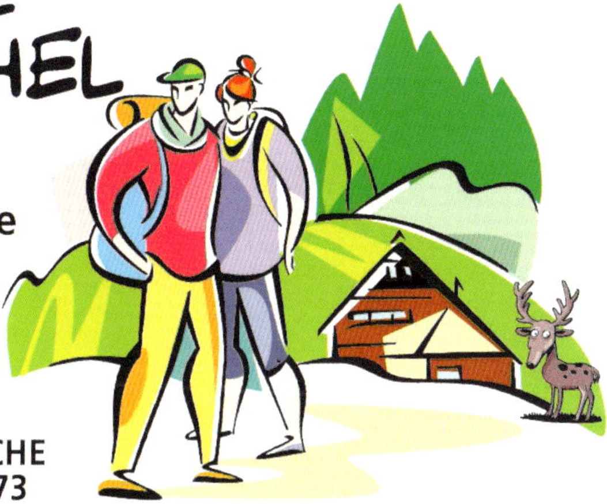

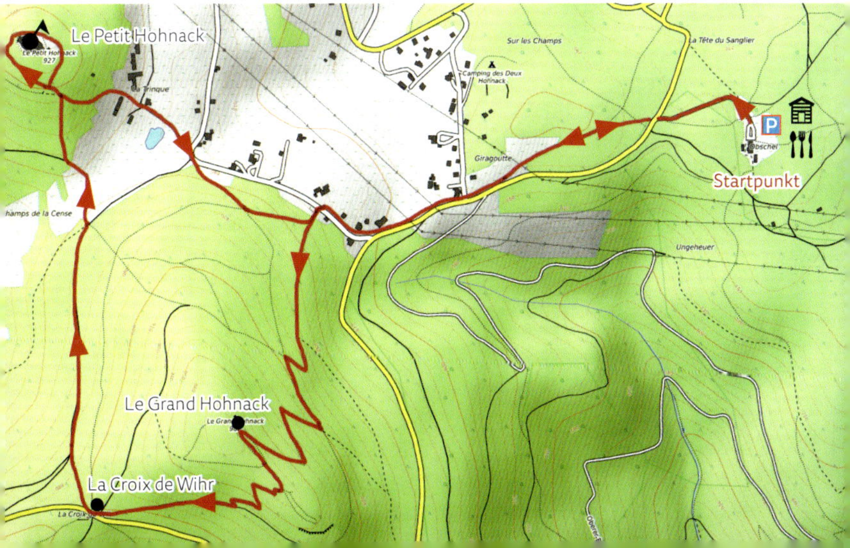

Le Petit Hohnack
Sur les Champs
La Tête du Sanglier
Camping des Deux Hohnack
Giragoutte
Obschel
Startpunkt
Ungeheuer
Le Grand Hohnack
La Croix de Wihr

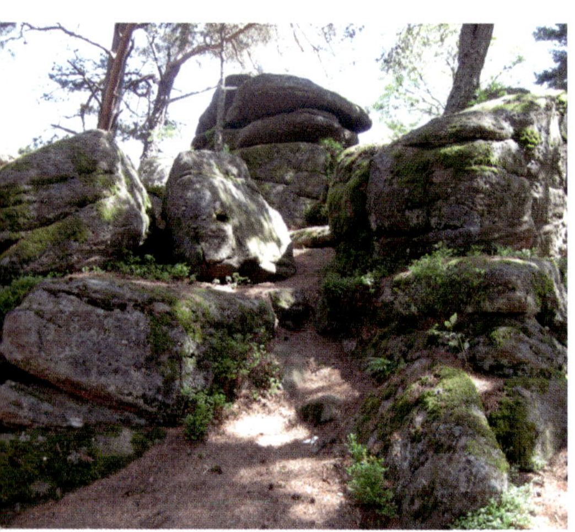

Die Felsensteine auf dem großen Hohnack.

nein. Jetzt folgen Sie dem **blauen Kreuz** auf einem Serpentinenweg immer bergan zum Gipfel des Berges (Höhe: 982 m), der mit sehr vielen, imposanten Steinen gekrönt ist. Kurz vor der Spitze sehen Sie auf der rechten Seite eine alte Mauer – Reste eine Gebäudes, vielleicht einmal eine Schutz- oder Köhlerhütte. Wenn Sie durch die Steine Richtung Rheintal gehen, sehen Sie ganz vorn einen neuzeitlichen Beobachtungsposten aus dem Zweiten Weltkrieg. Ein weiteres „Bauwerk" aus dieser Zeit können Sie auch auf dem Weg hinunter zum Croix de Wihr im Boden erkennen. Spannender sind aber sicher die großen Steine, die hier interessante Formationen bilden. Bergab bringt Sie ein schmaler von Heidelbeersträuchern gesäumter Serpentinenweg. Sie erreichen das Croix de Wihr mit einem Gedenkstein und folgen nun dem **gelben Kreuz** weiter bergab Richtung Petit Hohnack.

Sie gelangen an eine Straße, in deren Kreisel Hinweisschilder stehen, gehen nach links an Wiesen vorbei leicht bergan zu einem Ferienzentrum und folgen immer weiter dem **gelben Kreuz** bis zur Burgruine, die Sie durch das Tor betreten. Die Burg ist mit Stahlabsperrungen gesichert. Vom Turm aus haben Sie einen der schönsten Blicke in das Rheintal und die Vogesen überhaupt im Elsass.

Um zum Parkplatz zurückzukehren, verlassen Sie die Burg durch das Tor und gehen rechts den Berg hinunter. Bald erreichen Sie die Schranke, die auf der rechten Seite ihres Aufstiegs war, und gehen dort nach links bergab, wie Sie gekommen sind. Unten am Kreisel gehen Sie mit dem **gelben Kreuz** weiter die Straße entlang. Sie kommen wieder zum Straßenkreuz, nun auf der rechten Seite, an dem Sie zuvor Richtung Grand Hohnack abgebogen sind. Sie gehen weiter die Straße entlang, an den Häusern von Giragoutte vorbei, biegen links mit dem **gelben Balken** auf die Wiese ab und kommen durch den Wald wieder zur Straße am Parkplatz.

Die Geschichte der Burg Kleiner Hohnack

Die erste Erwähnung der Burg stammt aus dem Jahr 1079. Damals war das Elsass Königsland, die Salier regierten. Zu dieser Zeit herrschte König Heinrich IV., der sich mit vielen Fürsten und auch mit dem Papst anlegte. Das Kirchenoberhaupt ächtete den König, er musste mit Gefolge nach Canossa ziehen. Wer ihn bei diesem Gang unterstützte und begleitete, den belohnte der König, so auch den Baseler Bischof Burkhard von Fenis. Ihm vermachte er das Gebiet um Basel, das wiederum den Herren von Rappoltstein zu Lehen gegeben wurde.

Zuvor war das Gebiet in den Händen der einflussreichen Grafen von Egisheim. Aus diesem Geschlecht stammt Konrad II., der erste Salierkaiser. Seine Eltern waren Heinrich von Speyer, auch Heinrich von Worms genannt, und Gräfin Adelheid von Metz bzw. Egisheim. Die Grafen von Egisheim (aus dem Haus der Etichonen, der ersten Herzöge im Elsass) ließen diese Burg wohl erbauen.

Nach der Heirat Hugos, Graf im Nordgau und Graf zu Egisheim, mit Heilwig von Dagsburg nahmen die Egisheimer beide Namen – sowohl Egisheim wie Dagsburg – an. Nach dem Tod der letzten Dagsburgerin, Gertrud, im Jahr 1241 fielen insgesamt elf Burgen an die Erben.

Im 13. Jahrhundert kam die Burg in den Besitz der Grafen von Pfirt (heute Ferrette), einem einflussreichen Adelsgeschlecht im südlichen Elsass. 1251 übertrugen sie dem Bischof von Straßburg, Heinrich III. von

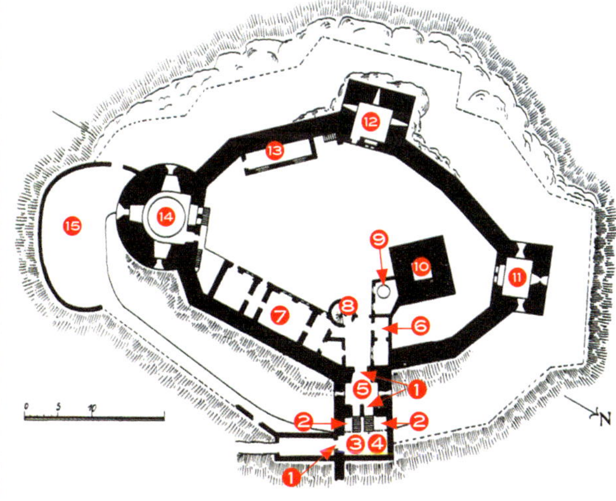

Kleiner Hohnack
1. Eingangstore
2. Graben
3. Kleine Fallbrücke
4. Fallbrücke
5. Torturm
6. Brunnenmühle
7. Wohngebäude
8. Treppenturm
9. Tiefer in den Felsen gehauener Brunnen
10. Berchfrit
11. Mauerturm mit Mahlmühle
12. Mauerturm (Hexenturm)
13. Pferdestall
14. Kapellenturm
15. Zwinger

Stahleck, die Burg als Lehen. Damals versuchte der Bischof sein Territorium zu erweitern. Er war ein Gegner der Staufer, zu deren Stammland, wie schon bei den Saliern, das Elsass gehörte. Aber die Zeit der Staufer ging zu Ende; 1250 starb Friedrich II., sein Sohn und Nachfolger Konrad IV. hatte einen schweren Stand gegenüber den mächtigen Fürsten. 1254 starb auch er, das Interregnum begann, die Zeit der Könige und Gegenkönige. Richard von Cornwall, der seit 1257 König war, bestätigte 1262 dem Baseler Bischof Heinrich von Neuenburg – der auch mit den Grafen von Pfirt verwandt war – die Herrschaft über Breisach und das elsässische Münstertal. Dazu gehörte die Burg Hohnack, auch oft Honnack geschrieben. Diese Gebietsausweitung im Elsass wiederum passte Graf Rudolf von Habsburg, Herr auf der Ortenberg und späterer König, überhaupt nicht. Der Baseler Bischof verbündete sich mit dem Straßburger Bischof Heinrich IV. von Geroldseck gegen den Habsburger. Trotzdem huldigte der Baseler 1273 dem König Rudolf von Habsburg.

Und die Burg Hohnack? Es wurde gestritten, wem sie nun eigentlich gehöre. Denn auch die Herren von Rappoltstein meldeten Besitzansprüche an, die im 14. Jahrhundert die Herren der Burg waren. Nach dem Tod Ulrichs von Rappoltstein erbte seine Tochter Herzlaude die Besitztümer, so auch Hohnack. Sie heiratete 1377 Heinrich III. Graf von Saarwerden, der zwanzig Jahre später starb. Noch im selben Jahr, 1397, heiratete sie wieder, so wie es für Witwen damals üblich war. Es galt, Erbe und Reichtum zu vermehren. Sie ehelichte Johann I. von Lupfen. Er starb 1436. In der Folgezeit sind Namen wie Maximin, Smassmann und Kapars mit der Burg verbunden.

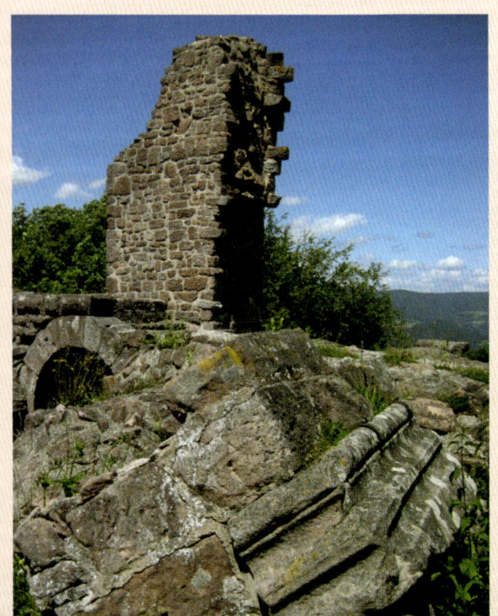

Im Dreißigjährigen Krieg (1618 - 1648) zerstörten die Soldaten des Colmarer Kommandanten Achille de Longueval die Burg.

In den vergangenen Jahren wurde die Hohnack von jeglichem Wildwuchs befreit, ausgebessert und gesichert. Rund um den Bergfried blühen die schönsten Wiesenblumen. Selbst an einen Mülleimer ist dort gedacht worden – und er wird regelmäßig geleert.

Beeindruckende Ruinen des Kleinen Hohnack.

22. Drei Exen und Hageneck, Hohlandsburg und Pflixburg

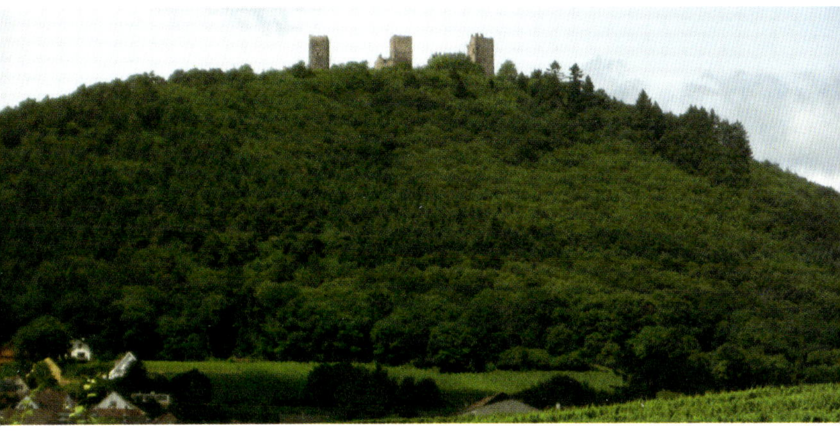

Drei Türme - drei Burgen.

Start am Parkplatz Oberhaus von Husseren-les-Châteaux.
Einkehren: Château du Hohlandsbourg.

Wer mit dem Auto auf der Route des cinq Châteaux, der Straße der fünf Burgen, unterwegs ist, kommt auch tatsächlich an fünf Burgen vorbei. Wer die Strecke allerdings erwandert, kann sechs Burgen entdecken: Oberhalb von Husseren-les-Châteaux stehen drei weitgehend eigenständige Burgen, die aber den Eindruck einer einzigen Burg vermitteln. Erhalten sind die drei Türme der Drei Exen, der Dagsburg, der Wahlenburg und der Burg Weckmund. Es folgen die Burgen Hageneck, Hohlandsburg und Pflixburg.

Auf dieser Wanderung suchen Sie mit den erstgenannten drei Burgen noch zwei weitere auf, die alle gut zu besichtigen sind und enorme Bergfriede haben. Auch Hageneck beeindruckt mit seinem Bergfried, den der Besucher über eine außen angebrachte Wendeltreppe besteigen kann. Die Burg wurde in den letzten Jahren restauriert, von Hecken befreit, das Gemäuer gesichert und die Turmbesteigung ermöglicht. Die Hohlandsburg dagegen wurde total umgebaut. Die ehemalige Burg ist ein schönes Pausenziel für diese Wanderung. Wer dann noch genug Energie hat, kann hinüber zur Pflixburg wandern, deren mächtiger Turm von der Burg Hohlandsberg gut zu sehen ist.

Dauer der Wanderung	3 Stunden / 12 km Mit Verlängerung zur Pflixburg: 5 Stunden / 15 km
Höhe der Burg	Drei Exen: 591 m, Hageneck: 420 m, Hohlandsburg: 650 m, Pflixburg: 454 m
Einkehrmöglichkeit	**Château du Hohlandsbourg**, Route des cinq châteaux, 68920 Wintzenheim, Tel. +33 3 89 30 10 20. Die Auberge ist tägl. 10–19 Uhr geöffnet. Häufig finden hier Veranstaltungen, hauptsächlich am Wochenende statt. Hinweise dazu sind im Internet zu finden.
Etappen der Wanderung	Vom Parkplatz zu den Drei Exen: 10 Minuten. Von den Drei Exen zur Hageneck: 1 Stunde. Von der Hageneck zur Hohlandsburg: 1 Stunde. Von der Hohlandsburg zur Pflixburg: hin und zurück 1 ½ Stunden. Von der Hohlandsburg zurück zum Parkplatz: 1 Stunde.
Wanderkarte	IGN 3718 OT und IGN 3719 OT kartenübergreifend
Anfahrt und Parkplatz	Ausgangspunkt ist Husseren-les-Châteaux, südwestlich von Colmar an der D 1 und D 14 gelegen. Wenn Sie nach Westen Richtung Soultzbach-les-Bains fahren, kommen Sie auf die Route des cinq Châteaux, die Sie zu den drei Burgen und zum ausgewiesenen Parkplatz bringt.

Wegbeschreibung

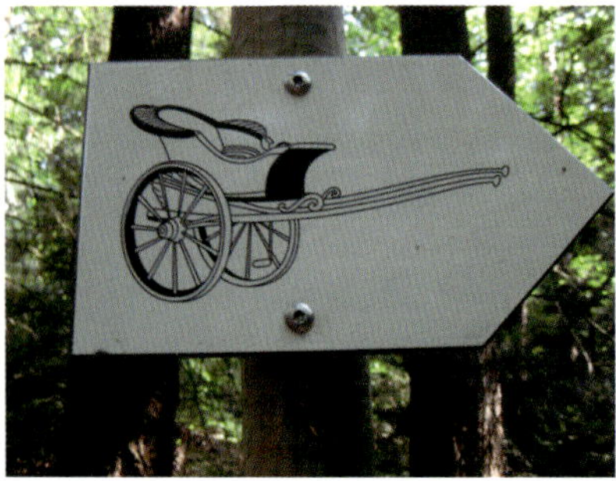

Bisweilen sind die Wege im Elsass auch fantasievoll beschildert.

Vom Parkplatz geht es mit dem **gelben Punkt** bergan zu den drei Türmen, den Drei Exen, die Sie nach zehn Minuten erreichen. Vom Wanderweg aus führen schmale Pfade zu den Burgen, wovon der dritte nach rechts zu empfehlen ist. Die erste Burg, die Sie vom Parkplatz aus erreichen, ist die Dagsburg, die mittlere die Wahlenburg und die zum Rhein gelegene Burg heißt Weckmund.

Nach der Besichtigung der drei Burgen geht es weiter mit dem **roten Punkt** ziemlich steil Richtung Rheintal eine Serpentine hinunter. Sie erreichen den Platz „Lieu dit Damensessel" und folgen der **roten Raute** nach links Richtung Egisheim. Sie bleiben dieser Markierung bis zur Burgruine Hageneck treu. Etwa eine halbe Stunde geht es bergab bis ins Bechtal und dann wieder bergan.

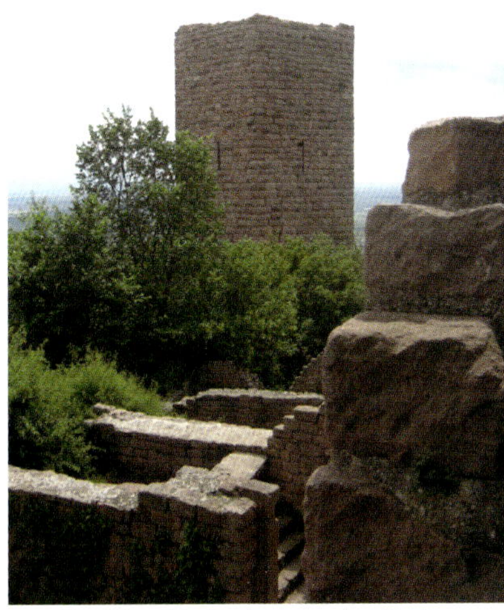

Drei Bergfriede sind von den Drei Exen erhalten, hier Burg Weckmund.

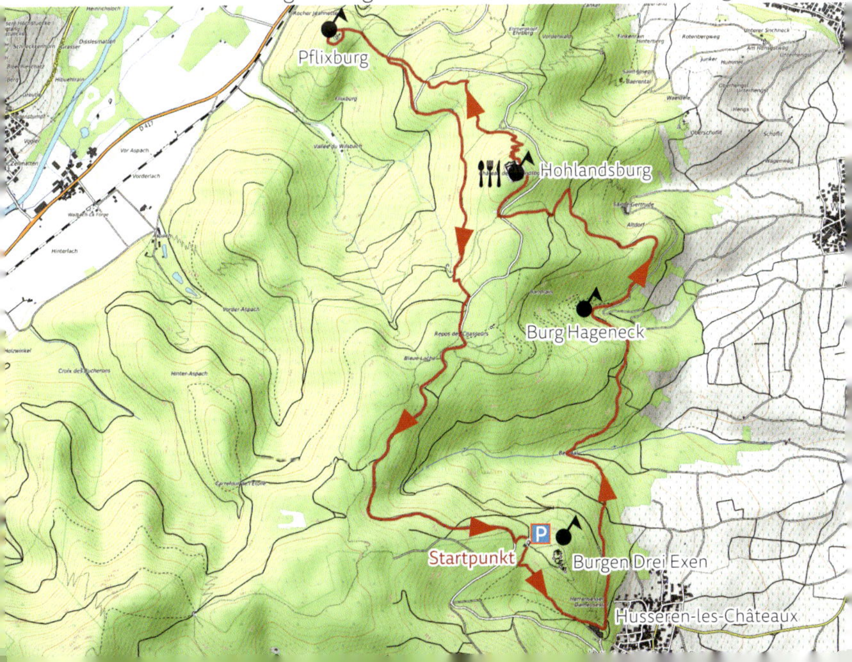

Von der Hageneck nimmt Sie das **gelbe Kreuz** mit den Berg hinunter. Dort stoßen Sie auf einen großen Platz und folgen weiter dem breiten Wirtschaftsweg bergab. Dann sehen Sie links den Wanderweg mit der roten Raute Richtung St. Gertrude. Sie bleiben aber auf dem Wirtschaftsweg. Der Weg ist nicht immer gut markiert, aber die Hohlandsburg ist trotzdem nicht zu verfehlen. Folgen Sie dem **roten Kreuz** (zwischendurch taucht auch mal das **gelbe Kreuz** auf) bis zum Parkplatz unterhalb der Hohlandsburg. Dann geht es über die Straße hoch zur Burg und der Gaststätte. Die Burg selbst beeindruckt mit ihren vielen Blumen im mittelalterlichen Garten und der intakten Festungsmauer, die weitgehend begangen werden kann. Von hier oben ist auch der runde Bergfried der Pflixburg zu sehen.

Wenn Sie die Pflixburg besuchen wollen, lassen Sie die Hohlandsburg hinter sich und gehen mit dem **gelben Balken** den Berg hinunter. Sie erreichen die Straße mit Parkplatz und folgen weiter dem **gelben Balken** zur Burg. Wieder überqueren Sie die Straße und gehen geradezu in den Wald hinein, Richtung Burg. Sie ist ausgeschildert. Nach dem Besuch der Burg gehen Sie denselben Weg, den Sie gekommen sind, bis zur Straße zurück. Dann folgen Sie nicht mehr dem gelben Balken, sondern dem **roten Dreieck**. Etwa auf Höhe der Fontaine de la Dame kommen weitere Wandermarkierungen hinzu, denen Sie Richtung Süden folgen: der **gelbe Balken** und die Markierung **GR 532**. Kurz nach dem Rocher Turenne gabelt sich der Weg, Sie folgen nun dem **gelben Punkt** zu den Trois châteaux, und dem Parkplatz.

Wenn Sie die Pflixburg nicht besuchen wollen, gehen Sie die Straße bis zum Parkplatz hinunter und dort nach rechts. Sie folgen dem **gelben Balken** durch einen Steineichenwald und dann ein kurzes Stück parallel zur Straße. Auf der linken Seite ist ein Platz, zu dem ein Zebrastreifen führt, Sie bleiben aber auf der rechten Seite und gehen wieder mit dem **gelben Balken** in den Wald hinein. Dabei kommen Sie an dem Rocher Turenne vorbei. Kurz danach gabelt sich der Weg, Sie folgen nun dem **gelben Punkt** zu den Drei Exen und dem Parkplatz.

Die Geschichte der Drei Exen: Wahlenburg, Dagsburg und Burg Weckmund

Dass auf einem Berg gleich mehrere Burgen liegen, ist keine Seltenheit. In der Pfalz sind das die drei Dahner Burgen, im Elsass die Burgen Dreistein nahe des Mont St. Odilie oder die Gruppe um Hohrappoltstein, Ulrichsburg und Girsberg. Auch die Burgen auf dem Schlossburghügel, die Burgengruppe Hoh-Egisheim oder die Drei Exen genannt, gehören weitgehend zusammen. Das Wort Exen stammt vom Wort Egisheim, abgekürzt Egse, ab, woraus dann Exe wurde.

Die älteste der drei Burgen ist die Wahlenburg, gefolgt von der Burg Weckmund, errichtet im 11. Jahrhundert. Die Dagsburg wurde als letzte gebaut, als die Dagsburger hierher kamen, also das Erbe der Egisheimer antraten. Bauherr der Burgen, also der Wahlenburg und kurze Zeit später der Burg Weckmund, war Hugo VI. (manchmal auch Hugo IV. ge-

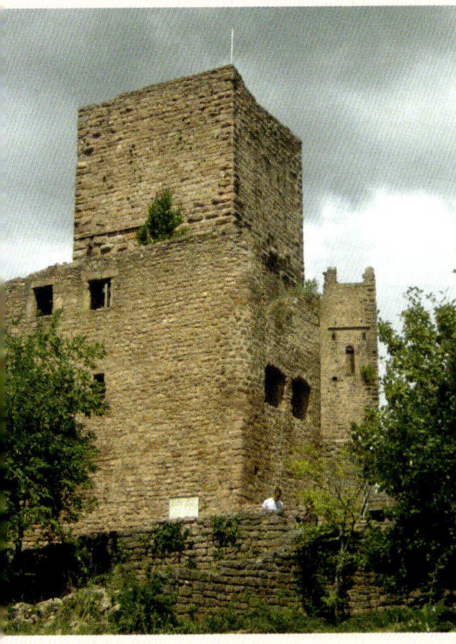

Der Bergfried der Wahlenburg.

schrieben), Graf des Nordgaus und zu Egisheim.

Die Dagsburg wurde um 1150, rund 200 Jahre nach der gleichnamigen Dagsburg dem Stammsitz der Grafen von Dagsburg, heute Dabo, gebaut. Der Stammsitz der Dagsburger soll im 10. Jahrhundert von Herzog Eberhard aus der Familie der Etichonen, der ersten Herzöge des Elsass, errichtet worden sein. Es bestanden verwandtschaftliche Verhältnisse zwischen den Geschlechtern derer von Dagsburg und den Herren von Hoh-Egisheim. Graf Hugo VI. heiratete um 1000 eine Tochter der Grafen von Dagsburg, Heilwiga. Ihr zweiter Sohn, Bruno von Egisheim wurde 1048 als Leo IX. zum Papst in Rom geweiht. Wo er genau geboren wurde, ist umstritten, wahrscheinlich in einer heute verschwundenen Burg in der Ortschaft Eguisheim. Manche Historiker meinen, er sei oben auf

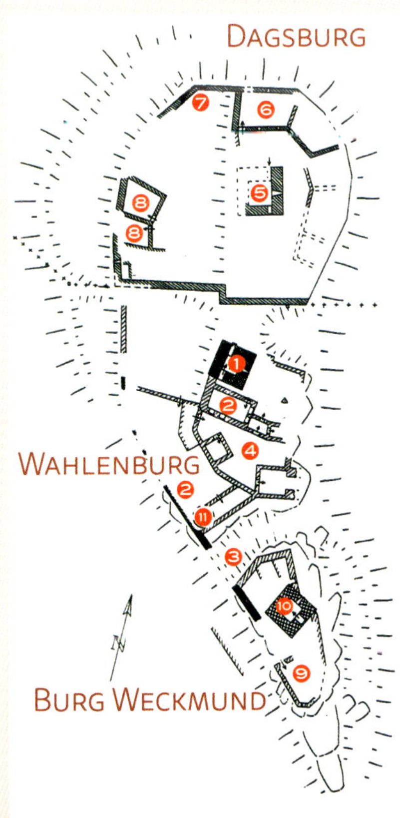

DAGSBURG
WAHLENBURG
BURG WECKMUND

1. Eingangstore
2. Graben
3. Kleine Fallbrücke
4. Fallbrücke
5. Torturm
6. Brunnenmühle
7. Wohngebäude
8. Treppenturm
9. Tiefer in den Felsen gehauener Brunnen
10. Berchfrit
11. Mauerturm mit Mahlmühle
12. Mauerturm (Hexenturm)
13. Pferdestall
14. Kapellenturm
15. Zwinger

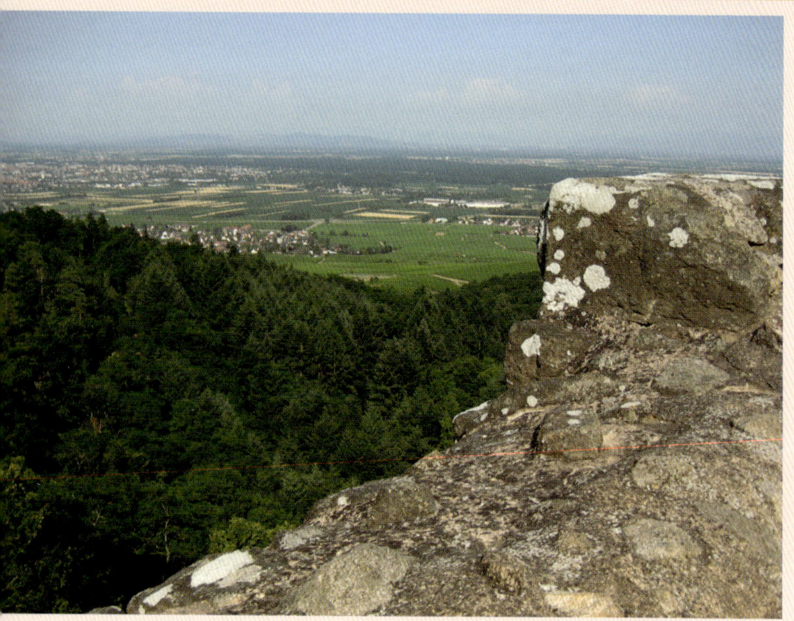

Ein herrlicher Blick in das Rheintal vom Bergfried der Burg Hageneck aus. Der Turm ist über eine neue Wendeltreppe gut erreichbar.

der Hoh-Egisheim geboren, andere wiederum auf der Wahlenburg. Die Kapelle in der Dagsburg soll von Papst Leo IX. geweiht worden sein, als er 1050 das Elsass besuchte und bei dieser Gelegenheit die Klosterkirche auf dem Odilienberg einweihte, die er noch als Bischof von Toul ab 1045 bauen ließ. Papst Leo IX. gilt als der bedeutendste mittelalterliche Papst deutscher Abstammung und wurde heilig gesprochen. Reliquien Leos sind im Petersdom in Rom, in Egisheim, in Bouxwiller und der St. Leo-Kapelle in Dabo aufbewahrt.

1225 starb das Geschlecht der Dagsburger aus, die drei Burgen auf dem Schlossberg kamen in den Besitz des Bischofs von Straßburg. Eine der Burgen, wahrscheinlich Weckmund, soll zeitweise im Besitz der Grafen von Pfirt, die ihren Stammsitz im Süden des Elsass nahe Basel hatten, gewesen sein.

Die Kenntnisse über die drei Burgen sind eigentlich spärlich. Im 15. Jahrhundert allerdings wird es konkret. Damals waltete Peter von Egisheim auf den Burgen, der seinen Unterhalt wohl mit Überfällen verdiente und später als Raubritter bezeichnet wurde. In der zweiten Hälfte des 15. Jahrhunderts gab es ständig Streitigkeiten zwischen dem Adel und den Bürgern der Städte. Der Müllergeselle Hermann Klee war aus dem

Dienst entlassen worden, sein Herr blieb ihm sechs Heller Lohn schuldig. Der Geselle suchte Hilfe und fand in Peter von Egisheim einen Mitstreiter. Der unedle Ritter unterstütze den Müllergesellen, nahm aus Vergeltung Mühlhauser Bürger als Geisel und verlangte ein hohes Lösegeld. Die Stadt Mühlheim ließ sich die Geiselnahme nicht gefallen und griff, unterstützt von anderen Orten, darunter auch Kaysersberg, im sogenannten Sechs-Plappert-Krieg die Burg an. Mit Plappert war damals kleines Münzgeld, also Heller, gemeint. 1466 wurde sie erobert. Peter von Egisheim und Hermann Klee waren zu dieser Zeit auf der Hoh-Egisheim. Der Ritter konnte fliehen, Hermann Klee und drei seiner Gefährten wurden gefangengenommen und hingerichtet, die Burgen ausgebrannt. Lediglich die Türme und die Kapelle blieben verschont. Seit dieser Zeit sind die Burgen Ruinen.
Die älteste, die Wahlenburg, kam später als Lehen an die Ritter von Hattstadt, danach an Basel. Heute gehören die Burg Weckmund und Wahlenburg der Gemeinde Häuser, die Dagsburg dem Ort Egisheim.
Von allen drei Burgen sind Türme und Mauerwerk noch gut erhalten.

Die Geschichte der Burg Hageneck

Gesichert, aufgemauert und mit einer mächtigen Wendeltreppe versehen sieht die in den Jahren 1884, 1932, 1972 und jüngst restaurierte Hageneck wie „frisch gekehrt" aus – und hat dadurch viel vom verträumten Charme sonstiger Burgruinen verloren. Sie gehört zu den kleinen, eher unbedeutenden Anlagen, was sich schon aus ihrer Lage heraus erklärt: Sie liegt viel tiefer als die benachbarten Burgen. Erstmals erwähnt wurde die Burg 1263; die Rede ist von einem Burkhart von Hageneck. Dieser Ritter, ein Vasall des Straßburger Bischofs, soll die Burg als Allod, also als Eigenbesitz, ab 1263 besessen haben. Er kämpfte sowohl für den Straßburger Bischof Walter von Geroldseck gegen die Bürger der Stadt

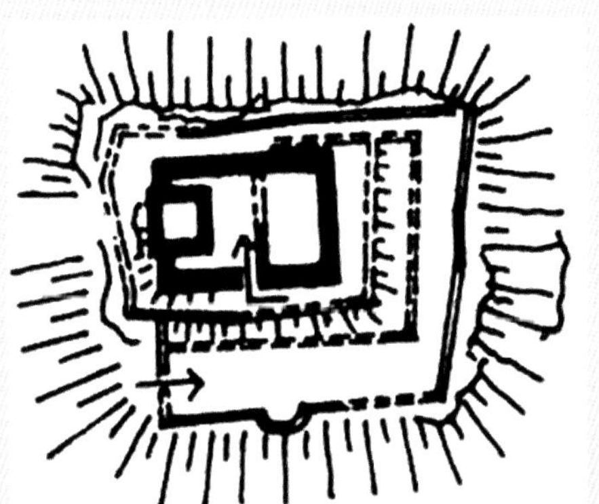

HAGENECK

1. Berchfried
2. Hof
3. Palas
4. Zwinger

bei deren Bestreben nach Unabhängigkeit, wie auch 1298 auf der Seite König Adolfs, der Albrecht von Habsburg bekämpfte. Das war wohl die Schlacht bei Göllheim, nahe des Donnersbergs in der Pfalz. Dabei fiel Adolf von Nassau, Burkhard von Hageneck wurde gefangenengenommen.

Nach seiner Freilassung, ein Jahr später, verkaufte er Hageneck. Die Familie zog nach Straßburg, sie hatte sich mit der dort lebenden Familie Zorn verschwägert, indem Elisabeth von Hageneck einen Reimbold Zorn geheiratet hatte.

Die Burg kam in die Hände der Ritter von Lobegassen und der Herren von Wettolsheim. Diese wiederum trugen eine heftige Fehde gegen die Herren von Haus und von Hattstatt aus. Dabei ging die Burg in Flammen auf. Mitte des 15. Jahrhunderts war die Burg bereits verlassen und wurde bereits 1640 als Ruine beschrieben.

Beeindruckend sind der fast quadratische Mauerkranz und der Bergfried, dessen Spitze heute über eine Wendeltreppe erreichbar ist. Von hier aus haben Sie einen schönen Blick in die Landschaft.

Die Geschichte der Hohlandsburg oder Hohlandsberg

Die Hohlandsburg ist weithin sichtbar, wurde seit 1985 mit großem Aufwand restauriert und auch zum Teil wieder aufgebaut. In ihren Mauern haben ein Restaurant sowie ein Museum Platz gefunden, die Burg dient als Kulisse für kulturelle Veranstaltungen und Ritterspiele.

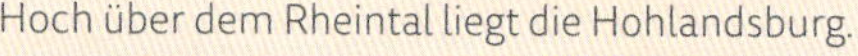
Hoch über dem Rheintal liegt die Hohlandsburg.

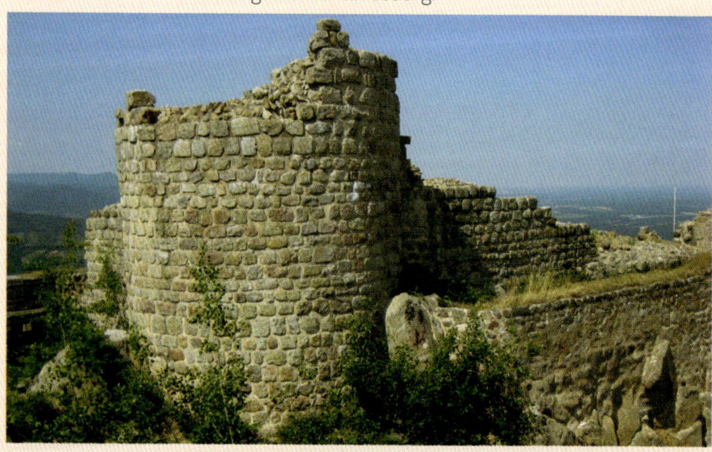

HOHLANDSBURG

A. Hauptburg

1. Bastion
2. Eingangstor mit Fallbrücke
3. Vorhöfe
4. Hof
5. Burghof
6. Wohngebäude und Stallungen
7. Wartturm
8. Zisterne
9. Brunnen

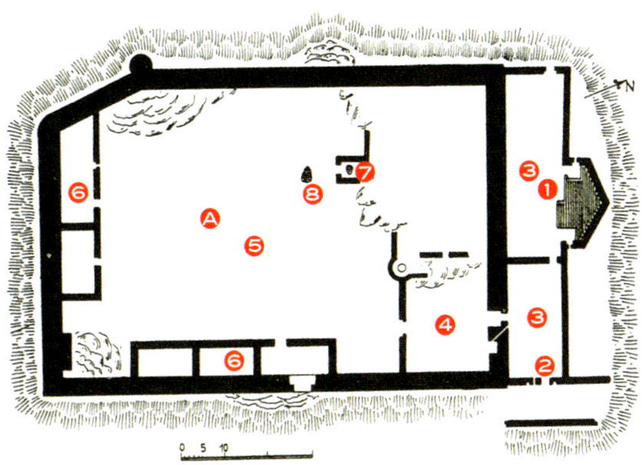

Hohlandsburg ist eine relativ junge Burg, deren Entstehung trotzdem nicht ganz klar ist. Siegfried von Gundolsheim, Schultheiß (Bürgermeister) von Colmar, hatte wohl 1279 mit dem Bau der Burg begonnen. Geschrieben steht auch, dass er mit Erlaubnis König Rudolfs mit dem Bau der Burg begann, also die Burg auf Königsgut errichtet wurde. Dieser Bürgermeister scheint allerdings „kein gutes Händchen" für seine eigenen Geschicke gehabt zu haben, denn 1281 war er schon nicht mehr Schultheiß der freien Reichsstadt. Die Burg wurde vom Landvogt des Elsass, Otto IV. von Ochsenstein (Neffe des Königs), und dem neuen Colmarer Schultheiß belagert. Hohlandsburg kam an die Habsburger und Siegfried von Gundolsheim wurde 1298 in Colmar ermordet.

Der Landgraf des Elsass, Otto von Ochsenstein, belehnte nun Konrad und Walter von Kaysersberg mit der Burg (Konrad von Kaysersberg ist seit 1281 Schultheiß von Colmar). Danach – hauptsächlich im 14. Jahrhundert – wurde die Burg immer wieder verpfändet: an einen Ulmann von Pfirt, Dietrich von Huse, die Herren von Rappoltstein sowie die Grafen von Lupfen.

Der nächste Bewohner verlieh der Burg etwas mehr Glanz. 1563 kaufte Lazarus von Schwendi die Burg. Er war der Berater gleich zweier Kaiser: Karl V., den er im Kampf gegen die protestantischen Fürsten im Schmalkaldischen Krieg unterstützte, und Maximilian II., für den er erfolgreich gegen die osmanische Armee kämpfte. Dieser Ratgeber, Diplomat und Feldherr nannte sich nach seinem neuen Besitz „Reichsfreiherr von Hohenlandsberg". Die schönste Geschichte (Legende) ist sicher die, dass Lazarus von Schwendi auf seinem Ungarnfeldzug dort die Ruländerrebe entdeckte, aus der der vorzügliche Tokajer-Wein gekeltert wird. Er brachte die Rebe mit ins Elsass. Gesichert ist jedenfalls, dass der Freiherr den Weinbau im Gebiet förderte. Die Burg selbst wurde zu dieser Zeit von einem Burgvogt, einem Pförtner und vier Knechten bewohnt und verwaltet.

1633 besetzten die Schweden die Burg im Dreißigjährigen Krieg (1618–1648) und 1637 zerstörten dann die Franzosen sie vollends. Ab 1985 begann der Wiederaufbau der Burg und sie zeigt sich heute in neuem Gewand.

Die Geschichte der Pflixburg

Baulich betrachtet scheint die Pflixburg wie aus einem Guss zu sein. Während die meisten Burgen im Lauf der Jahrzehnte weiter aus- und umgebaut wurden, präsentiert sich die Pflixburg als homogener Baukörper, der auf eine Bauzeit in den ersten Jahrzehnten des 13. Jahrhunderts deutet.

Hinweise darüber, wer die Burg gebaut hat, sind spärlich. Es wird angenommen, dass König Friedrich II., der spätere Kaiser aus dem Geschlecht der Staufer, den Auftrag zum Bau dieser Burg gab. Es existiert eine Schenkungsurkunde aus dem Jahr 1220 an den Reichsministerialen des Königs, Friedrich von Schauenburg. Er war um 1195 einer der ersten Landvögte des Elsass. Die Pflixburg war Reichslehen. Einen weiteren Hinweis auf die Burg gibt es aus dem Jahr 1276. In diesem Jahr verstarb die Frau Conrad Werners von Hattstatt auf der Burg. Der Ritter war wiederum der erste Landvogt des Oberelsass. Rudolf von Habsburg hatte das Elsass in ein Ober- und Unterelsass aufgeteilt und mit zwei Landvogteien besetzt.

Auf Rudolf von Habsburg folgte als König zunächst Adolf von Nassau. Dieser verpfändete 1298 die Burg an die Herren von Üsenberg, einem badischen Adelsgeschlecht. Damit wollte sich der König die Unterstützung der Herren von Üsenberg im Kampf gegen Albrecht von Habsburg, dem Sohn Rudolfs, sichern. Bei der Schlacht von Göllheim, am pfälzischen Donnersberg gelegen, in der Adolf von Nassau getötet wurde, mussten, wie viele andere auch, die badischen Adeligen und ihre Mitstreiter harte Verluste hinnehmen.

1279 wurde die benachbarte Burg Hohlandsburg errichtet – heute wieder eine große, bedeutungsvolle und hoch über dem Rheintal gelegene Anlage. Dadurch verlor die Pflixburg bald an Bedeutung. 1316 kam sie an Otto V. von Ochsenstein, Landvogt des Elsass, 1375 an die Herren vom Hus von Isenheim. Nach dem Tod des kinderlosen Hans Ulrich vom Hus von Isenheim, 1430, schenkte Kaiser Sigismund die langsam bedeutungslose Burg seinem Vizekanzler Kaspar Schlick, dem ersten Amtsinhaber bürgerlicher Herkunft. Eine Burg musste für ihn ein wahrhaft königliches Geschenk gewesen sein. Allerdings konnte er – vermutlich aus Geldmangel – sein Burgherrenleben nicht allzu lang genießen. Schon vier Jahre nach der Schenkung verkaufte er die Burg an Maximin I. Smassmann von Rappoltstein, dem bereits die benachbarten Burgen Hohrappoltstein und Ulrichsburg gehörten.

Im Lauf der Jahre verfiel die Burg. Bereits 1864 wurden erste Maßnahmen zur Erhaltung durchgeführt. Die heutige Burg mit fast vollständigen Rundmauern und der runde, leider unzugängliche Bergfried sind Ergebnisse der Restaurierungsarbeiten aus den Jahren 1983 und 2006.

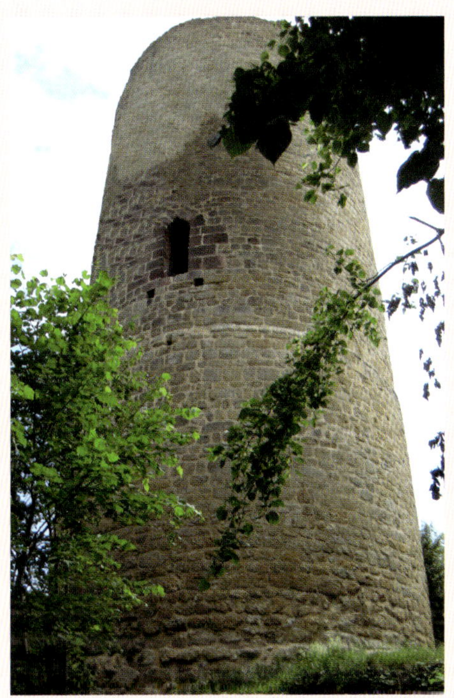

Der mächtige Bergfried der Pflixburg.

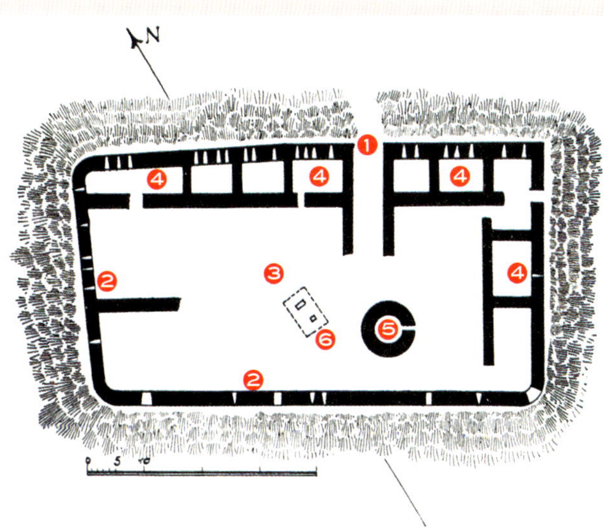

PFLIXBURG

1. Eingang
2. Ringmauer
3. Burghof
4. Wohngebäude
5. Berchfrit
6. Zisterne

23. Haneck, Schrankenfels und Hattstatt

Start in Soultzbach-les-Bains.
Einkehrmöglichkeit: keine.

Drei Burgen, hohe Berge, wandern durch den Wald, bergauf und -ab, Vogesen pur! Bei dieser Tour gilt es jedoch, gleich zu Beginn 400 Höhenmeter zu überwinden: von Soultzbach-les-Bains auf 380 Höhenmetern zur Burg Schrankenfels auf 781 Höhenmetern. Die recht anstrengende Wanderung hält aber auch bequeme Streckenabschnitte bereit. Und die Burgen? Viel ist von ihnen mit Ausnahme der Schrankenfels nicht übriggeblieben. Die Mauern der Ruine Haneck sind eigentlich nur von unten zu sehen. Wer es trotzdem wagt hochzusteigen, sieht Steinhaufen rund um einen Baum. Aber unterhalb der Burg laden Bank und Tisch zur Rast ein, mit einem wunderbaren Ausblick Richtung Petit und Grand Ballon. Die Burgruine Schrankenfels hat da mehr zu bieten; sie ist auch leichter – auf eigene Gefahr – erreichbar. Über die Höhe führt der Weg dann zur fast unbekannten Burg Hattstatt, von der auch nur spärliche Mauerreste übrig sind. Der Fantasie sind bei der Betrachtung keine Grenzen gesetzt!

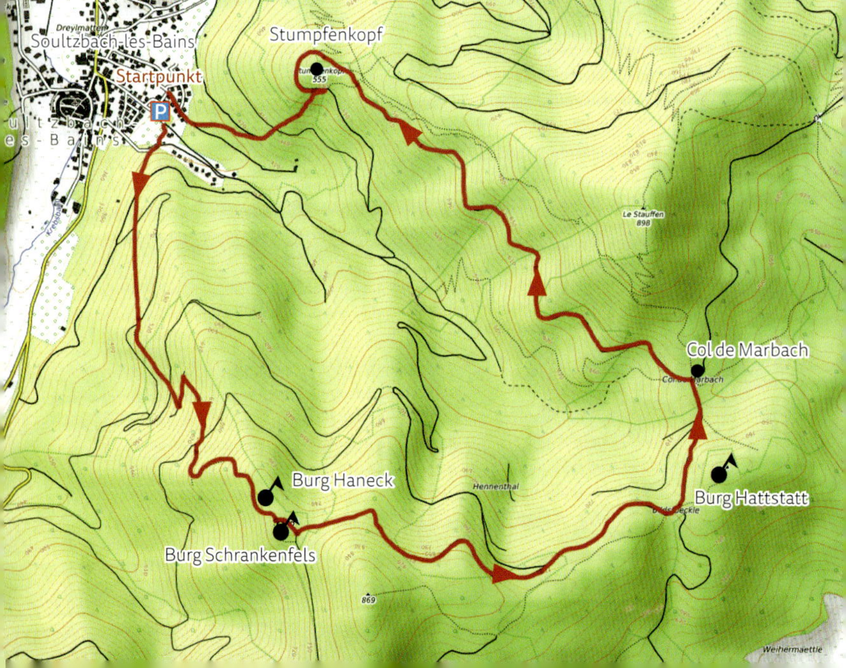

Dauer der Wanderung	3 Stunden / 12 km Mit Verlängerung zur Pflixburg: 5 Stunden / 15 km
Höhe der Burg	Haneck: 765 m, Schrankenfels: 784 m, Hattstatt: 797 m
Einkehrmöglichkeit	**Keine!**
Etappen der Wanderung	Vom Parkplatz zur Haneck: 1 ¼ Stunden. Von der Haneck zur Schrankenfels: 10 Minuten. Von Schrankenfels zur Hattstatt: 1 Stunde. Von der Hattstatt zurück zum Parkplatz: 2 Stunden.
Wanderkarte	IGN 3719 OT
Anfahrt und Parkplatz	Sie parken in Soultzbach-les-Bains. Der Ort liegt westlich von Colmar. Sie erreichen ihn über die D 417 und D 43. Im Ort bleiben Sie auf der D 43 (Route de Wasserbourg), bis Sie nahe des Runzbach in die Rue de la Pépinière einbiegen. In dieser Straße suchen Sie sich einen Parkplatz.

Wegbeschreibung

Die Rue de la Pépinière bringt Sie in den Wald hinein. Sie folgen dabei der Markierung **rotes Kreuz**, Richtung Schrankenfels. Achtung: Die Markierungen der Wanderkarte und die Kennzeichnung vor Ort sind nicht identisch. In den Karten ist ein rotes Dreieck angegeben, Sie aber folgen dem **roten Kreuz**. Nach wenigen Metern auf der noch asphaltierten Straße geht es dann rechts ein kurzes Stück steil bergan zu einigen Häusern. Auf der linken Seite sehen Sie am Chemin des Chalets eine kleine Kapelle, an der es mit dem **roten Kreuz** nach rechts auf einen Waldweg geht. Nach etwa einer Stunde immer bergan gabelt sich der Weg: Geradeaus geht es direkt zur Burgruine Schrankenfels, nach links mit dem **roten Kreuz** zunächst zur Ruine Haneck. Unterhalb der Burg sind Bänke und Tische, von wo aus Sie einen wunderschönen Blick auf die umgebenden Berge haben. Vorsicht beim Erklettern der Burg! Durch den südlich gelegenen Halsgraben gelangen Sie nach links oben zu einem weiteren Gemäuer, wohl den als Burgthalschloss bezeichneten Überresten eines Turms, und auf dem Bergsattel wandern Sie weiter zur Burg-

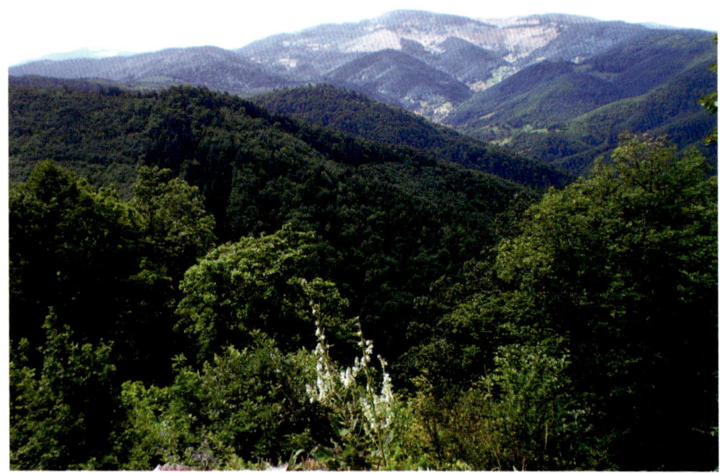

Der Fernblick entlohnt für den Aufstieg zu den Burgen.

ruine Schrankenfels – sie ist bald in Sichtweite. Vom Weg aus gibt es Trampelpfade zur Ruine, die recht gut begehbar sind. Nach dem Besuch der Burg wandern Sie auf dem Weg weiter geradeaus. Nach wenigen Metern teilt er sich, Sie gehen nun mit dem **gelben Balken** und der Markierung **GR 532** nach links Richtung Ostenbuhr und Col de Marbach. Auf dem Weg dorthin erreichen Sie einen Picknickplatz, den Platz Bildstoeckle mit einer Madonna. Dort weist ein Schild zur Ruine Hattstatt hin, die Sie mit dem **roten Punkt** erreichen. Vom Bildstoeckle folgen Sie nun dem **gelben Balken** zum Col de Marbach, den Sie nach etwa einer halben Stunde erreichen. Ab hier nimmt Sie das **gelbe Dreieck** mit nach Soultzbach-les-Bains, Stumpfenkopf. Nach etwa fünf Minuten führt links ein unmarkierter Weg in den Ort, Sie aber bleiben auf dem bequemeren Wirtschaftsweg und folgen weiter dem **gelben Dreieck** bis zum Stumpfenkopf. Dort gehen Sie noch ein paar Meter weiter dem **gelben Dreieck** und auch dem **blauen Punkt** nach. Zweigt das gelbe Dreieck zum Gare de Whir ab, folgen Sie dem **blauen Punkt**. Nach etwa zehn Minuten führt der **blaue Punkt** auf schmalem Pfad nach rechts ziemlich steil den Berg hinunter ins Tal mit einer Grotte. Von dort aus gehen Sie in den Ort hinein, die Rue de la Grotte immer geradeaus. Sie sehen die Kirche und erreichen die Rue de la Gare, gehen dort nach links auf der D 43 am Restaurant „Le Petit Frantz" vorbei und weiter immer geradeaus in die Rue de la Pépinière zum Parkplatz.

Die Geschichte der Burg Haneck

Die Burg Haneck wird in der einschlägigen Literatur teilweise als abgegangen beschrieben oder mit der Burg Hageneck verwechselt, weshalb nur wenig über die Geschichte der Burg zu finden ist. Auch gibt es kaum Mauern, die Zeugnis ablegen könnten. Aber gerade so ein verwunschener Ort hat oft eine besondere Anziehung.

Die Burg soll von den Rittern von Hattstatt errichtet worden sein, die bereits auf der nicht weit entfernten Burg Hattstatt ihren Stammsitz hatten. Nach dem Aussterben dieses Geschlechts kam die Burg an das Bistum Straßburg und wurde den Edlen von Schauenburg zu Lehen gegeben.

1307 soll Conrad Werner von Hattstatt die Burg Haneck an vier Ministeriale von Gundolsheim, die wohl im Dienst der Habsburger standen, zu Lehen gegeben haben. Einer dieser von Gundolsheims war wohl Siegfried, der später die Burg Hohlandsburg erbaute und Schultheiß von Colmar war. Das Schicksal begünstigte ihn nicht. 1281 wurde er als Bürgermeister abgesetzt und 1289 ermordet. Aus den wenigen bekannten Quellen ist ersichtlich, dass die Herren von Gundolsheim die Burg bis 1422 als Lehen der Hattstatter besaßen.

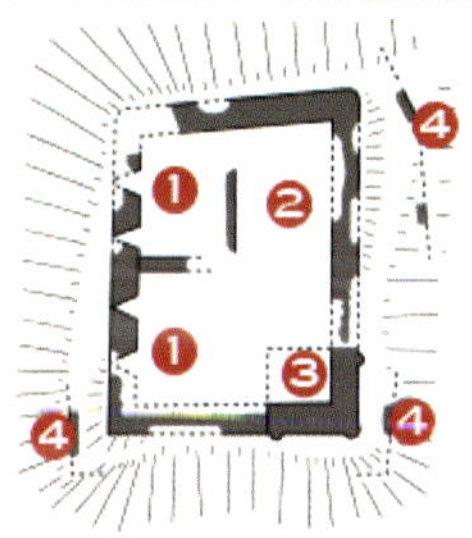

HANECK
1. Wohnbau
2. Innenhof
3. Bergfried
4. Zwingenmauern

Über die folgenden Jahre gibt es so gut wie keine Informationen. Erst aus dem Jahr 1598 ist bekannt, dass die Burg verfallen war. Eine weitere Vermutung ist, dass die Burg nach den Hattstattern noch an die Herren von Schauenburg übertragen wurde – ein Geschlecht aus der Ortenau, auf der anderen Seite des Rheins gelegen. Zerstört wurde sie vermutlich im Dreißigjährigen Krieg (1618–1648).

Haneck ist eine kleine Anlage innerhalb der Burgengruppe Schrankenfels und Hattstatt. Von der Burg selbst sind neben den kümmerlichen Resten des Bergfrieds eigentlich nur Schuttwälle übrig. Ein Baum überragt die letzten Trümmer dieser Burg.

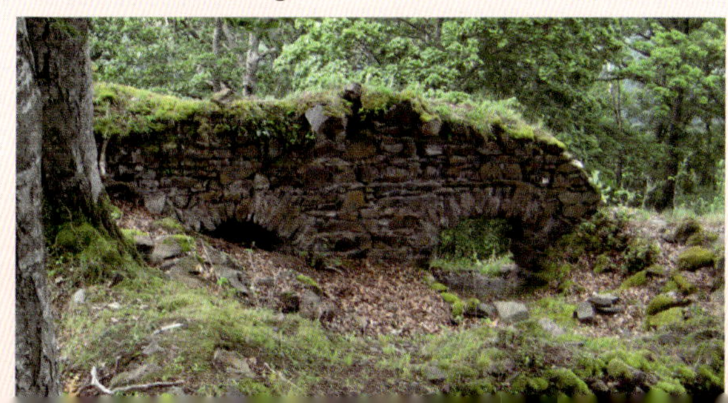

Nur wenige Mauerreste sind von der Burg Haneck noch zu sehen.

Die Geschichte der Burg Schrankenfels

Von dieser Ruine ist – im Gegensatz zu Haneck und der ehemaligen Burg Hattstatt – noch am meisten erhalten. Trotzdem, viel ist es auch nicht, aber der Blick in die Landschaft ist fantastisch.

Es wird angenommen, dass der Ritter Dietrich von Schrankenfels aus dem Geschlecht der Geberschweier – sicherlich nach dem gleichnamigen Ort an der heutigen Weinstraße so benannt – die Burg erbauen ließ und sich nach der elsässischen Burg, die so hoch auf einem Fels gelegen war, benannte. Er soll einer der Ministerialen der Straßburger Bischöfe gewesen sein. Es wird gesagt, die Familie habe in eigentlich bescheidenen Verhältnissen gelebt, woraus sich auch erklären lässt, dass Schrankenfels bereits ab 1305 den Rittern von Hattstatt als Lehen der Straßburger Bischöfe gegeben wurde. Damit besaßen sie sowohl ihre Burg Hattstatt wie auch Schrankenfels und Haneck. Aber schon 100 Jahre später, 1431, wird die Burg als Ruine, als „Burgstall" beschrieben. Warum die Burg schon so früh verfiel, ist nicht bekannt.

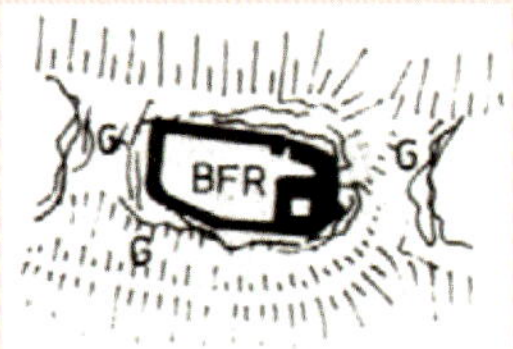

SCHRANKENFELS
1. Bergfried

Nur die Burg Schrankenfels hat noch hohe Mauern.

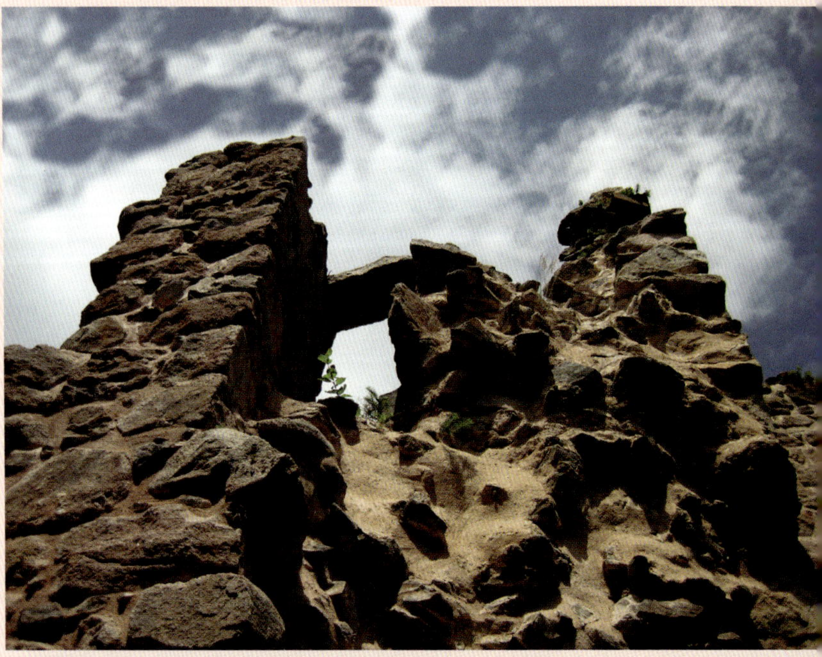

Die Geschichte der Burg Hattstatt

Bis ins Jahr 1188 geht der Ort Hattstatt an der elsässischen Weinstraße zurück. Zur selben Zeit soll dort eine Burg der Herren von Hattstatt errichtet worden sein, von der nichts mehr zu sehen ist. Die über dem Hennenthal gelegene Burg Hohhattstatt, früher auch Barbenstein genannt, soll dann 1286 von den Herren von Hattstatt, einem alten, mächtigen elsässischen Geschlechts, gebaut worden sein und blieb in deren Besitz bis zum Erlöschen des Geschlechts im Jahr 1585.

Die Burg war im 15. Jahrhundert Pfand oder Afterlehen der Hattstatter in die Hände von Peter von Regisheim gekommen, der sein Einkommen als Raubritter verbesserte. Das Wort Raubritter ist aber erst Ende des 18. Jahrhunderts entstanden. Im Spätmittelalter verschlechterten sich ab dem 14. Jahrhundert die ökonomischen Lebensgrundlagen des niederen Adels. Die zum Vasallendienst verpflichteten Lehnsnehmer, also die Ritter wurden zunehmend durch professionelle Söldnertruppen ersetzt. Die Folge war ein wirtschaftlicher Niedergang des Adels, denn Sold und Kriegsbeute flossen nun in andere Taschen. Die Not machte den niederen Adel zu Raubrittern.

Auf Anordnung des Landvogtes im Elsass, dem das Raubrittertum so gar nicht passte, wurde die Burg 1466 von den Bürgern von Münster verbrannt. Die Ruine fiel nach dem Geschlecht der Hattstatter an Truchsess von Rheinfelden und wurde wiederum im Dreißigjährigen Krieg, 1635 vollends zerstört.

Sie hat das gleiche Schicksal erlebte wie Haneck und Schrankenfels, die ja auch den Herren von Hattstatt gehörten. Alle drei Burgen wurden bereits im 15. Jahrhundert aufgeben und sind danach langsam verfallen.

Die Ruine Hattstatt wurde kaum ausgegraben.

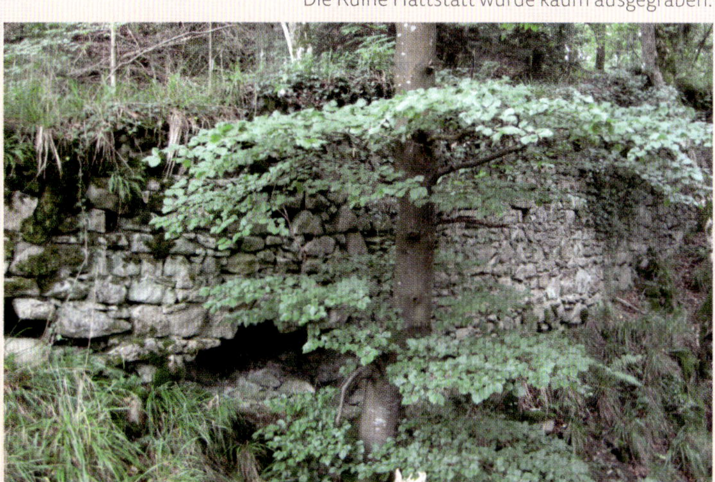

24. Kloster Murbach und Hugstein

Start in Rimbach-près-Guebwiller.
Einkehren in Murbach.

Unweit von Guebwiller schaut die Ruine Hugstein von der Höhe ins Blumental (Florival) auf den Ort an der Lauch. Viel ist von ihr nicht übriggeblieben: ein eindrucksvolles Eingangstor, Reste des Bergfrieds, Mauern – behutsam restauriert und damit vor dem weiteren Verfall bewahrt. Von der berühmten ehemaligen romanischen Abtei Murbach sind noch das Querschiff mit seinen beiden Türmen und der Ostteil mit dem Chor erhalten. Dort, wo einst die eigentliche Kirche stand, befindet sich heute ein Friedhof. Es ist ein beschaulicher Ort und der eigentliche Höhepunkt dieser Wanderung.

Dauer der Wanderung	3–4 Stunden / 12 km
Höhe der Burg	Hugstein: 390 m (Col de Peternit: 566 m)
Einkehrmöglichkeit	**Auberge de l'Abbaye**, 20 rue de Guebwiller, 68530 Murbach, Tel. +33 3 89 74 13 77, Di und Mi Ruhetag. **Le Saint-Barnabé**, 53 rue de Murbach, 68530 Buhl, Tel. +33 3 89 62 14 14. Tägl. 12–13.30 Uhr und 19–20.30 Uhr geöffnet. Mi, Do mittags, So abends geschlossen.
Etappen der Wanderung	Vom Parkplatz bis Munsteraeckerle: 20 Minuten. Von Munsteraeckerle bis Murbach: 45 Minuten. Von Murbach zur Hugstein: 1 Stunde. Von der Hugstein zum Col de Peternit: 1 Stunde. Vom Col de Peternit zurück zu den Parkplätzen: 15–20 Minuten.
Wanderkarte	IGN 3719 OT
Anfahrt und Parkplatz	Sie parken in Rimbach-près-Guebwiller. Der kleine Ort liegt zwischen Colmar und Mühlhausen südwestlich von Guebwiller und ist über die D51 zu erreichen. Entweder parken Sie vor Ortseingang – auf der rechten Seite ist ein großer Parkplatz mit einem Stein, Tisch, Bänken und einer Wanderkarte – oder Sie fahren in den Ort und finden in einer schmalen, kleinen Straße hinter der Mairie, dem Rathaus, einen Parkplatz.

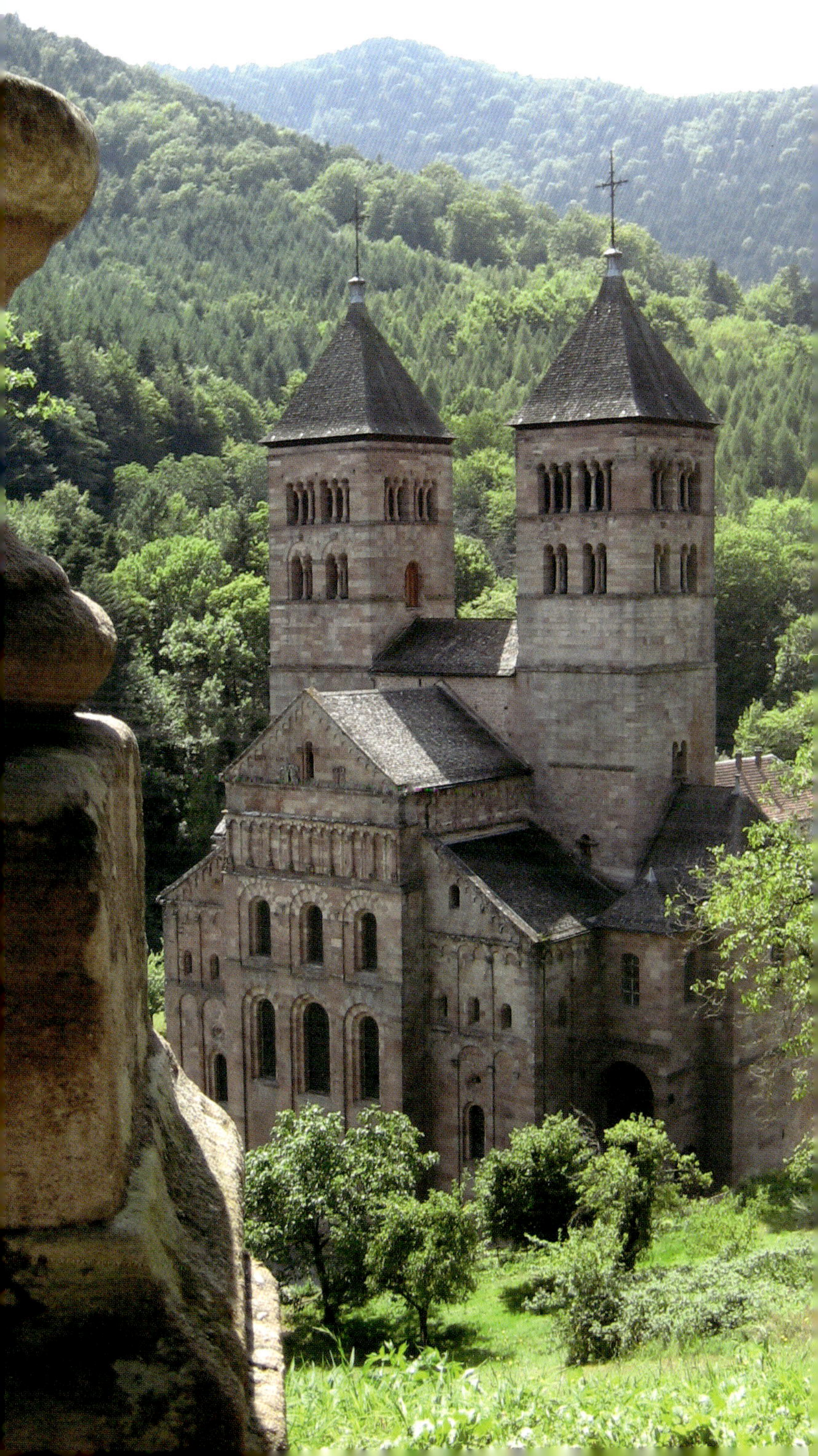

Wegbeschreibung

Wenn Sie ihr Auto vor Rimbach abgestellt haben, gehen Sie etwa 400 Meter auf der Straße den Berg hoch, biegen hinter dem Logis Hôtel à l'Aigle d'Or nach rechts ab und folgen dem **roten Punkt** Richtung Munsteraeckerle.

Wenn Sie sich für den Parkplatz hinter der Mairie entschieden haben, gehen Sie zurück zur Straße und gegenüber dem Logis Hôtel à l'Aigle d'Or die kleine Straße mit dem **roten Punkt** entlang. Hinweisschild: Munsteraeckerle. Es geht an den letzten Häusern des Dorfes vorbei, geradeaus nach Munsteraeckerle. Sie erreichen den großen Platz mit einer Schutzhütte auf einer Höhe von 655 Metern nach etwa 20 Minuten.

Von hier aus orientieren Sie sich nach dem **blauen Punkt**, der nach Murbach führt. Zunächst gehen Sie bequem einen Waldwirtschaftsweg entlang. Nach etwa 20 Minuten geht es dann rechts auf schmalerem Pfad bergab, immer dem **blauen Punkt** nach. Nach etwa 45 Minuten erreichen Sie über eine kleine Brücke den Ort Murbach, gehen dort nach rechts in den Ort und biegen links zur Kirche ab. Besuchen Sie auch die Lorettokapelle oberhalb der Abtei. Sie erleben einen stillen Ort mit einem sehr schönen Blick auf die unten gelegene Kirche.

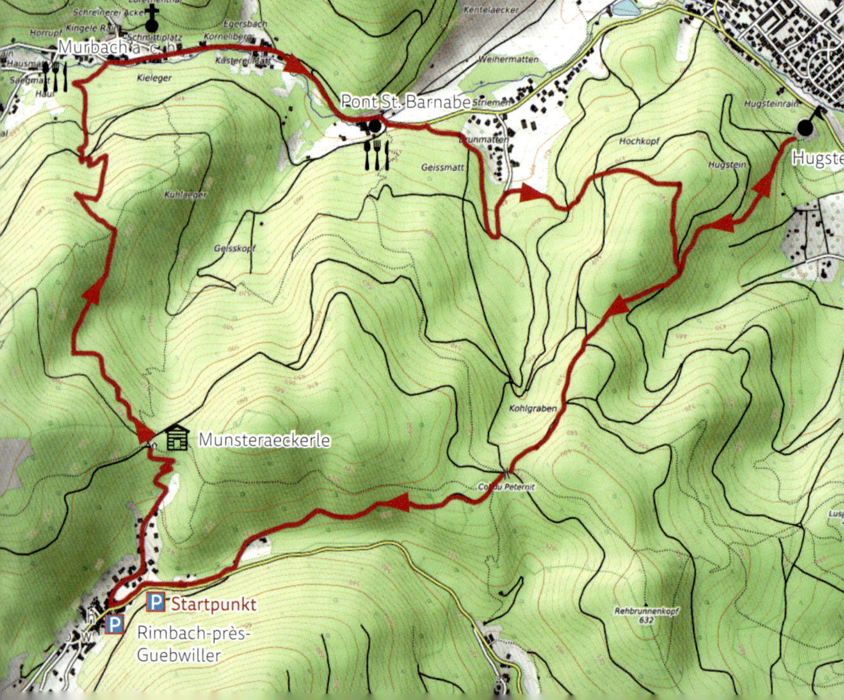

Sie verlassen den Ort durch ein Tor – auf der linken Seite befindet sich ein Gasthaus, wo Sie einkehren können; rechts ist ein Parkplatz – und gehen die als Route des Romains (Straße der Romanik) gekennzeichnete D 40.2 entlang bis zum Hotel und Gasthaus Le Saint-Barnabé (Einkehrmöglichkeit). Haben Sie das Hotel hinter sich gelassen, sehen Sie nach etwa 200 Metern auf der rechten Seite eine kleine Brücke, die über einen Graben führt. Der Weg ist ab hier mit dem **gelben Punkt** Richtung Hochkopf und Guebwiller gekennzeichnet. Nun geht es zunächst kurz den Berg hoch, dann gehen Sie oberhalb des Rimshofes immer den Hauptweg entlang. Sie stoßen auf einen breiteren Wirtschaftsweg (dort sehen Sie wieder den gelben Punkt) und gehen nach links in einer Haarnadelkurve den Berg hinunter. Kurz vor den Häusern führt der Weg mit dem **gelben Punkt** nach rechts bergan in den Wald hinein. Sie folgen dem **gelben Punkt** und erreichen einen Wirtschaftsweg mit einem Hinweisschild nach rechts zur Burg Hugstein. Sie gehen diesen Weg etwa 100 Meter entlang und danach mit dem **roten Punkt** zur Burgruine Hugstein den Berg hinunter.

Von der Burg aus gehen Sie mit dem **roten Punkt** bergan, wie Sie gekommen sind, erreichen den Wirtschaftsweg und gehen dort nach

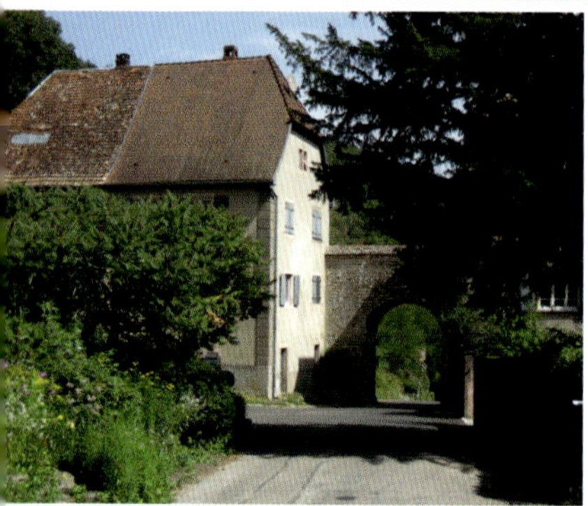

Ein stiller Ort: Murbach.

links weiter mit dem **roten Punkt** zum Col de Peternit. Unterwegs erreichen Sie einen Unterstand auf dem Peternit Rosstall (auf der Karte nochmal den Namen prüfen) auf 549 Höhenmetern und wandern dann mit dem **rot-weiß-roten Balken** weiter zum Col de Peternit.

Nun ist die Markierung nicht mehr so gut, obwohl hier viele Wanderzeichen angebracht sind. Sie nehmen den Weg mit dem **rot-weiß-roten Balken** zunächst Richtung Munsteraeckerle „par versant sud". Nach zehn bis 20 Metern gabelt sich der Weg, nach rechts geht es weiter mit dem **rot-weiß-roten Balken** über Munsteraeckerle zum Grand Ballon und dem Judenhut, Sie aber bleiben auf dem breiten Wirtschaftsweg. Ebenso, wenn bald ein weiterer Weg nach links abgeht. Hier ist auch der **rot-weiß-rote Balken** angebracht. Nach etwa zehn Minuten erreichen Sie über eine kleine Brücke die Straße und sehen rechts den Parkplatz vor Rimbach bzw. gehen die Straße weiter nach oben zum Parkplatz hinter der Mairie.

Die Geschichte der Burg Hugstein

Hugstein ist eine Klosterburg, die im Auftrag, zum Schutz und als Wohnsitz der Äbte des Klosters Murbach erbaut wurde. Den Auftrag dazu gab 1230 Abt Hugo von Rothenburg, der als Namensgeber Pate stand: Hug-stein, wobei Stein für den Fels steht, auf dem sie errichtet wurde. Sie liegt am Eingang des Murbachtals bei Guebwiller, der „Hauptstadt" des Klosters, und ist die älteste, urkundlich gesicherte Klosterburg im

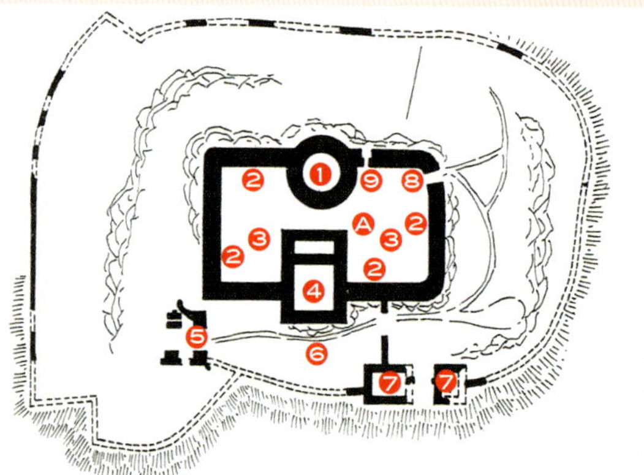

HUGSTEIN

A. Hauptburg

1. Berchfrit
2. Mantel
3. Burghof
4. Wohngebäude
5. Eingangsturm
6. Vorhof
7. Mauertürme
8. Eingangspforte
9. Poterne

Elsass. Hugstein blieb immer im Besitz der Äbte des Klosters Murbach. Eine dort gebaute Kapelle wurde 1313 durch den Abt Konrad von Staufenberg geweiht. Abt Bartholomäus von Andlau, der dem Kloster von 1447 bis 1476 vorstand, ließ zur Sicherheit der Burg zwei Türme errichten. Er wohnte auf der Burg und soll dort auch gestorben sein.

1542 gab es Ärger auf der Burg. Dekan Heinrich von Istetten war mit der Wahl des neuen Abts, Rudolf Stoer von Storerenberg, nicht einverstanden (er wollte selbst Abt werden) und besetzte deshalb die Burg. Dann drehte sich der Wind für ihn. Nun wurde er in der Burg belagert, musste aufgeben und wurde in einen Turm gesperrt.

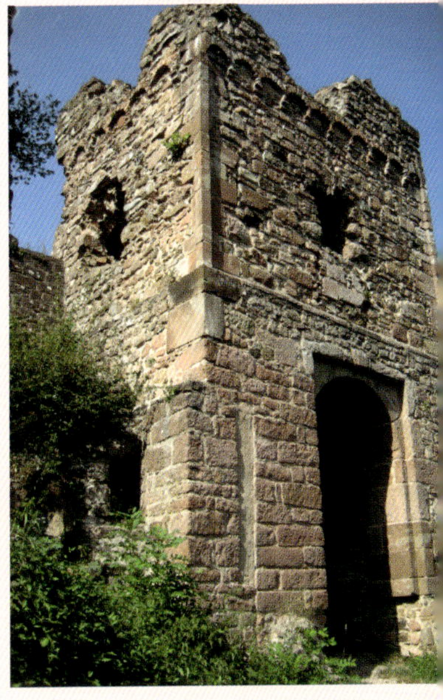

Der Torturm der Burg Hugstein ist wirklich etwas besonderes.

Nach diesem Desaster sind die Überlieferungen widersprüchlich. Einerseits wird behauptet, Johann Rudolf Stoer von Stoerenberg habe die Burg 1542 selbst zerstört, in anderen Quellen heißt es, dass ein Blitz 1598 in die Burg eingeschlagen habe. Sicher ist dagegen, dass die Burg im Dreißigjährigen Krieg (1618–1648) weiter zerstört wurde. Im 17. Jahrhundert wurden hier Frauen, die der Hexerei bezichtigt wurden, eingesperrt; im 18. Jahrhundert war sie eine Notunterkunft für Arme. Danach gab das Kloster Murbach die Burg auf; sie diente als Steinbruch.

Ab 1862 erfolgten umfangreiche Freilegungen und Restaurierungen. Besonders der Torturm wurde wieder hergerichtet. Freiwillige kümmern sich seit 2006 um die Erhaltung der Burg.

Die Geschichte des Klosters Murbach

Das Kloster Murbach war einst das berühmteste im Elsass und ist auch eines der ältesten im Land. Im Jahr 727 beauftragte Graf Eberhard, Bruder Herzog Liutfrieds aus dem Geschlecht der Etichonen (den ersten Herzögen im Elsass), den Bischof Pirminius (auch Pirmin genannt) mit dem Aufbau einer Klostergemeinschaft.

Pirminius hatte das Christentum in den südwestdeutschen Raum und das Elsass gebracht, war eigentlich ein Wandermönch, wohl aus Irland

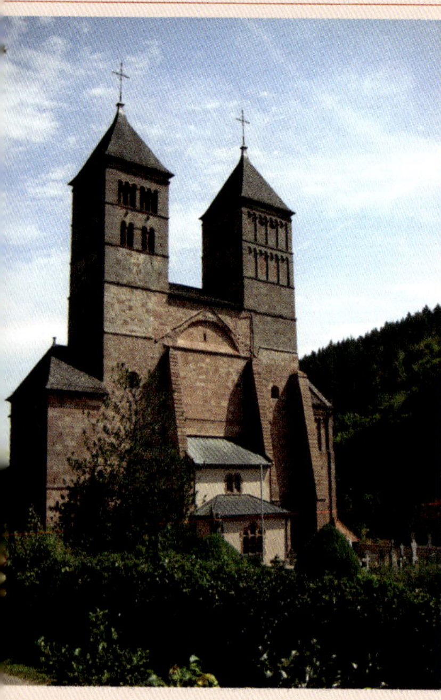
Nur die mächtigen Türme des Klosters Murbach sind erhalten. Das Kloster gehört zu den ältesten im Elsass.

stammend, und zur damaligen Zeit Bischof des Klosters Reichenau im Bodensee.

Die karolingischen Herrscher, vor allem Karl Martell (der Großvater Karls des Großen), setzten sich stark für die Christianisierung ihres Landes ein. So unterstützte Martell den ehemaligen Wanderprediger Pirminius und förderte dessen Klostergründungen. Neben Murbach gründete Pirminius im Elsass die Klöster Weißenburg, Mauersmünster und Neuweiler. Er starb 753 im pfälzischen Kloster Hornbach.

Der Stifter Graf Eberhard stattete das Kloster reich aus und verlieh ihm umfangreiche Privilegien wie zum Beispiel die Wahl des Abtes, was zu damaliger Zeit selten vorkam. Das Kloster war unmittelbar dem Papst und dem Kaiser, folglich zunächst den Karolingern unterstellt. Die Mönche in Murbach lebten nach den Regeln des heiligen Benedikt von Nursia.

Um 850 war Murbach eines der geistigen Zentren am Oberrhein mit einer beachtenswerten Bibliothek. Schenkungen machten das Kloster reich, es besaß viele Liegenschaften. Diese Blütezeit endete 936 mit dem Einfall der Ungarn in das Elsass. Otto der Große beendete diese Raubüberfälle in der Schlacht auf dem Lechfeld 955.

Bis zum 13. Jahrhundert erholte sich das Kloster von den Verwüstungen, begünstigt auch durch die inzwischen herrschenden Habsburger, denen sie umfangreiche Ländereien zu Lehen gaben. 1548 verlieh Kaiser Ferdinand I. der Abtei den Rang einer Fürstabtei mit Sitz und Stimme im Reichstag. Fürstabt Kasimir Friedrich von Rathsamhausen gab im Jahr 1759 die Benediktinerregeln auf und wandelte das Kloster in ein adliges Ritterstift um. 1789 wurde das Kloster während der Französischen Revolution verwüstet, die Abtei aufgehoben.

Von der großen Klosteranlage sind nur noch Teile der Kirche erhalten. Aber das Querschiff mit den beiden Türmen ist sehr beeindruckend und sehenswert. Wo einst das Langhaus stand, ist heute ein Friedhof.

25. Freundstein und Hartfelsenschloss

Start am Col Amic.
Einkehren in urigen Bauerngaststätten.

Den Grand Ballon in Sichtweite haben, heißt wandern auf fast 1000 Metern Höhe. Es ist kühler als unten im Tal. Sie wandern durch den Wald, über schon kahle, baumlose Höhen, an Bauernhöfen vorbei zur Burg Freundstein, der höchstgelegenen Burg im Elsass. Um eine urige Einkehr ergänzt, wird diese Tour zu einem besonderen, beinahe schon alpinen Wandererlebnis – auch wenn von beiden Ruinen nicht mehr viel erhalten ist.

Dauer der Wanderung	3 Stunden / 12 km
Höhe der Burgen	Freundstein: 927 m, Hartfelsenschloss: 731 m.
Einkehrmöglichkeit	**Ferme-Auberge du Freundstein**, Route des Crêtes, 68760 Willer-sur-Thur, Tel. +33 3 89 82 31 63. Tägl. geöffnet, Di Ruhetag. **Ferme-Auberge du Kohlschlag**, Route du Col Amic, 68760 Willer-sur-Thur, Tel. 03 89 82 31 28. Do Ruhetag.
Etappen der Wanderung	Vom Parkplatz zur Burg Freundstein: 30 Minuten. Von der Freundstein zur Ferme-Auberge du Freundstein: 30 Minuten. Von der Ferme zur Chapelle Sicurani: 1 Stunde. Von der Kapelle zum Hartfelsenschloss: 30 Minuten. Vom Hartfelsenschloss zur Ferme-Auberge du Kohlschlag: 45 Minuten. Von der Ferme zum Parkplatz: 15 Minuten.
Wanderkarte	IGN 3719 OT
Anfahrt und Parkplatz	Die Wanderung liegt im Gebiet des Grand Ballon, westlich von Mulhouse und Cernay, südlich von Colmar und Guebwiller. Ausgangspunkt sind die Parkplätze am Col Amic nahe dem Ort Blanschen. Er ist von Cernay aus über die D 431 erreichbar.

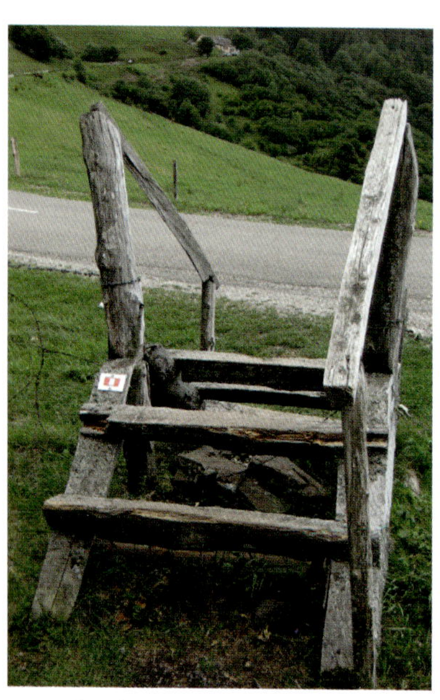

Bei dieser Wanderung führt eine Treppe über einen Weidezaun.

Wegbeschreibung

Sie starten vom Parkplatz aus auf der linken Seite Richtung Grand Ballon. Von dort folgen Sie dem **roten Balken** gen Süden – den Grand Ballon bis zur Burg Freundstein immer im Blick. Von der Freundstein aus gehen Sie weiter Richtung Süden, bis Sie den Wanderweg erreichen, und folgen nun dem **rot-weiß-roten Balken** bis zur Ferme-Auberge du Freundstein. Dabei gehen Sie über eine Koppel, übersteigen die Einzäunung der Weide und sehen von Weitem schon den Bauernhof (Einkehrmöglichkeit).

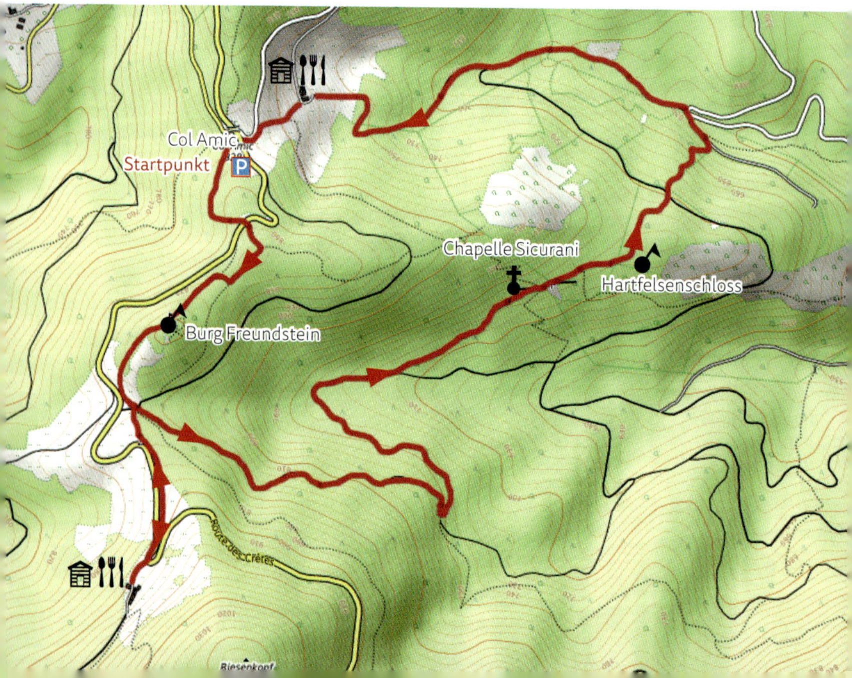

Danach geht es denselben Weg wieder zurück, vorbei an einem Gedenkstein für Piloten, die hier 1944, im Zweiten Weltkrieg, abstürzten. Sie folgen zunächst dem **roten Punkt** und **grünen Dreieck**, dann zweigt der Weg mit dem **grünen Dreieck** nach links ab. Wenn sich der Weg erneut gabelt, folgen Sie dem **gelben Punkt** bis zur Chapelle Sicurani. Hier verwundete eine deutsche Kugel den korsischen Kapitän Sicurani, der dann am 22. Dezember 1915 im Krankenhaus verstarb.

Von der Kapelle geht es zunächst dem **roten Kreuz** nach und dann nach links (jetzt auch mit dem **roten Dreieck** markiert). Zweigt das rote Kreuz ab, folgen Sie dem **roten Dreieck** bis zur Ferme-Auberge du Kohlschlag (Einkehrmöglichkeit) und weiter bis zum Parkplatz.

Die Geschichte der Burg Freundstein

Über die Burg Freundstein gibt es nicht viel in den entsprechenden Burgenbüchern zu lesen – obwohl sie die höchstgelegene Burg im Elsass und wahrscheinlich immer noch im Besitz der Familie Waldner von Freundstein ist, die sie wohl im 13. Jahrhundert erbauen ließ. Auch wird angenommen, dass diese Burg nie bewohnt war, sondern als militärischer Stützpunkt genutzt wurde, weshalb schriftliche Informationen rar sind. Die Familie Waldner, die sich erst ab 1545 Waldner von Freundstein

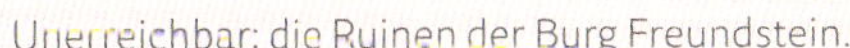

Unerreichbar: die Ruinen der Burg Freundstein.

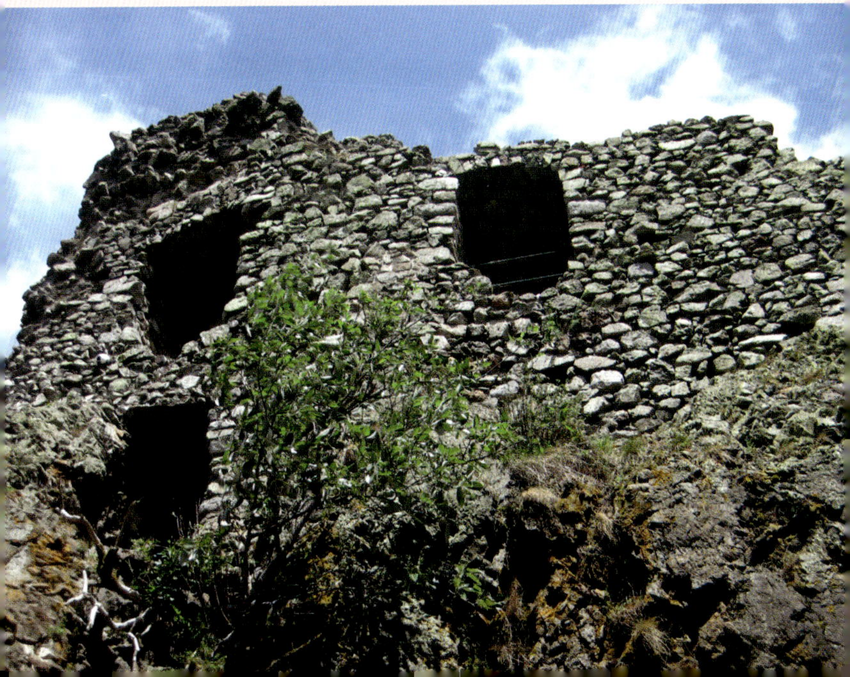

nannte, zog es vor, in der Rheinebene, in Ollwiller, unterhalb des im Ersten Weltkrieg so hart umkämpften Hartmannswillerkopfs zu leben.

Die Geschichte der Burg und die Geschichte des Schlosses Ollwiller nahe Wuenheim und Hartmannswiller hängen miteinander zusammen. Anfang des 13. Jahrhunderts schenkten die Grafen von Pfirt (ein großes und einflussreiches elsässisches Grafengeschlecht, das im heutigen Ferrette residierte) das Gut Ollwiller den Zisterziensern des ehemaligen Klosters Lieu-Croissant (bei Geney, Montbéliard gelegen). 1260 wurde dieser Besitz von den Rittern Conrad, Hermann, Gunther und Eberhardt Waldner gekauft. 1269 ließen die vier Brüder die Burg hoch in den Bergen der Vogesen auf dem Gebiet der Abtei Murbach und des Bistums Straßburg erbauen. Freundstein wurde den Waldners zu Lehen übertragen.

1356 erschütterte ein schweres Erdbeben, dessen Epizentrum wenige Kilometer südlich von Basel lag, die Region. Dabei wurde die Freundstein, wie etwa 40 weitere Burgen im Umkreis, zerstört. Auch der Bauernkrieg 1525 hinterließ seine Spuren auf der Burg. Wenige Jahre später, 1529, wurde sie wieder aufgebaut und erst im 16. Jahrhundert zerstört. Denn im August 1562 schlug ein Blitz in die Anlage ein, sie brannte ab und wurde danach nicht wieder aufgebaut..

Die Geschichte der Burg Hartfelsenschloss

Eine Tafel beschreibt die Geschichte des Hartfelsenschlosses. Darauf steht: „Dieses Schloss steht auf dem Grenzgebiet des Klosters Murbach und den Territorien des Bischofs von Straßburg." Die erste Erwähnung stammt aus dem Jahr 1297. Damals gehörte die Burg den Herren von Pfaffenheim, Lehensmänner des Straßburger Bischofs, was bedeutete, dass die Ritter dem Bischof im Kriegsfall oder einer Fehde jederzeit die Burg öffnen mussten.

Das Hartfelsenschloss wurde, wie auch die Burg Freundstein, im Bauernkrieg 1525 zerstört. Von der Burg blieb lediglich ein Graben übrig. Was heute dort noch an Mauern und Steinen zu sehen ist, stammt aus dem Ersten Weltkrieg. Die Gegend um den Hartmannsweilerkopf war damals sehr umkämpft. In dieser Gegend fanden 30 000 französische und deutsche Soldaten den Tod.

26. Engelsburg

Start oberhalb von Thann.
Einkehren in Gaststätten in Thann.

Das Hexenauge der Engelsburg ist sicher eine der ungewöhnlichsten Burgenansichten. Was wie Zauberei erscheint, ist aber nichts anderes als der merkwürdig umgestürzte Bergfried. Schuld daran war nicht ein Unwetter oder Erdbeben. Dieses Wahrzeichen des Städtchens Thann im südlichen Elsass haben die Schweden im Dreißigjährigen Krieg (1618 – 1648) zustandegebracht. Erst beim dritten Sprengungsversuch hat der Bergfried nachgegeben und ist auf die Seite gestürzt. Die Wanderung zu dieser Kuriosität führt zunächst immer bergan bis zu einem wunderschönen Platz zum Ausruhen, dann geht es mal steiler, mal bequemer wieder bergab ins Finsterbachtal.

Dauer der Wanderung	3 ½ Stunden / 12 km (Erweiterung möglich)
Höhe der Burg	442 m
Einkehrmöglichkeit	**Gaststätten in Thann**
Etappen der Wanderung	Vom Parkplatz zur Engelsburg: 20 Minuten. Von der Burg zum Rastplatz „Wotans Eiche“: 1 ½ Stunden. Vom Rastplatz zurück zum Parkplatz 1 ½ Stunden.
Wanderkarte	IGN 3620 ET
Anfahrt und Parkplatz	Sie fahren nach Thann, direkt an der N 66 nahe Cernay gelegen. Im Stadtzentrum orientieren Sie sich zunächst an der Kirche (St. Theobald). Von dort bringt Sie die Rue Saint-Thiébaut über die Thur. Sie biegen nach rechts in die Rue Marsilly ein, an der nächsten Gabelung in die Rue de Rangen und dann gleich links in die Rue de Kattenbachy. Sie fahren geradeaus, bis sich die Straße wieder gabelt, und halten sich rechts. In einer größeren Kurve am Waldesrand können Sie parken. Falls dort nichts frei ist, können Sie auf der gegenüberliegenden Wiese parken, ein Teil davon ist meist gemäht.

Wegbeschreibung

Vom Parkplatz aus gehen Sie die Straße bergab bis zur Gabelung und dann nach rechts dem **roten Balken** nach bergan (es können auch noch der grüne und blaue Ring dabei sein). Sie lassen das Forsthaus hinter sich und folgen der Linkskurve zur Burg. Dies ist ein kultivierter Weg durch Gärten und ein Waldstück. Haben Sie den Wald durchquert, sehen Sie vor sich das Hexenauge der Engelsburg. Sie gehen geradeaus auf eine Informationstafel zu, auf der die Legende und der Grundriss der Engelsburg beschrieben sind. Mehrere Pfade und Treppen führen zur Ruine.

Von der Burg aus gehen Sie wieder zurück Richtung Wald, aus dem Sie gekommen sind. Kurz vor dem Wald geht es mit dem **roten Balken** und zunächst auch dem **grünen** und **blauen Ring** nach links zum Col du Grumbach auf 581 Metern Höhe. Mal wandern sie am Südhang durch lichten Eichenwald, dann wieder durch dichteren Wald. Es geht immerzu bergauf. Unterwegs passieren Sie den Platz mit dem Namen Rosenbourg und folgen weiter dem **roten Balken** und **grünen Ring**. Bevor Sie den hübsch angelegten Platz am Col de Grumbach erreichen, sehen Sie links unten ein altes Gemäuer, vielleicht ein ehemaliges Forsthaus. Hinweisschilder gibt es nicht.

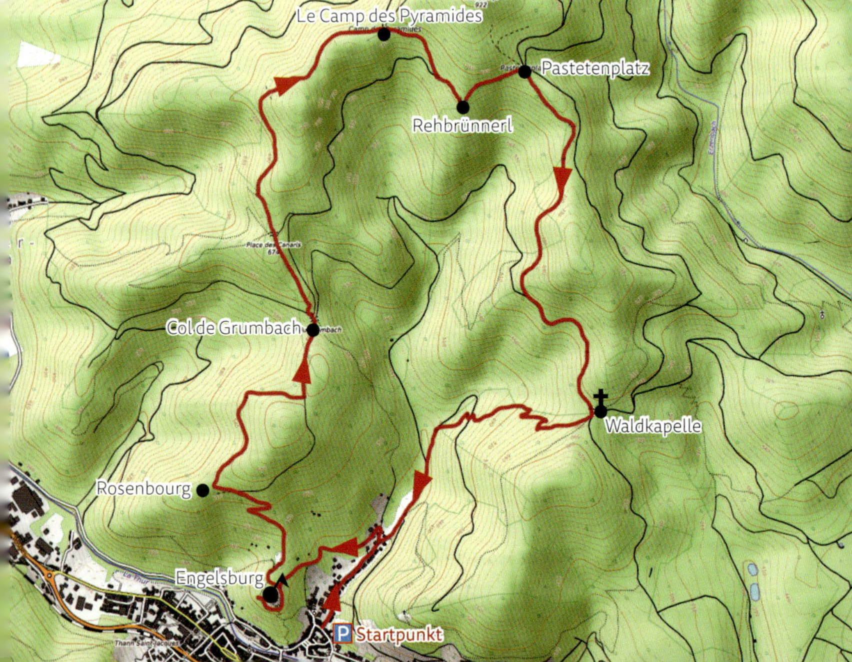

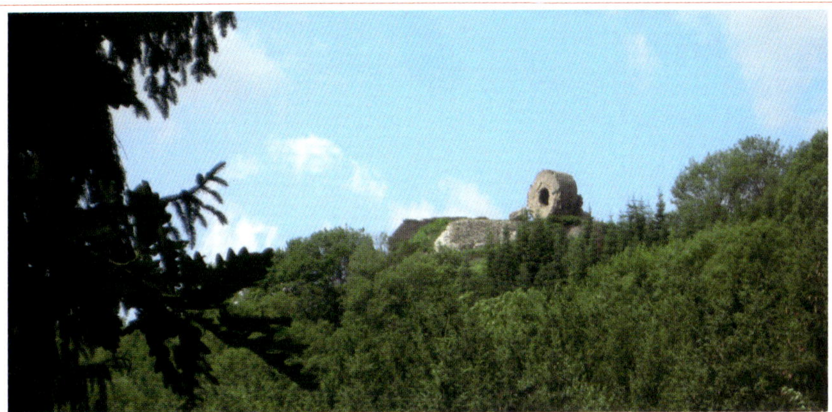

Ein mystischer Anblick – die Engelsburg, auch „Hexenauge" (L'oeil de la Sorbière) genannt.

Vom Col de Grumbach gibt es zwei Möglichkeiten weiter zu wandern: entweder mit dem **roten Balken** und jetzt dem **blauen Ring** auf schmalerem Pfad zum Camp des Pyramides – dort angekommen, folgen Sie nicht mehr dem roten Balken, sondern dem **blauen Ring** bis zur Wotan-Eiche – oder dem **gelben Kreuz** nach auf einem bequemeren, langsam ansteigenden Wirtschaftsweg. Dieser Weg führt an einem Tisch mit zwei Bänken vorbei geradeaus nach Norden. Sie gelangen zum Rehbrünnerl, dessen Wasser sehr erfrischend ist, aber ein wenig nach Rost schmeckt. Die Quelle liegt auf der rechten Seite, etwas abseits des eigentlichen Wanderwegs. Kurz danach erreichen Sie einen „Wandererruheplatz" auf einer Höhe von etwa 760 Metern mit der beeindruckenden alten Wotan-Eiche auf dem Felsen. Von hier aus haben Sie einen wunderschönen Blick in die Rheinebene und das schweizerische Jura.

Nach diesem schönen Grillplatz mit großer Hütte folgen Sie dem **blauen Ring**, **rot-weiß-roten Balken** und **gelben Kreuz** zur nächsten großen Wegkreuzung, dem Pastetenplatz. Ab hier folgen Sie dem **blauen Ring** und **rot-weiß-roten Balken** mehr oder weniger bequem den Berg hinunter bis zur Waldkapelle, einer kleinen Holzkirche, in der an die toten Soldaten der beiden Weltkriege erinnert wird. Denn in unmittelbarer Nähe wurde im Ersten Weltkrieg gekämpft und gestorben.

Von der Kapelle aus folgen Sie weiter dem **blauen Ring** und **rot-weiß-roten Balken** Richtung Thann über das Finsterbachtal auf schmalem Pfad bergab. Nach etwa 20 Minuten erreichen Sie einen Wirtschaftsweg, die Route forestière nach Rangen, den Sie nach rechts gehen und dem Sie nach einer Haarnadelkurve nach links geradeaus ins Tal hinunter folgen, bis Sie auf die Rue de Kattenbachy stoßen, die zum Parkplatz führt.

Die Geschichte der Engelsburg

Die Geschichte der Elsässer Grafen und Ritter und ihrer Burgen ist häufig mit dem Streit zwischen Kaiser und Bischof verbunden. So auch auf der Engelsburg. In der Zeit der Staufer (11–13. Jahrhundert) gab es unter dem Adel im Elsass einerseits Anhänger der Kaiser, andererseits war aber der Straßburger Bischof der eigentliche Herr im Land und im ständigen Streit mit dem Kaiser des Heiligen Römischen Reiches.

Herrscher auf der Burg Thann – sie wurde erst später Engelsburg genannt, nach Erzengel Michael, dem Bezwinger des Teufels in Gestalt eines Drachens und seit 955 (Schlacht auf dem Lechfeld gegen die Ungarn) auch Schutzpatron des Heiligen Römischen Reiches – waren die Grafen von Pfirt. Ihre Stammburg lag bei Ferrette, südlich von Thann, nahe der Schweizer Grenze. Der Name der Burg tauchte zum ersten Mal 1194 in einer Urkunde auf. Graf Ulrich von Pfirt unterzeichnete auf der Burg einen Vertrag.

Kurze Zeit später wurde es kriminell: Vatermord. Aber die Quellen gehen von verschiedenen Daten aus. Mal wird ein Ludwig, wohl der III., beschuldigt, seinen Vater, Ulrich I., 1233 oder 34 ermordet zu haben, andere meinen, der Mord an Ulrich I. sei bereits 1197 geschehen.

Die Burg wurde dann vom Bruder des Vatermörders, Ulrich II., 1251 dem Bischof von Straßburg übertragen, der den Grafen wiederum mit der Burg belehnte. Die Burg Thann lag an strategisch günstiger Stelle, am Engpass durch das Tal der Thur, weshalb mit reichlichen Zolleinnahmen zu rechnen war.

Die Burg war bevorzugter Aufenthaltsort der Grafen von Pfirt. Als die männlichen Grafen von Pfirt 1324 ausstarben, fiel die Burg an Johanna von Pfirt, die mit dem österreichischen Herzog Albrecht II. verheiratet war. So kam sie an die Habsburger. Die Burg wurde weitgehend von Burgmannen bewohnt, es wurde an- und umgebaut. 1571 fand eine erste Renovierung des Anwesens statt, weitere Reparaturen waren während des Dreißigjährigen Krieges (1618–1648) notwendig. Ihr heutiges Aussehen verdankt die Anlage der Sprengung 1673 auf Befehl König Ludwigs XIV.

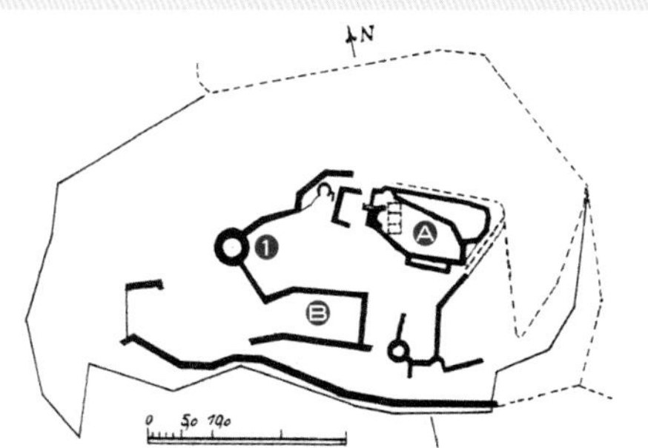

ENGELSBURG

A. Hauptburg
B. Vorburg

1. Der gestürzte Bergfried

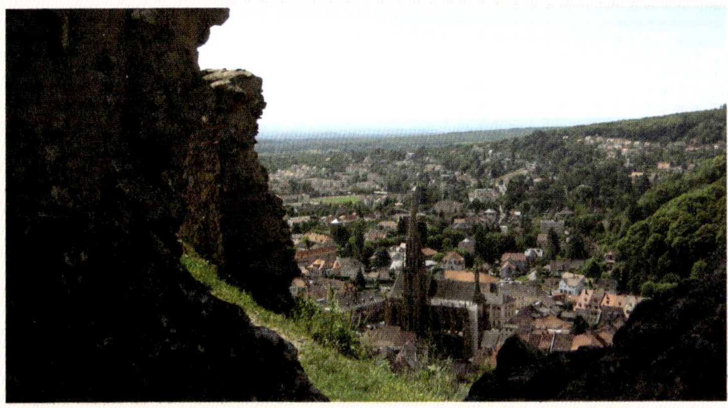

Blick von der Engelsburg auf den Ort Thann.

Erst bei dem dritten Versuch kippte der Rundturm zur Seite und wurde so zum Wahrzeichen der Stadt Thann. In manchen Quellen ist sogar von zwei Burgen Thann die Rede.

Die wohl ältere ist aber bisher noch nicht entdeckt worden. Vermutet wird, dass sie auf dem Drachenfels gestanden haben könnte, aber dort wurde bisher nichts gefunden, was auf eine Burg hindeuten könnte. Auf jeden Fall war Thann zunächst eine kleine Burg mit einem beeindruckenden Bergfried (umgestürzt) und eher bescheidenen Wohnbauten. In den folgenden Jahrhunderten wurde die Burg stetig mit weiteren Wohnbauten und Mauern ausgebaut.

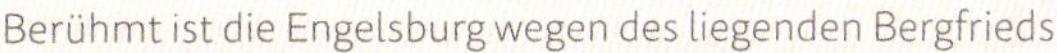

Berühmt ist die Engelsburg wegen des liegenden Bergfrieds.

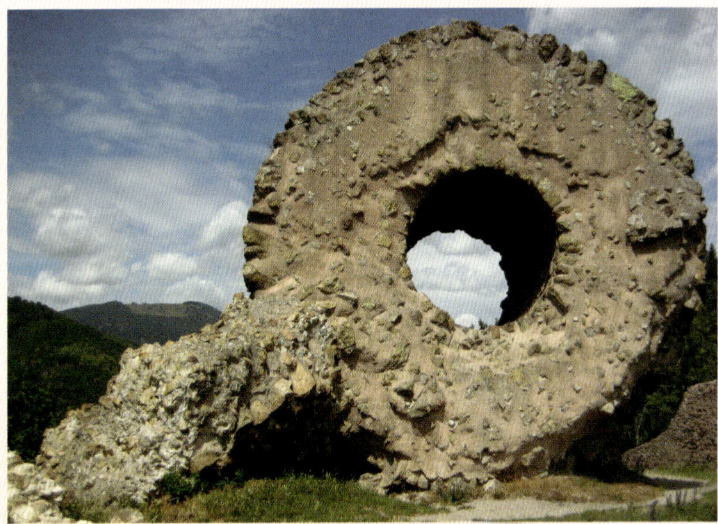

Grundrissverzeichnis

S. 17, 26, 31, 37, 43, 46,47,48, 55, 61, 67, 68, 70, 76, 81, 83, 85, 89, 91, 97, 100, 102, 107, 109, 111, 116, 121, 125, 129, 130, 131, 135, 137, 142, 147, 153, 155, 157, 159, 163, 164, 170, 180.
Friedrich-Wilhelm Krahe. Burgen des deutschen Mittelalters. Grundriss-Lexikon. Augsburg: Bechtermünz Verlag 1998
Alle anderen Grundrisse in: Walter Herrmann. Auf rotem Fels. Ein Führer zu den schönsten Burgen der Pfalz und des elsässischen Wasgau. Karlsruhe: Lauinger Verlag | Der Kleine Buch Verlag 2015

Die deutsche Nationalbibliothek verzeichnet diese Publikation in der Deutschen Nationalbibliografie; detaillierte bibliografische Daten sind im Internet unter www.dnb.de abrufbar.

In Kooperation mit verlag regionalkultur, Ubstadt Weiher
Projektmanagement, Umschlaggestaltung, Satz & Layout, Kartenbearbeitung: Sonia Lauinger
Kartengrundlage: OpenTopoMap
Fotos: Margaret Ruthmann
Projektassistenz: Christine Köhler, Eva Hogrefe, Jennifer Gress, Claudia Düppe
Druck: SIA Dardedze Holografija

ISBN 978-3-95505-998-9

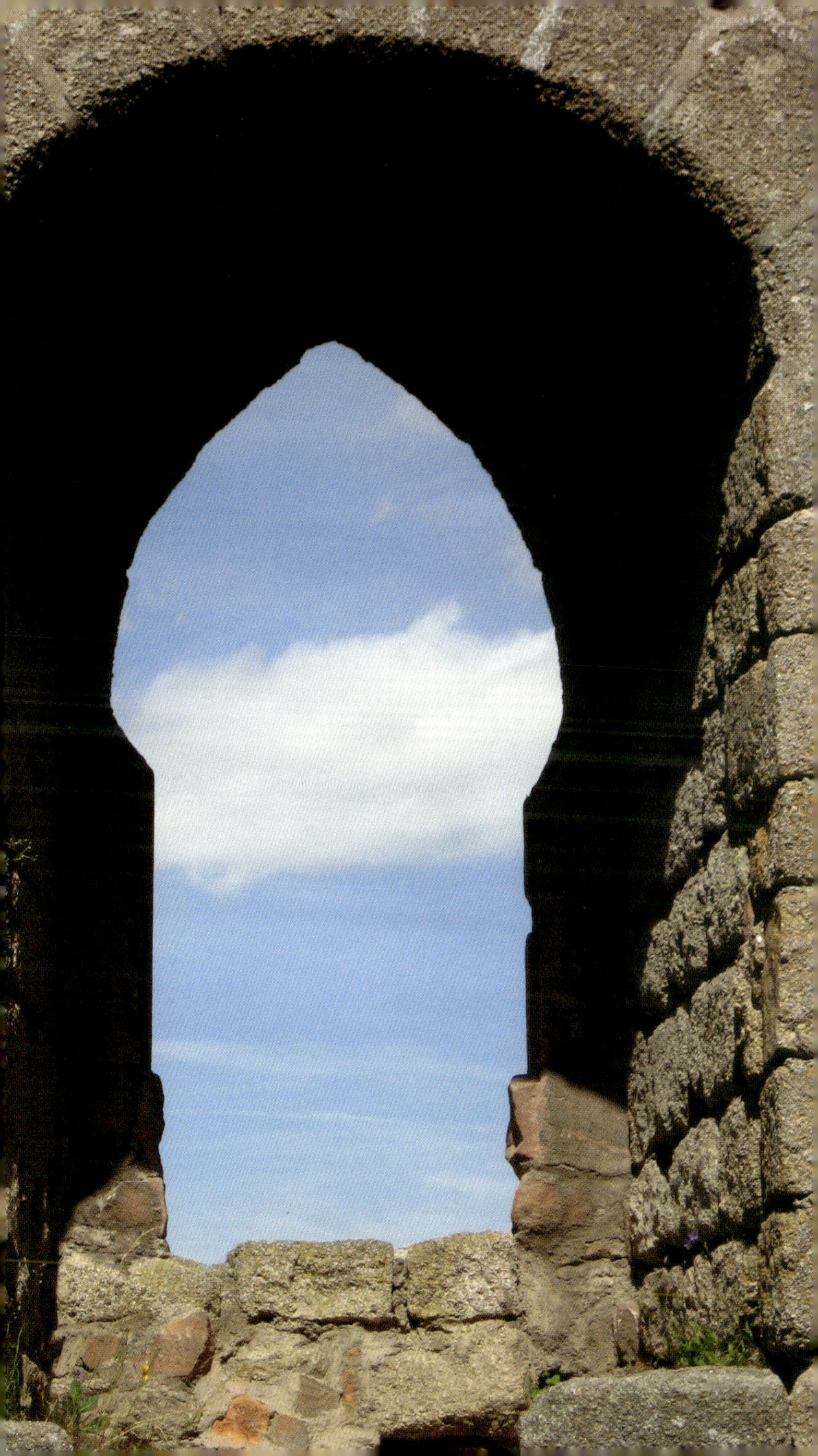

Burgenwandern

Burgen erwandern, Geschichte entdecken, zünftig einkehren. Das ist das Motto und das Erfolgsrezept der Burgenliebhaberin Margaret Ruthmann, die Sie mit ihren speziellen Wanderbüchern in das Reich der fast tausendjährigen Burgen und Ruinen einlädt.

Früher waren die Burgen Orte des ritterlichen Lebens, heute sind sie Anziehungspunkte für Wanderer auf ihren Wegen durch eine schöne Landschaft. Die beeindruckenden Anlagen und versteckten Ruinen warten darauf erkundet zu werden.
Start und Ziel sind meist von einem Wanderparkplatz aus.

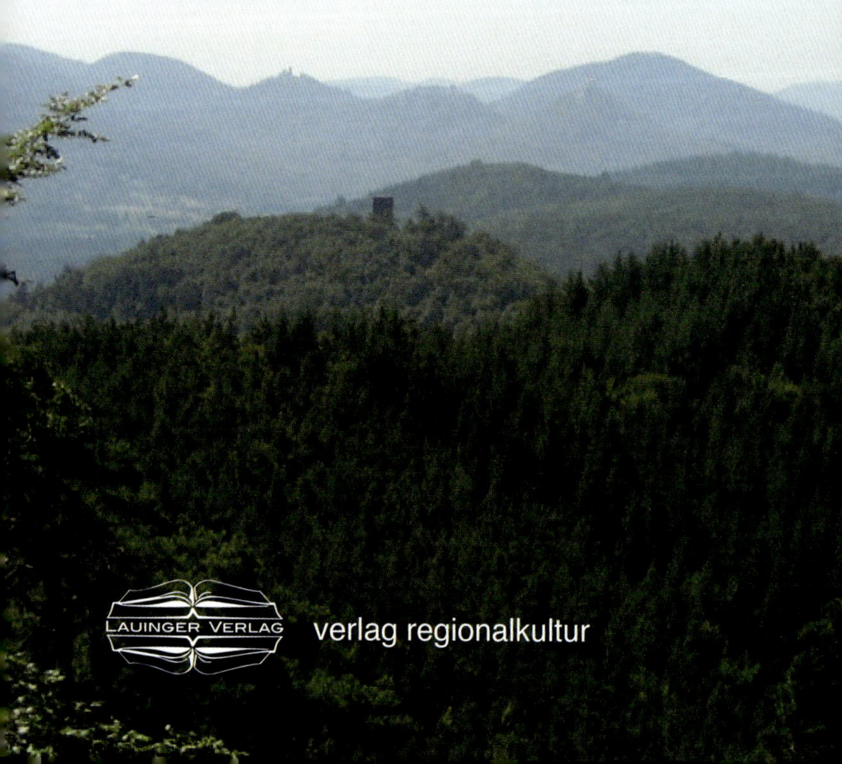

LAUINGER VERLAG verlag regionalkultur

Demnächst bei den Burgenwandern-Klassikern

ca.189 Seiten
100 Farbabbildungen
Format: 20 x 12,5 cm
Klappenbroschur
978-3-95505-994-1
€ 18,00

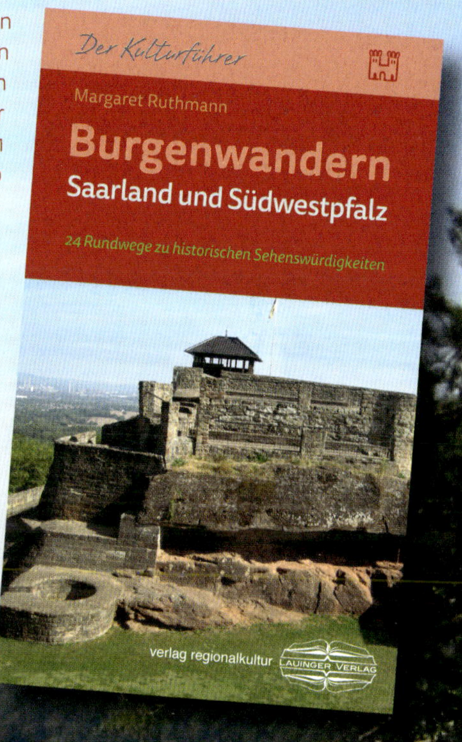

„Stellen Sie sich vor, Europas größtes Landschloss Carlsberg bei Homburg wäre 1793 nicht von französischen Revolutionstruppen bis auf die Grundmauern zerstört worden?“ Die Südwestpfalz und das Saarland würden von Touristen nur so überrannt werden, so wie die Gegend um die Schlösser vom Bayernkönig Ludwig II, die er etwa hundert Jahre nach dem Carlsberg bei Homburg baute.

Herzöge, Grafen, Kelten, Römer und Mönche bewohnten das Saarland und die Südwestpfalz. Sie wussten diese Gegend zu schätzen, die Landschaft zu genießen.

Es lohnt sich auch heute den südwestlichsten Teil der Republik kennen zu lernen, mit seinen Burgruinen, den vielen historischen Sehenswürdigkeiten, alten Kirchen, den keltischen Bauten vergangener Zeiten, wie dem Ringwall bei Otzenhausen oder das Fürstinnengrab im deutsch-französischen Kulturpark Reinheim mit vielen Überresten einer römischen Siedlung. Lassen Sie sich überraschen bei schönen Wanderungen über weite Höhen und verwunschene Täler.

Band 1 - in überarbeiteter Neuauflage

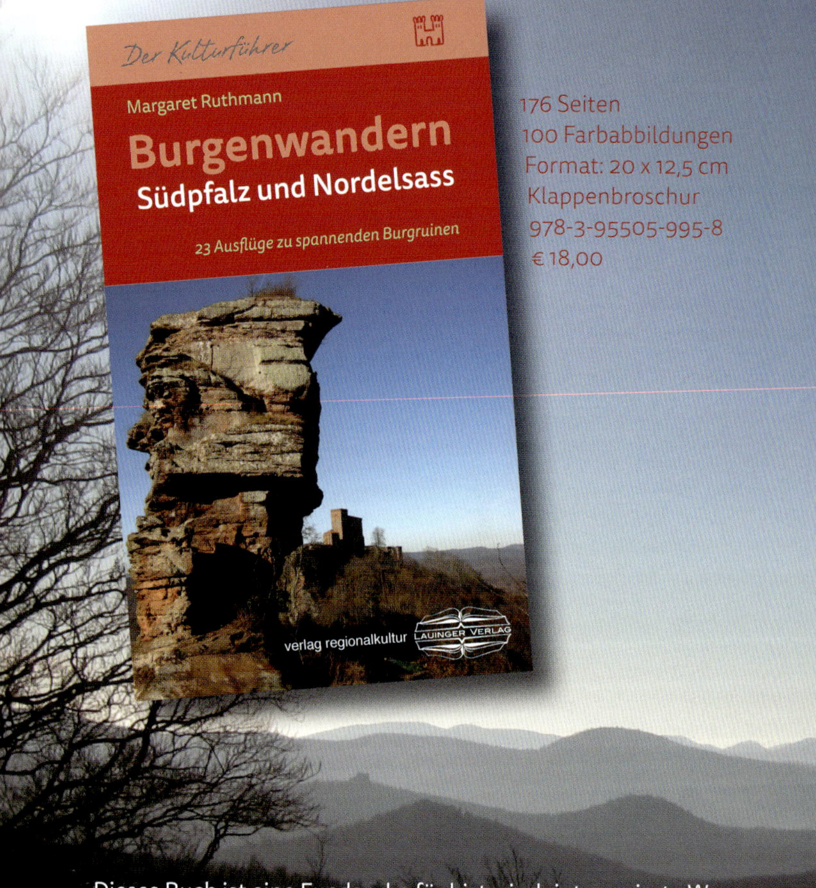

176 Seiten
100 Farbabbildungen
Format: 20 x 12,5 cm
Klappenbroschur
978-3-95505-995-8
€ 18,00

Dieses Buch ist eine Fundgrube für historisch interessierte Wanderfreunde, die gerne alte Gemäuer besichtigen.

Badisches Tagblatt

So sind Wanderer durchaus gut gerüstet für den nächsten Ausflug ins benachbarte Elsass. Kurzum: sehr empfehlenswert.

Badische Zeitung

Wer gerne wandert und dabei noch etwas über die Geschichte der Region erfahren möchte, wird dieses Vademecum schätzen.

Rheinpfalz

Burgenwandern

Die Pfalz und der elsässische Wasgau sind berühmt für ihren Reichtum an Burgen, von denen die 50 schönsten und interessantesten in diesem handlichen Ausflugsführer beschrieben werden. Historische Zusammenhänge und die Baugeschichte der Burgen wie auch die selbstgefertigten Aquarelle des Autors mit exakten Grundrisszeichnungen zeigen die alten Gemäuer aus ganz neuen Perspektiven. Ergänzt durch ein umfangreiches Glossar, eine Übersichtskarte sowie Tipps für die Anfahrt und Hinweise zu Öffnungszeiten, ist dieses Buch bereits ab der ersten Auflage zum Klassiker unter Pfälzer Burgenfreunden geworden.

Walter Herrmann war Architekt, Zeichner, Historiker der Architektur und Burgenforscher. Er ist am 16. Juli 2000 im Alter von 85 Jahren verstorben. Dieses Buch ist ein Stück des Lebenswerks von Walter Herrmann, er hatte 40 Jahre lang daran gearbeitet.

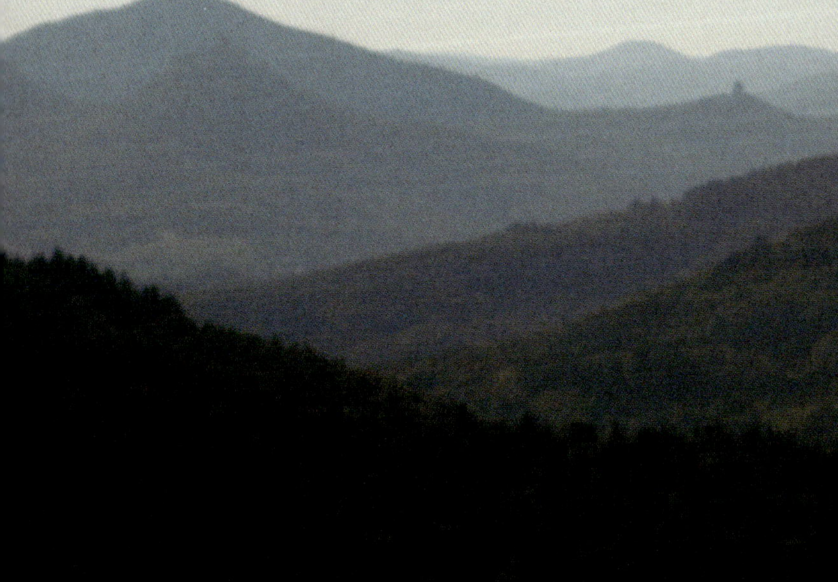

224 Seiten
69 Aquarelle
68 Farbfotos
64 Grundrisse
Format: 20 x 12,5 cm
Klappenbroschur
ISBN: 978-37650-8717-2
€ 19,90

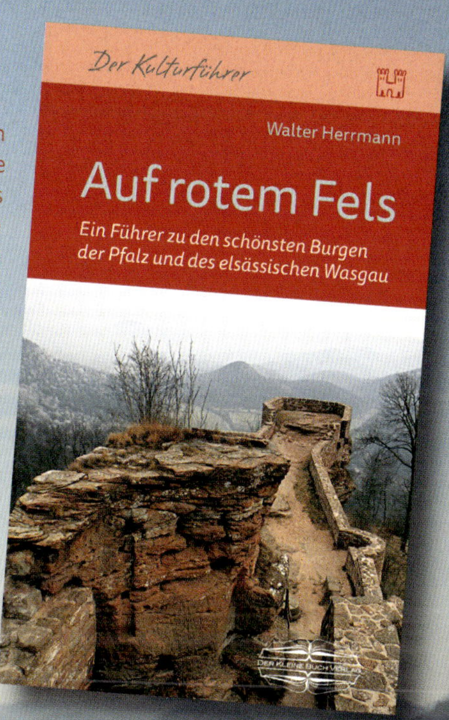

Die gemalten Aquarelle und Zeichnungen des Autors eröffnen ergänzend einen anderen Blickwinkel auf die steinernen Zeugen der Vergangenheit. Herrmann haucht den Burgruinen wieder Leben ein, aus Burgruinen werden im Geist bewohnte Burgen. Vergangenes wird so vorstellbar und erlebbar.

Erlebnis-bummler.de

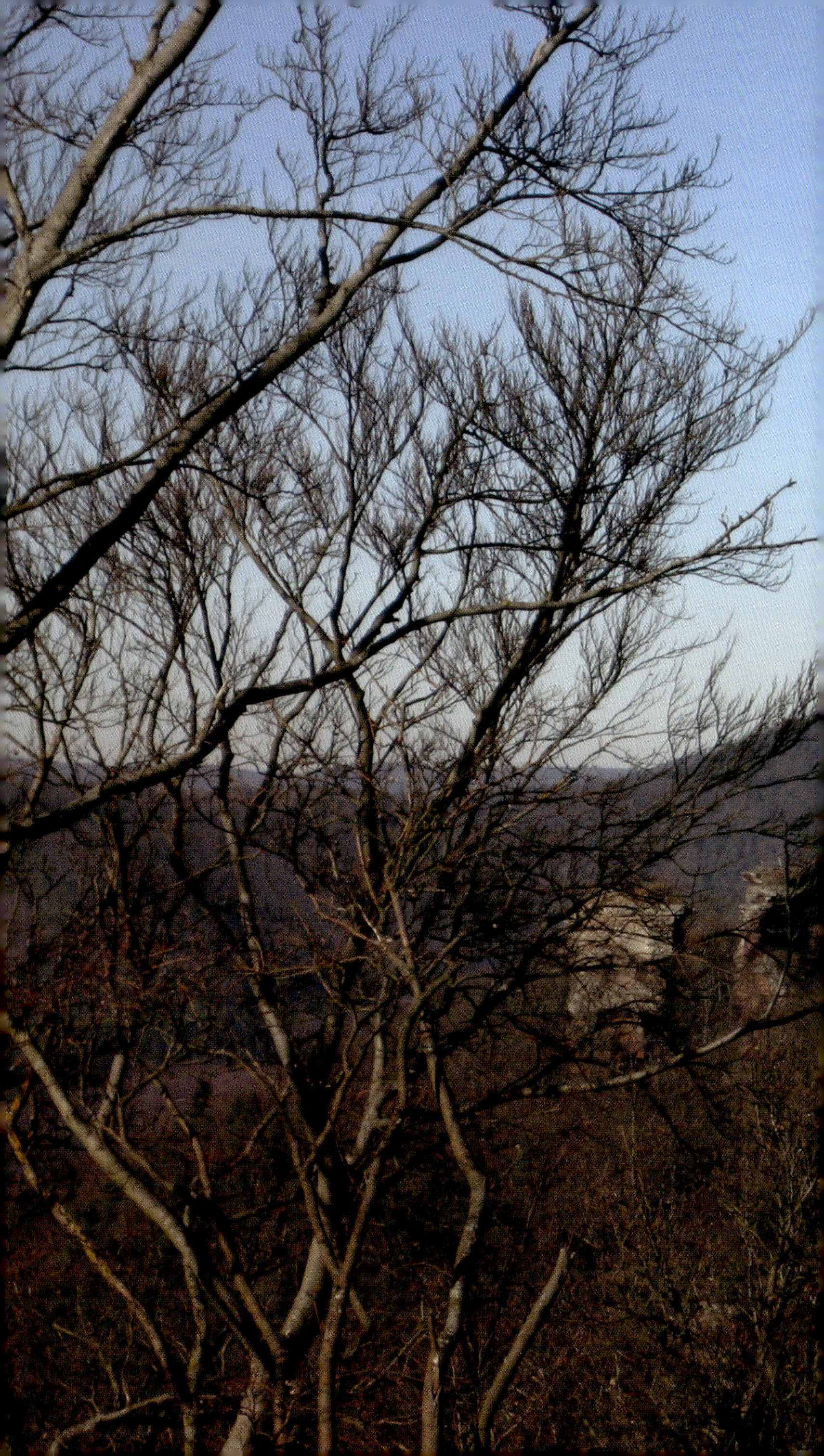

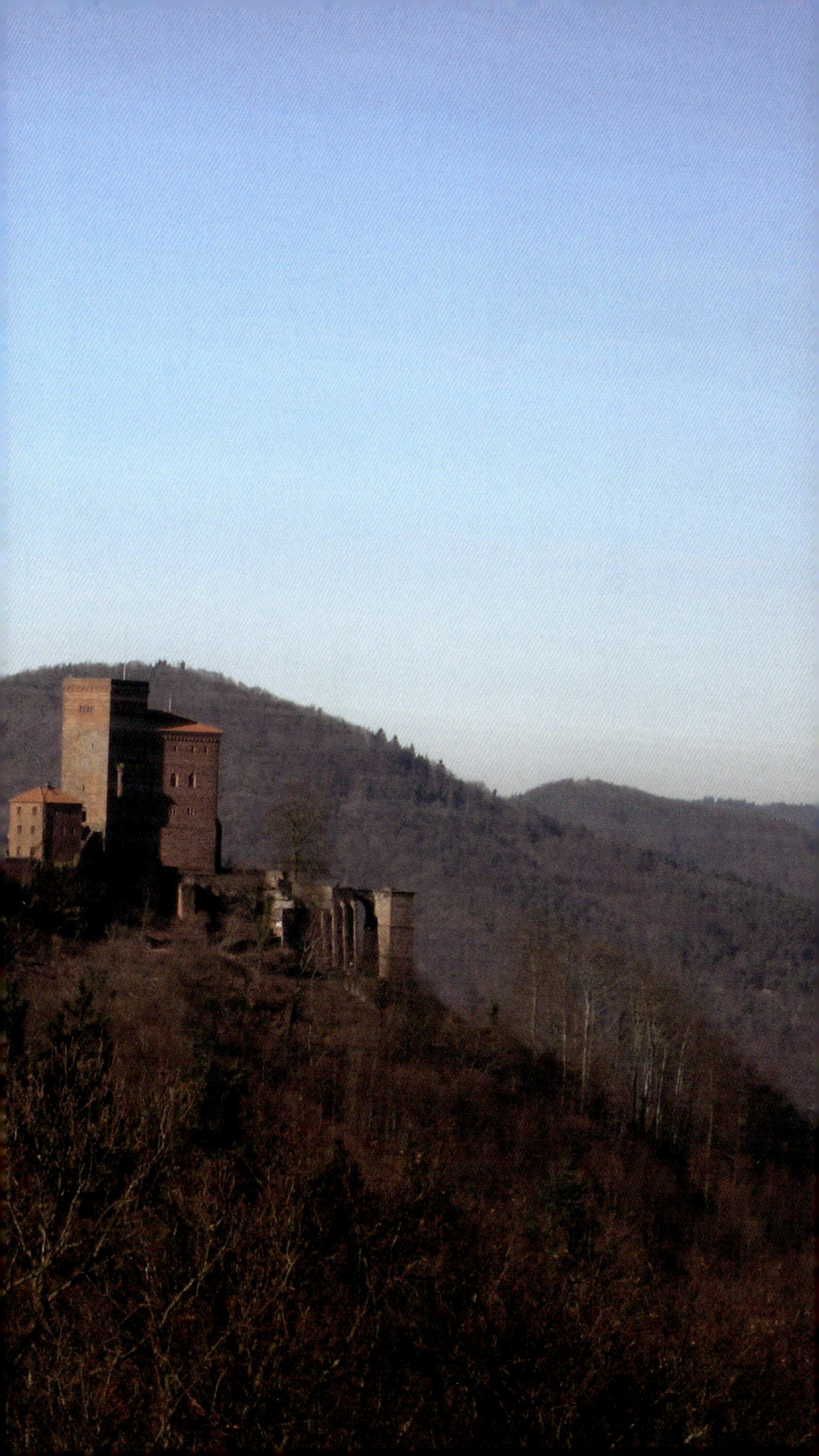

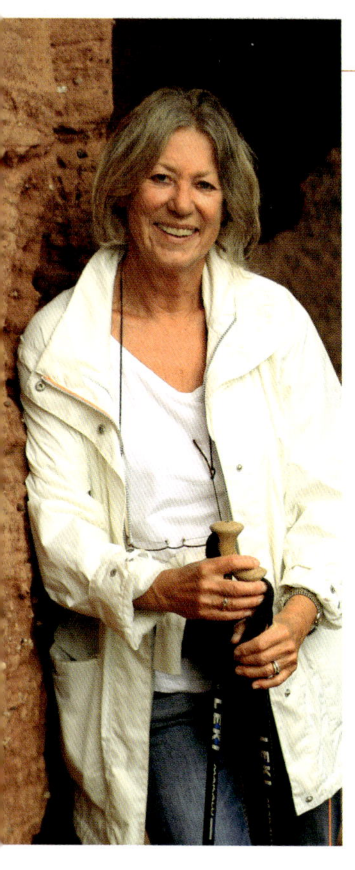

Margaret Ruthmann

ist in Zweibrücken in der Pfalz geboren. Für sie ist Wandern und Erforschen von Geschichte mehr als ein Hobby. Die Leidenschaft für alte Burgen und Ruinen besaß sie schon früh, lebt diese aber erst seit 2006 vollends aus.

Von Beruf war Margaret Ruthmann Fernsehreporterin und hat viele Jahre für das ZDF, Arte und den SWR Filme gemacht. Ihre journalistische Ausbildung absolvierte sie bei der Saarbrücker Zeitung und wechselte dann von den Printmedien zum Dokumentarfilm. Nun schreibt sie Wanderbücher.

Ein ungewöhnlicher Weg? Neugier war wohl ihre Triebfeder, Journalistin zu werden. In vielen Filmen berichtete sie über soziale, gesellschaftliche, politische und kulturelle Themen und kam für das ZDF-Magazin "Reiselust" auch viel in der Welt herum.

Aber erst nach Ende des Filmemachens entdeckte sie ihre Freude am Wandern und erinnerte sich an ihr früheres Interesse für Burgen. Dabei hat sie auch erkannt, dass sie gar nicht so weit reisen muss, um schöne Landschaften und Sehenswürdigkeiten zu entdecken. Bisher erwanderte sie fast alle Burgen auf der linken Rheinseite von Grünstadt bis Basel.

Margaret Ruthmann sagt: „Jede Burg hat etwas ganz Besonderes, ob sie nun gut erhalten ist, renoviert wurde oder sich ganz verträumt unter Efeu versteckt. Jede von ihnen ist eine Wanderung wert, egal ob im Herbst, der Hauptsaison für Wanderer, oder in anderen Monaten."

Die beschriebenen Wanderungen unternahm die Autorin meist allein ("das öffnet die Sinne"), die Geschichten der Burgen sind leicht zugänglich und verständlich beschrieben. Im Lauinger Verlag ist das bereits ihre dritte Publikation. Und Margaret Ruthmanns Begeisterung und Wanderlust scheint weiter ungebrochen. Ihr nächstes Buch lässt bestimmt nicht lange auf sich warten.